INDUSTR ECONOMICS

for High Speed Railway

高铁产业经济学

李红昌 ◎著

中国财经出版传媒集团

经济科学出版社

Economic Science Press

图书在版编目（CIP）数据

高铁产业经济学/李红昌著 . --北京：经济科学
出版社，2021. 11
ISBN 978 - 7 - 5218 - 3055 - 2

Ⅰ. ①高… Ⅱ. ①李… Ⅲ. ①高速铁路 - 运输经济 -
高等学校 - 教材 Ⅳ. ①F53

中国版本图书馆 CIP 数据核字（2021）第 227402 号

责任编辑：杨　洋　程　铭
责任校对：郑淑艳
责任印制：王世伟

高铁产业经济学

李红昌　著

经济科学出版社出版、发行　新华书店经销
社址：北京市海淀区阜成路甲 28 号　邮编：100142
总编部电话：010 - 88191217　发行部电话：010 - 88191522
网址：www. esp. com. cn
电子邮箱：esp@ esp. com. cn
天猫网店：经济科学出版社旗舰店
网址：http://jjkxcbs. tmall. com
北京季蜂印刷有限公司印装
710 × 1000　16 开　19. 75 印张　310000 字
2022 年 10 月第 1 版　2022 年 10 月第 1 次印刷
ISBN 978 - 7 - 5218 - 3055 - 2　定价：76. 00 元

前　言

　　近年来，我国高速铁路发展迅速，其营业里程已超过全世界高速铁路营业里程的2/3，中国高速铁路已发展为世界上网络化营业里程最长、运输密度较高、运营环境复杂、市场需求旺盛的高速铁路网。根据世界银行及相关机构的评估，中国高速铁路已经基本能够满足旅客"随到随走"的需求，大多数出行乘客均对高速铁路的高速性、舒适性、便捷性、安全性、准时性、可达性、联通性等给予了较高评价并且愿意为此支付较高的票价。与此同时，高速铁路还深刻改善了中国百姓的出行方式，对区域经济、国民经济和社会发展，乃至高速铁路"走出去"战略，甚至国际政治经济版图，均产生了深刻而久远的影响，这些影响均需要通过时间沉淀和空间重塑才会逐渐显现出来。

　　高速铁路产生的政治、经济、社会、环境等影响具有综合性、立体性、长期性、系统性特征。从政治视角来看，高速铁路改变了地缘政治关系和区域政治联系强度，促进了国家和地区之间在高速铁路规划、投资、运营、补贴等方面的博弈策略改变。从经济视角来看，高速铁路改变了国民经济、区域经济、运输经济的发展条件或竞争态势，使得交通物流成本和时效性得以重构，引致了资源在时空和空间上的重新配置。从社会视角来看，高速铁路改变了民众的出行方式，促进了我国大都市区或大都市圈、城市群或城市组团的不断形成，深刻改变了土地、劳动力、资本、技术、信息等生产要素的组织方式和配置效率。从环境视角来看，高速铁路是一种相对民航、私家车等出行方式更加环境友好型的出行方式，特别地，我国高速铁路基本网主要联系的是经济发达、人口稠密、人与人之间交往频繁的城市群区位，因而从一开始就具有比其他国家或地区更优越的市场需求，这会使得高速铁路在碳排放等环境影响上更具有比较优势。从

高铁产业经济学

产业经济学视角来看，高速铁路是通过影响铁路产业、交通运输产业、高速铁路上游产业、高速铁路下游产业以及其他关联产业来发挥作用的。高速铁路构建出的政府、研究机构、企业的合作关系具有三螺旋理论特点，原铁道部发展出来的中央政府部门和地方政府的"部省"合作协议以及高速铁路引进—消化—吸收—再创新模式均是基于产业组织、产业结构、产业布局、产业行为、产业绩效、产业政策的总体产业经济而展开的。高速铁路通过释放既有铁路运输能力，极大地改善了铁路产业的运输能力和服务经济社会的质量；高速铁路通过产业前向关联、产业后向关联、产业旁侧关联的作用效应，带动了高铁产业经济要素质量的提升和高铁产业价值链的价值共创，对高铁产业组织、高铁产业结构、高铁产业管理、高铁产业发展、高铁产业政策等均产生了相应的影响，并具有高铁产业经济学自身的特定时空效应特征。

第一，本书在梳理高速铁路国内外发展现状基础上，将高速铁路对产业经济的影响分为系统影响和具体影响两大类别。系统影响是指高速铁路投资、规划、建设、运营与经济结构之间的总体关系，是对所有产业的整体性、系统性和外溢性的外部性总合；具体影响是指高速铁路通过集聚效应和扩散效应对不同具体产业类型产生的产业影响。随后，本书对高速铁路、产业经济、产业结构、产业政策等概念进行了梳理界定。

第二，本书基于北京交通大学运输经济学研究团队发展的运输资源—运输产品—网络经济（PRN）理论、网络形态理论、时空经济理论的理论框架，基于价值共创的分析体系，探究了高速铁路在改变时空转换能力、提高时间可达性和空间可达性上的时空特性，并从高铁运输资源、高铁运输产品、高铁运输产业、高铁产业链、高铁生态圈等多维度进行了高速铁路价值共创的产业经济作用分析。

第三，本书对高铁产业经济要素进行了剖析，认为高铁产业创建、高铁产业发展、高铁产业创新、高铁产业治理、高铁产业规划、高铁产业战略、高铁产业投融资、高铁产业可持续是高速产业经济的八大核心要素，也是高速铁路影响产业发展的场源和着力点。在这种情况下，一般产业经济学的分析框架就要结合高速铁路产业经济要素进行分析，才能够真正剖析清楚高速铁路产业经济影响的作用机理、传导路径和优化方向。

第四，本书针对运输经济学理论和方法、产业经济学理论和方法、经济地理学理论和方法、城市经济学理论与方法等进行了综述和概括总结，认为需要综合价值链理论和产业经济学的分析范式对高铁产业经济进行分析。

第五，本书运用价值链理论，对高速铁路纵向价值链、横向价值链、价值链治理进行了分析，把高铁价值链分为基础设施建设环节、车辆设备制造环节、运行系统和信息化环节、运营和维护环节四个部分，并会进一步涉及生产制造、原材料供给、研究开发（R&D）、投融资及资本市场、环境产业等相关产业。

第六，本书从高铁产业组织、高铁产业结构、高铁产业管理、高铁产业布局、高铁产业发展、高铁产业政策等方面对高铁产业经济的影响进行了分析，认为高速铁路深刻影响了铁路产业、运输产业、区域经济和国民经济的产业结构构成，提升了产业技术创新能力，优化了我国的产业结构形态，具有很强的外部溢出效应。从高铁产业管理体制入手，分析了网运一体、网运分离、混合模式等多种高铁产业重组与改革的管理体制，认为我国应当按照集团化模式管控高速铁路网络。由于高速铁路提供的产品具有很高的市场化运作空间，本书认为我国高速铁路企业性强而公益性相对较弱，建议在高速铁路价格调节、快件速递、空铁联运等方面，采取更加市场化的方式进行运作。进一步地，高速铁路对产业布局和城镇化发展形态也具有很强的时空重塑作用，并通过高速铁路发展和高速铁路政策，把市场资源和政府资源、市场调节力量和政府宏观调控力量、市场构建和规划引导有机结合起来，发挥高速铁路在产业经济发展和演化中的作用。

总之，高铁产业经济学立足于一般产业经济学研究的理论与方法基础，既充分吸收和运用产业组织、产业结构、产业行为、产业绩效的分析，又结合高速铁路不同于一般产业的时空经济特征，把高速铁路的基本元素以及高速铁路发展面临的科学规划、空间布局、投融资、可持续发展等特定问题有机结合起来，以形成具有高速铁路特征和内涵的产业经济学分析框架和内容体系。

本著作在北京交通大学经济管理学院荣朝和教授、赵坚教授、欧国立教授等前辈建立和发展的运输经济学理论基础上，结合产业经济学理论和方法，针对高铁产业经济学进行了专题研究。特别地，本著作把时空经济理论和方法应用到了高铁产业经济的分析之中。本著作主要编写人员包括北京交通大学经济管理学院的李红昌、夏璇璇、侯远舟、葛菁诏、丰常安、李俊儒等；中国铁道科学研究院集团有限公司标准计量研究所郭晓黎参与了部分章节的撰写工作。

目　录

Contents

第一章

引　言

内容提要：

　　本章在梳理高速铁路国内外发展现状基础上，将高速铁路对产业经济的影响分为总体影响和具体影响两大类别。其中，总体影响是指高速铁路投资、规划、建设、运营与经济社会结构之间的总体关系，是对所有产业的整体性、系统性和外溢性的外部性总合；具体影响是指高速铁路通过集聚效应和扩散效应对不同具体产业类型产生的产业影响。随后，本章对高速铁路、产业经济、产业结构、产业政策等概念进行了梳理界定。

第一节　高铁在国内外的发展状况

一、高速铁路在国外的发展状况

　　高速铁路在全球掀起了 3 次建设浪潮。日本于 1964 年第一次修建了约 300 公里每小时的新干线铁路，这是全球高速铁路建设浪潮的起点，此后相继修建了山阳、上越等新干线铁路。2017 年国际铁路联盟公布的数据显示，日本是全球高铁运输里程第二长的地区，运营里程达 3041 公里①。日本在兴起的首次高铁修建浪潮中占据核心地位，直到 20 世纪 90 年代早期，其他国家才开始大力修建高速铁路。

　　1993 年欧盟组建，欧洲大陆开始修建联通各国的高速铁路，法国和德

---

　　① 资料来源：国际铁路联盟网站。

高铁产业经济学

国发展迅速，法国推出了 TGV 列车，德国则修建了具有代表性的 ICE 列车，随后欧洲其他国家开始修建高铁，形成了欧洲高铁路网的雏形。在 21 世纪初期，亚洲掀起高速铁路修建的第三次浪潮，韩国、中国大陆和中国台湾地区是此次高速铁路修建浪潮的核心，韩国在 2004 年率先推出高铁，中国台湾地区在 2007 年紧随其后。随后，世界各大洲掀起了全球性的高速铁路修建热潮。① 高速铁路经历了 1964～1990 年、1990 年至 90 年代中期以及 90 年代中期至今的三次修建浪潮。

　　世界第一次高速铁路修建热潮以日本为中心，日本新干线修建情况如表 1 - 1 所示。

表 1 - 1　　　　　　　　　　　　日本新干线发展情况

通车年份	国家	高速铁路名称	修建情况
1964	日本	东海道新干线	新干线于 1959 年开始建造，在五年后建成并投入使用。东海道新干线从东京出发，经过名古屋、京都等地到达（新）大阪，全长 515.4 公里，时速 210 公里
1972	日本	山阳新干线	该线由日本西日本客运铁路公司运营，这是一条连接新大阪站和博多站的新干线高铁
1982	日本	东北新干线	东北新干线由东京站和新青森站之间的东日本客运铁路运营
1982	日本	上越新干线	该线路由日本东日本客运铁路公司运营，这是一条连接大宫站和新泻站的新干线高铁

　　资料来源：左辅强. 日本新干线高速铁路发展历程及其文化特征研究 [J]. 城市轨道交通研究，2012, 15 (11)：37 - 39.

　　TGV 铁路是 Train à Grande Vitesse（法语"高速铁路"）的简称。法国在首次高速铁路建设浪潮中就已开始大力发展 TGV 高速列车，开通了连接巴黎和里昂的 TGV 线，意大利在罗马和佛罗伦萨之间修建了高速铁路。此时，以日本为首的第一代高铁建成。高速铁路的修建促进了沿线周边地区经济的增长，同时也促进了其他产业的发展，并且高速铁路与普通铁路相

---

　　① 毕慕超. 国际竞争态势下中国高铁项目瞬时竞争优势评价研究 [D]. 南京：东南大学，2018.

比对环境造成的负向影响更低，铁路市场正在逐步增加其在运输市场的份额。

　　世界高速铁路建设的第二次浪潮集中在欧洲。自1990年以来，欧洲发达国家高铁修建浪潮兴起。欧洲国家将改善铁路运营效率和提高铁路企业盈利水平作为修建高速铁路的主要目的，同时关注高速铁路对环境影响的改善和对区域经济的拉动作用，并在此基础上综合考虑了国家能源战略、交通政策和环境保护因素，开始了大量铁路的修建。

　　高速铁路建设的第三次浪潮在世界范围内广泛兴起。时间范围是从20世纪90年代中期到现在，亚洲、北美和澳大利亚已经开始大规模建设高速铁路。主要体现在：各国政府认识到高速铁路修建带来的多角度的良好效果，因此都大力支持高速铁路的修建，对高速铁路路网作出系统性规划，并且逐步开展高速铁路建设工作；除此之外，社会广泛层面都认识到修建高速铁路对提高企业收入和提高居民出行便利性起到的作用，并且高速铁路出行更加节约能源、能够提高土地利用效率、增加出行安全性和准时性，促进了高速铁路修建的热潮。

　　人口密集、收入水平较高的城市是建设高速铁路的基本条件，因为这样的城市可以承担高速铁路的建设成本，并且可以为高速铁路发展带来较稳定的客源；同时为保障高速铁路后期的运营和维护，高速铁路的建设离不开较高的社会经济和科技基础。考虑到以上两个因素，不难看出日本和欧洲率先发展高速铁路也是有其合理性的，所以日本、法国、德国的高速铁路率先在世界范围内闻名。

　　日本在1964年就推出了"新干线"高速铁路，此后，日本进入高速铁路时代，高速铁路已经覆盖了日本国内主要的铁路线路。欧洲高速铁路的发展也十分迅速，很快就赶超了日本"新干线"在速度方面的优势，但是日本新干线拥有最成熟商业运营模式，并且安全性十分高，日本经济由于新干线的修建得到了快速拉动，引起了全球其他国家修建高速铁路的热潮。

　　在法国，巴黎开通高速铁路之后，抢占了法国民航客源，这给法国航空业带来了巨大的打击，而且在那个时代，法国拥有了最高时速列车，创造了试验时速318公里的最高纪录。从那以后，法国高铁的速度不断提升，2007年的最高测试速度为每小时574.8公里。随着高铁技术的不断发展，法国其他高铁的平均速度也很高，性能也很稳定。法国在高速铁路方面拥有技术优势，并享誉全球。因此，欧盟已将法国技术作为整个欧洲高速铁路的技术标准，促进了法国高速铁路出口业务的发展，使其成为使用最广泛的高速铁路技术。①

1979 年德国的 Intercity – Express（ICE）开始研发，与日本和法国相比发展较晚，当前德国 ICE 的最高时速还是 1988 年设定的 409 公里/小时。德国和法国由于技术上的互通性得以实现这一目标，并通过高速铁路将两国连接起来。德国同时期不仅开展高速铁路的研发工作，而且进行磁悬浮列车的研发，造成了德国高速铁路发展晚于法国。当 TGV 列车的通行速度与磁悬浮列车速度相差无几时，德国才转而专注于高速铁路列车建设工作，但与法国之间仍存在差距。

美国的高铁发展是以东北走廊为基础，根据电气化设施和其他国家高铁的技术特征，美国开发出了速度最高的火车 Acela，将波士顿、纽约、费城和华盛顿等地连接起来。

据国际铁路联盟（UIC）预测，2019 年全球高速铁路市场增长率将达到 2.8%，欧洲将成为增速最快地区，平均增长率达 1.7%，年均市值 540 亿欧元。

二、高速铁路在国内的发展状况

近几年来，中国经济发展迅速，经济总量急速膨胀，人才和资本的流动面也更加广泛，铁路供给与需求之间的矛盾更为突出。为加快提高铁路运输的供给能力、促进铁路运输的技术结构和运输产品结构的优化提升，我国于 2004 年 4 月决定推行高速列车技术，加快高速铁路的建设。2019 年，拥有自主知识产权的时速 380 公里的高速列车投入运营。目前，中国高铁路网建设达 9536 公里，位居世界第一。高速铁路的快速发展对中国产业升级和经济快速发展产生了重大影响。② 短短几年的时间，我国在高速

① 人民铁道网。
② 赵庆国. 高速铁路产业发展政策研究 [D]. 南昌：江西财经大学，2013.

铁路建设发展方面赶超了发达国家近半个世纪的探索，成功实现了从"追赶者"到"领跑者"的跨越式转变。我国在高速铁路领域已成为高铁里程最长、运营速度最快、集成技术最全面的国家。

中国高铁的探索始于 1999 年，率先在秦沈客运专线进行尝试，运营线路全长达 404 公里，建设成本约 150 亿元人民币，测试时速达 200 公里，并未提速以预留一定空间，2013 年该条铁路正式投入运营，成为当时中国最先进的铁路。①

2004 年，中国提出了《中长期铁路网规划》，规划中首次提出了建设全长 1.2 万公里的"四纵四横"客运专线网。同时，深圳运行的列车时速达到了每小时 160 公里。中国通过学习和引入国外先进技术，掌握了高速铁路制造基础，然后开展中国高速铁路的自主研发工作。②

2008 年，原铁道部与科技部签署了《中国高速列车自主创新联合行动计划》，提出进行 380 公里/小时的列车研发工作。当年具有完全自主研发权的京津城际高铁通过测试，投入运营。③

2009 年，全长 106.8 公里的武广客运专线投入运营，该段列车试验速度为 390 公里/小时，开通后正式运营速度为 350 公里/小时。④

2010 年，郑西高铁开始以 350 公里的最高时速连接中国中部和西部。该条线路超过 80% 的修建区域都是黄土覆盖区域，是西部地区最早的设计时速达 350 公里且已开通运营的客运专线，同时也是"四纵四横"客运专线网的徐兰客运专线中段。同年，时速 250 公里的海南东环高速铁路开通运营，该条线路是中国首条在热带季风区运营的高速铁路。海南东环高铁的开通有利于中国在东南亚地区进行的高铁外交活动。⑤

2014 年，贵广高铁开通运营，全长 857 公里，运营时速 250 公里。作为中国首条地处喀斯特地貌地区的高铁，贵广高铁的开通大大缩短了贵阳至广州两地间的时空距离。

2016 年，国务院通过《中长期铁路网规划》，提出在 2025 年之前，我国高速铁路线网建设将基本完成 3.8 万公里，形成"八纵八横"高速铁路

---

①②③④⑤　资料来源：中华铁道网。

网，并将"八纵八横"高铁网作为促进经济社会升级发展的重要支点。[①]

第二节　高铁对产业经济的影响

一、系统影响分析

高速铁路的建设将为社会经济发展注入新的动能，有力地促进国民经济的发展。高速铁路对宏观经济和经济发展的影响可以从城市化进程、同一城市效应和社会效益来衡量。一方面，高铁影响着我国的城市化格局，人才沿高铁流向城市，高速铁路影响着城市群的集聚，改变了城市的结构，对中国的经济增长产生了重大影响。另一方面，高铁将影响城市的发展并产生相同的城市效应。高速铁路将为经济、文化和政治发展带来新的增长点，这将有助于改善经济状况、增加就业及带来产业升级。

高速铁路建设时具有开发效应，开通后具有运营效益，运营一段时间后具有波及效益。高铁的特殊经济性质会对沿线产业的发展产生直接或间接的影响。第一，高铁具有交通基础设施的先导性和基础性这两个一般特性，高铁建设过程将直接促进土地开发及相关行业的发展，其产生的联动性将进一步影响整个产业链；第二，由于高铁有着与传统交通不同的特点，即是一种大运量的快速交通方式，因此能够以高于传统交通运输方式的效率去推动产业的集聚和产业梯度转移。由于高铁具有先进性，需要更高专业级别的人才来进行管理，因此高铁的发展将极大地推动区域高新技术产业的发展。随着高铁运行速度的提高及运营频率的增多，人们的生活观念和习惯也会随之逐步变化，进而对区域产业发展产生更深远的影响。

近年来，中国在高速铁路方面进行大量投资并大规模开展高铁建设工作，目前中国已经进入"高铁时代"，中国交通运输结构发生变化，居民出行方式变得更加多样化，旅客在作出出行方式选择的消费决策时也更具

---

① 施张兵. 中国高铁外交研究［D］. 上海：上海外国语大学，2017.

复杂性。同时，高速铁路的出现促进了铁路沿线城市经济的发展，改变了区域经济发展结构。高铁发展和经济增长呈现出本源性需求和派生性需求两个需求关系。同时，高铁通过即时效应、快速效应和慢速效应对经济发展产生影响，如图 1-1 所示。

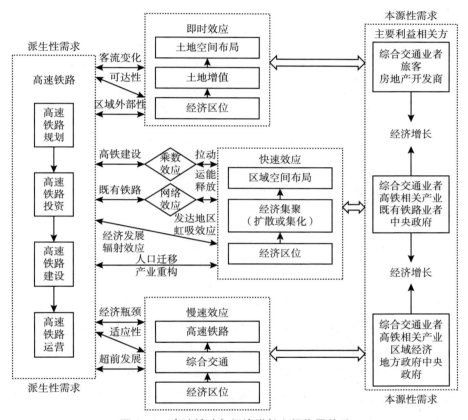

图 1-1 高速铁路与经济增长之间作用关系

资料来源：李红昌，Linda Tjia，胡顺香，刘李红. 高速铁路与经济增长的因果关系——基于时空理论视角下中国省域面板数据的计量分析 [J]. 长安大学学报（社会科学版），2016，18（4）：31-43.

本源性需求从根本上决定了交通发展水平、建筑结构和运营质量。高速铁路的出现是衍生需求，带来经济增长，随时间演进，这种促进经济增长作用的效果会不断减弱，当到达一定阶段，这种促进作用变得不显著反而成为经济发展的基础条件。

高速铁路和经济增长之间存在相互作用关系，包括即时效应、快速效应和慢速效应（见表1-2）。这些效用对经济增长的作用有正有负，正向效用是高速铁路发展带来经济增长，负向效用是高速铁路发展无法匹配经济增长从而导致产业抑制。

表1-2　　　　　　　　　高速铁路与经济增长之间的作用关系

相互作用关系	定义
即时效应	正面影响：高速铁路修建将会诱发人们产生出行需求，带来站点周围房价上升。 负面影响：高速铁路的超前发展将对人们出现造成障碍
快速效应	高速铁路的出现缓解了客运市场供需矛盾并且增加了货运能力，同时高速铁路促进了高铁沿线城市的产业集聚，带来了虹吸效应和扩散效应
慢速效应	当出现高速铁路发展缓慢或建设标准较低或运用效率低的情况时，会抑制经济发展。长期处于慢速效应时，高速铁路只是经济增长的派生性需求，经济发展情况决定高铁供给

（一）高速铁路对经济增长的决定机制

中国东部地区经济发达，居民生活消费水平也比较高，高速铁路的交通运输条件、政治条件和其他社会条件相一致，较好的经济基础十分有利于高速铁路的发展。中国仍是发展中国家，产业结构比较复杂，高铁发展与经济增长之间的相互作用也存在复杂性。除此之外，中国高速铁路的发展时间较短，慢速效应还不明显。但随着时间积累和数据积累，慢速效应将被得到证实。由于高昂的建设成本和高铁的先进性，在现阶段，高铁对经济增长的影响并不突出。

高速铁路具有交通方便、运输快、换乘便利等特点。它可以有效缩短时空距离，降低广义出行成本，提高交通可达性，并有效地满足高时间价值人群的出行需求。高速铁路间接地影响了人才流动、区域经济发展、城市产业布局，进一步提高了经济发展水平。中国高铁的建设不仅提高了整体交通基础设施的质量，而且带动了高铁沿线城市的经济发展。高速铁路在时间和空间方面对经济增长产生影响（见表1-3）。

表1-3   高速铁路对经济增长的时空维度影响情况

影响维度	具体影响
时间维度	（1）高速铁路对经济增长的即时效应和快速效应会出现时间衰减（time decay），慢速效应将起支配作用，高速铁路只是经济增长的必要而非充分条件。 （2）中国高速铁路长期内将成为经济增长的背景条件，并会对高速铁路网络边缘区域的经济增长率产生负向影响
空间维度	高速铁路在我国中东西部地区对经济的拉动作用存在差异，在中西部地区，高速铁路的即时效应和快速效应作用不显著，慢速作用显著

（二）经济增长对高速铁路的决定机制

高速铁路的出现会推动区域增长，促进产业升级，但是若经济增长的速度和高速铁路发展速度不匹配，将会产生负向影响。随着高铁的发展时间逐渐延长，高速铁路连通的空间距离不断扩大，高速铁路的后续发展将受到经济发展速度的制约。铁路运输是中国主要的运输方式，铁路发展影响了城市化进程和城市人口密度，这两点反作用于铁路发展。追溯高速铁路发展的源头，经济增长是促使高速铁路建设和运营的原始需求，也是高铁供应的原因。[①]

二、高速铁路具体影响分析

高速铁路的产业效应指高速铁路发展将拉动沿线城市产业升级和优化资源空间配置。高速铁路的开通不仅使城市间的空间距离缩短，还使得城市间的经济联系增强。这种产业影响不只影响某一个城市内部的产业发展，也影响着城市群的产业发展。

（一）高速铁路的产业集聚与扩散效应

交通的可达性衡量了地区之间社会交流的便利程度。高速铁路城市通达性的衡量标准是高铁乘客到达目的地的便利性。它可以进一步扩展到带

---

① 李红昌，Linda Tjia，胡顺香，刘李红. 高速铁路与经济增长的因果关系——基于时空理论视角下中国省域面板数据的计量分析 [J]. 长安大学学报（社会科学版），2016（4）.

来知识可达性变化的高速铁路建设。居民出行方式的选择受到两个因素的影响，一个是在途时间，另一个是出行费用，当居民选择高速铁路方式出行时，两座城市之间最短的旅行时间和运输成本也影响着城市的可达性。

居民选择交通工具的过程是一个复杂的决策过程，需要考虑诸如时间、成本、安全性和运输产品便利性等因素。从本质上讲，居民对交通方式的选择是一种消费选择。从供应方面来看，高铁提供的运输产品将为乘客提供两个地点之间的换乘服务；从需求方面来说，旅客需求是从始发地到目的地的替代服务。当乘客选择运输方式时，需求侧和供应侧之间的匹配是高铁选择运输产品的前提。

高速铁路修建之后，因为列车运行速度快，居民选择高速铁路方式出行大大缩短了跨城市出行的时间，提高了沿线城市之间的可达性，带来集聚式租金。要素在城市之间进行流动，目的是获取额外的集聚租金，要素的流动促进城市之间的经济关联。城市的集聚租金可以衡量该城市对各种要素的吸引力情况，要素从目标城市流向替代城市的损失成本可以衡量吸引力大小。一般在工业聚集区容易出现集聚租金，要素通常流向工业集聚区以产生集聚租金。高速铁路的出现压缩了时间和空间距离，在压缩机制下，城市可达性进一步影响了旅客对出行方式的选择，影响了经济发展方向进而影响城市群发展。在区位叠加机制和城市经济两个领域的共同作用下，产业集群的优势和区域优势变得更加突出。

集聚租金改变了城市空间，一方面促进了空间集聚，另一方面则产生了扩散效应。集聚租金曲线具有倒"U"型的特点，高铁开通后，对沿线城市的经济影响不同，因此，每个城市对要素的吸引力也有差异，表现出不同的空间特点，在这种情况下，高速铁路将产生集聚和扩散效应。

简而言之，高铁的开通提升了城市可达性，使得跨城市出行更加便利。区位叠加机制和经济领域共同作用直接影响各城市之间的相互作用，进而影响各城市间要素租金的价值和要素的流动，促进规模经济、范围经济和空间溢出效应的出现，导致经济集聚和扩散。①

---

① 李红昌，Linda Tjia，胡顺香. 中国高速铁路对沿线城市经济集聚与均等化的影响 [J]. 数量经济技术经济研究，2016，33（11）：127 – 143.

（二）　高速铁路对产业结构的影响

高速铁路的修建促进了沿线城市的经济发展和产业升级，改变了城市的产业结构，同时为产业发展提供交通资源。通过计量方法可以量化出高速铁路修建前后对产业升级的拉动幅度和对经济发展的影响效果。[①] 以长江三角洲为例，高速铁路连通了区域内城市，带动了要素流动，降低了运输成本，使资源得到更合理的配置，促进了产业带的形成，有利于区域内重点产业和城市区位优势的建设，有利于战略布局和产业结构的规划。因为铁路运输工具在中国具有行政垄断的特性，因此政府需要进行市场监管和调控，防治市场风险的出现和更好地调整高铁对经济发展的影响机制，从而维护社会发展的稳定性。政府可以从宏观层次进行对产业发展的调整，防止市场失灵的出现，同时确定区域内重点产业，进而达到保护本地优势产业发展的效果。

高速铁路的出现影响了城市间的要素流动和资源分配情况，城市之间的空间距离被缩短，带来要素流动的加速和产业分工的加强，增强了产业之间的竞争程度。在城市间竞争日益加剧的今天，区域领导者需要根据发展情况调整产业布局，防止出现现有产业规划阻碍经济增长的情况。因此，高速铁路迅猛发展的今天，政府部门在制定产业政策时需要将高速铁路带来的效果考虑进去，从而更好地促进当地经济发展，形成良好的发展态势。[②]

（三）　高速铁路对服务行业的影响

高速铁路主要业务收入来源于客运服务，因此越来越多的研究视角集中于高速铁路对服务业的影响。研究范围从对服务业整体研究、国民就业情况的变动发展到具体的区域服务业变动情况等。

高速铁路主要功能在于为乘客提供出行服务，高速铁路运行速度更快、载客量更大的特征满足了大部分居民跨城市出行的需求。乘客是信息

---

① 王刚，龚六堂. 浅析高速铁路建设投资的产业经济效应 [J]. 宏观经济研究，2013 (6)：67 - 71.

② 黄昊明. 高速铁路对湖南省产业发展的影响研究 [D]. 武汉：华中科技大学，2016.

和知识的载体，生产性服务业的主要投入要素是劳动力要素和技术要素，因此高速铁路的出现改变了原有的人力资源要素分布情况。对于原有人才要素缺乏的地区，高速铁路的出现为其发展高新技术产业、增强人才活力提供可能。

此外，高速铁路的发展间接影响了沿线城市的就业岗位情况，高铁带来更多技术变更和新的就业机会，同时为本地产业发展输入外地的劳动力，高速铁路为服务业发展确保了足够的人力资源匹配。尽管高速铁路的出现可能会引起大城市对其他城市资源的"虹吸效应"，出现大城市吸收其他城市资源的情况，促进大城市不断发展生产性服务业。但是大城市发展到一定程度就会出现扩散效应，拉动其他城市的不断发展，高速铁路的出现为扩散效应的出现提供更多的可能。

另外，服务业产品本身具有难以存储的特点。以生产性服务业为例，生产性服务业产品对于整个产业的整合度更高，并且存在于企业整体运作全过程，生产性服务业产品的特征决定了高速铁路对其发展的影响。生产服务与上下游产业链的关联性很强，是产业链中不可缺少的一环。生产服务业具有典型的服务知识，信息技术和人才知识是主要的输入因素，并且存在明显的知识溢出情况。生产服务技术日新月异，创新成果不断出现。生产性服务业产品应用于制造业，制造业在不断升级的过程中促进生产性服务业的技术创新。生产性服务业还为制造业提供服务，制造业的生产需求也促进了生产性服务业的创新成果。生产服务业具有明显的服务外部性特征。市场运作需要大量的财务、审计、测量和运输服务，但是，制造业公司选择外包，生产服务行业公司则为其提供非核心业务服务。随着社会分工的出现，生产服务业也不断地细分为不同的市场。对于服务行业，时间维度的影响更为重要。高速铁路压缩了空间距离，使生产性服务产品的运输方式更加富有选择性，也促进了服务业的发展。

（四）高速铁路对旅游行业的影响

高铁促进了旅游业的发展，高速铁路的快捷扩大了居民的出行半径，有利于增加居民的出行意愿，多元化了居民的出行方式。具体来说，高速铁路打破了旅游市场的原有布局、丰富了旅游产品和提高了旅游资源的开发，将高速铁路网络布局与旅游资源开发相结合可以最大化地增加旅游业的经济效益。^① 以南京地区为例，沪宁高速铁路的开通使得旅客去南京旅游更加便捷，与周边地区的旅游合作更加紧密，南京旅游行业接待游客数量增加、开发了更多旅游资源，进而促进了南京旅游产业的发展。武广高铁的开通拉动了粤湘鄂地区旅游产业的发展，带来更多的客运资源，有利于周末出行和短途出行旅游产品的发展，粤湘鄂地区的旅游产业也在不断推出更高端的旅游产品，促进了当地旅游产业的发展。^②

北京到广州原有的 T202 新空调列车全程耗时 26 小时 43 分，京广铁路开通后，最快仅需 8 小时。从北京到广州，高铁耗时为普通铁路的29.94% 。这意味着从北京到广州旅行时，与普通列车相比，选择乘坐高铁出行可以实现时间收敛，释放出更多旅游消费能力，为广州旅游行业发展注入新动能。高速铁路的出现使 1～2 小时内实现远距离位移的需求得以实现，使得近景旅行可以做到早出晚归，仅需 2～3 天时间也可以完成远景出行。这种便利性促使人们更多地选择周末出行方式，改变了居民的旅游动机和出行方式。^③

旅游业产业的产业链条长、关联度高。旅游产品的丰富和发展促进了交通、餐饮、娱乐、购物、房地产等相关产业的发展。高铁的发展促进了高铁辐射地区综合服务产业链的升级。

（五）　高速铁路对其他运输方式的影响

目前我国的运输方式主要分为铁路、公路、航空、水路和管道五种方式。运输方式之间存在竞争和协作，任何运输方式的发展都会产生联动影响。

1. 高铁对货运的影响

目前我国高铁货运还处于起步阶段，高铁运输网建设还未完成，且高

---

① 张书明，王晓文，王树恩. 高速铁路经济效益及其影响因素研究 [J]. 山东社会科学，2013 (2): 174–177.

② 黄爱莲. 高速铁路对区域旅游发展的影响研究——以武广高铁为例 [J]. 华东经济管理，2011 (10): 47–49.

③ 赵庆国. 高速铁路产业发展政策研究 [D]. 南昌：江西财经大学，2013.

铁运营成本相对较高。高铁的车辆设计和路线设计都是以客运为基础,高速铁路对载重量具有严格的限制,如果选择高铁运输货物,对货物的体积、重量都具有限制,所以一般体积小、重量轻且附加价值较高的产品会选择高铁运输。除此之外,高铁站点的建设也是为了满足客运需求,建设时没有专业的货运设备。对高铁站点进行改造也存在很多问题,比如改造成本高但收支不平衡、技术难度大等。并且高铁进行货运还会对原有的客运出行带来不便。相关学者对高铁在货运方面的竞争优势进行了评价分析,以高铁货运的运达速度、运输成本、运输能力和便利性安全性作为评价指标,通过进行实证分析得出运输速度是影响货运方式选择的重要属性。航空方式更加快速,占有绝对优势,但只考虑干线速度这一因素,若将航空运输依赖的其他末端运输方式考虑在内,将拉低物流平均整体速度。

2. 高铁对客运出行的影响

2008 年开通的京津城际高铁拉开了中国高速客运铁路发展的序幕。从那时起,中国的高铁就开始迅速发展,以满足居民日益增长的出行需求。从城市群交通的角度来看,城市之间存在大量的商业交易、旅行需求和通勤需求。同样地,城市化效应也很显著,对短距离内高铁的需求也很强。另外,高铁的行进时间稳定,安全性更高,满足了旅客快速出行的需求。与公路客运相比,它具有非常重要的优势,高速铁路网络的不断建设为居民提供了更多的便利。大中城市间的高铁开通,不仅缩短了旅客的出行时间,增加了旅客的出行频率,而且促进了不同城市之间的经济往来。并且与民航相比,高铁票价较低,这将吸引一些民航旅客转乘高铁。

中国的高速铁路客运市场是季节性的。从历史数据来看,春节、夏季节和十一黄金周是高铁旅行的高峰期,其次是清明、五一、端午、中秋节等长假,高铁旅客数量众多。对于旅行的需求,高铁由于其便利性和稳定性,已成为众多乘客的首选旅行方式。同时,城市化效应的存在促进了特大城市与周边城市之间的经济互动。城市之间的商务旅行和通勤旅行有所增加。周日、周一和周五是高铁旅行的高峰期。

3. 高铁对民航的影响

高速铁路和民航之间存在两种关系:一是竞争关系,二是合作关系。

在一定距离内双方是可以相互替代的，因此存在竞争关系；而航空公司的末端运输需要高速铁路来实现，因此两者之间存在合作关系。高铁对民航的替代性是指在一定运输距离中，高铁所提供的运输产品服务和民航提供的运输产品服务之间竞争程度较高，可以互相取代。高铁和民航的合作性是基于高铁运营范围广、覆盖短距离运输，而民航提供的主要为长距离运输产品，因此高铁和民航可以通过建立合作发展关系，将高铁作为民航线路上的补充。

高速铁路的出现对民航业造成了严重冲击，高速铁路和民航在客运市场上进行了激烈的竞争，并且高速铁路的出现带来了部分航线的减少甚至停运。例如，石太高速铁路的开通，使得太原—北京航线部分停飞；成都到重庆开通的高速铁路导致成渝航线上座率下降到50%以下而停飞；武广高铁的开通同样影响着武汉—广州的航线运营情况，航线票价下降50%左右；郑西高铁开通后，部分郑州至西安的航线被取消。在高铁和民航重叠的线路上，高铁的开通对民航的发展造成冲击，二者构成了一定的竞争态势。

旅客选择民航出行方式时，需要考虑旅程可能会受到航空管制、恶劣天气等因素的影响，出现航班延误的情况；但是由于高铁出行的稳定性和规律性，这些因素对高铁的影响较小。除此之外，与机场相比，高铁站一般建设在更靠近市中心的位置，进站安检流程更加简洁并且高铁具有更低的票价水平，这些因素造成部分民航乘客选择高铁出行，因此高铁沿线的航线会受到高铁分流的影响，造成民航客源流失。

高速铁路与民航之间的竞争受运输距离的影响。高速铁路运输在短距离方面具有优势，而民用航空运输在中长距离方面具有优势，旅途较远时旅客更有可能选择民航出行。航空公司使用各种方法来提高竞争力。例如，推出各种打折机票以吸引价格弹性较低的乘客乘飞机旅行，并提高准时到达水平等。但是，高铁与民航之间不仅是竞争关系，更存在合作关系。资源交换与共享平台机制使高铁成为民航的补充。上海虹桥机场与高速铁路合用一站实现了空铁联运，高速铁路和民航的合作为双方带来更多的乘客。高铁和民航作为两种主要的交通方式，二者的合作进一步促进了中国交通运输业的发展，为居民出行带来了更多便利。

第三节　基本概念界定

一、高速铁路

国际铁路联盟（UIC）对高速铁路作出了定义：高速铁路不仅仅是一个技术主题；相反，它包含一个复杂的现实，涉及各种技术方面，如基础设施、机车车辆、能源和运营以及金融、商业、社会经济、管理和培训等跨部门问题。高速铁路系统采用高度复杂的技术将这些不同的元素结合在一起。

由于多种原因，这种快速发展的新运输模式通常被描述为未来的运输模式。除了改善铁路服务、促进其寻求传达和提高客户满意度的现代形象外，高速列车还在实现区域一体化和帮助在全球层面创建社会经济平衡方面发挥了关键作用。这种高效的运输方式在投资、技术、工业、环境及其政治和社会方面提出了重大要求。

高速铁路有多种不同的定义，不同的国家对高速铁路的定义也不同。1962 年，国际铁路联合会将时速在 200 公里，新建时速为 250～300 公里的铁路定义为高速铁路。1985 年，日内瓦将货运时速 250 公里以上，客运时速超过 350 公里的铁路定义为高速铁路。[①] 日本政府将高速铁路定义为时速 200 公里以上的铁路。美国定义的高铁最低运行速度为 145 公里每小时。我国国家铁路总局定义设计时速超过 250 公里，初始运行时速不低于 200 公里的新建客运专线为高速铁路。该定义突出了高速铁路的"新建""时速不低于 250 公里/小时"和"旅客专用铁路"的特征。本书基于中国国家铁路总局对高速铁路的定义，即新建时速为 250 公里（含预留）的动车组列车，以及初始运行速度不超过 200 公里/小时的旅客专用铁路。[②]

---

① 资料来源：国际铁路联盟网站。
② 刘璐．我国高速铁路对民航客运的影响研究［D］．北京：北京交通大学，2018．

二、产业经济学

产业经济学以市场主体参与交易的过程作为研究对象。经过两百多年的发展，产业经济学形成了完整的理论系统和许多经典的理论体系。产业经济学的核心理论是产业组织理论，在 19 世纪，产业组织理论被引入中国，随着经济发展，产业组织理论对经济发展起着重要的指导作用，并与中国的实际情况相结合，迅速地发展为专业研究领域。在引进的产业组织理论与实践例子的基础上，中国开始实施产业结构调整，并引发了中国学者结合中国实际社会情况进行研究的热潮，发展了一些与中国情况相符的产业组织理论思想。这些观点对中国在制定产业政策、产业经济实践方面起着引导性作用。

高速铁路产业的研究和分析也可以以传统的产业经验理论为指导。高速铁路可以促进该行业的集聚效应。专家学者从不同角度分析了高速铁路行业。例如，国内学者分析了高速铁路在山东经济发展中的作用，并分析了交通基础设施建设对区域经济的影响机理，高速铁路是该地区工业集聚和扩散的主要动力，而交通运输则是工业扩散和工业集聚的前提。高速铁路建设推动了中国工业的快速集聚，过多的经济活动集中在中心城市，从而导致不同生产要素相对应的成本水平发生了巨大变化。基于成本角度考虑，经济活动将向外扩散。同时，要素的流动也将改变要素组合的规律，这反过来又导致一些传统产业沿高速铁路传播。[①]

三、产业结构

产业结构是指产业之间的关系、产业之间的比例以及各产业的构成。社会化大分工的出现促进了产业分工的进程，出现了许多新的生产部门。不同的生产部门的发展需要不同的生产要素，提供的就业岗位、自身的发

---

① 李红昌，Linda Tjia，胡顺香. 中国高速铁路对沿线城市经济集聚与均等化的影响［J］. 数量经济技术经济研究，2016，33（11）：127－143.

展速度等都存在差异性，对经济的推动作用也存在很大差异。因此，每个经济体在不同的发展阶段也要对内部产业结构进行调整，避免原有产业结构阻碍经济发展的情况出现。本书把产业构成和各产业间相互关系所共同构成的结构特征概括为产业结构。

每个国家的产业布局受到自然资源分布情况、经济发展水平、科技创新水平、政治主体特征和交通资源分布状况等多种因素共同影响。交通运输行业的出现有利于原材料和消费产品的流动，通过收取运费提供货物位移服务。经济的极增长通常率先在交通条件便利的地区爆发，再通过扩散效应，拉动周边地区经济发展。基于此，中国大力发展运输速度快、搭乘便利和更具安全性和可靠性的高速铁路，这将促进制造业升级和高新技术频发等，是进行产业结构调整过程中必不可少的环节。

四、产业组织

产业组织理论是产业经济学的基础。它的发展起源于柏拉图的分工思想、亚当·斯密的古典经济思想、"马歇尔冲突论"和克拉克的"有效竞争论"。西方产业组织理论形成了哈佛学派范式、芝加哥学派产业组织理论、新产业组织理论和新制度经济学理论。

学术界当前的共识是，产业组织理论起源于美国，可以分为两个主要阶段（见表1－4）。

表1－4　　　　　　　　　　产业组织理论的发展阶段

时间	代表流派	观点
1930～1970年	哈佛大学派	"市场结构—市场行为—市场绩效"范式，亦称SCP范式
1970年至今	芝加哥学派	产业组织理论的补充。 20世纪80年代，新的产业组织理论形成，强调公司行为和绩效对市场结构的影响

在20世纪80年代，中国引入了产业组织理论，通过把经典理论和中国的实际发展情况紧密结合起来进行研究，形成了中国化的产业组织

理论思想。产业组织理论在中国的发展大致可以分为三个阶段（见表1-5）。

表1-5 中国化产业组织理论进程

发展阶段	工作	中国发展
第一阶段	引进和学习西方产业组织理论	对中国的产业组织问题进行尝试性研究
第二阶段	研究西方理论为基础	结合中国国情，形成理论新观点
第三阶段	引入并借助博弈论等新的分析工具	对中国的产业组织问题进行具体的研究

五、产业政策

"产业政策"这个词最初起源于日本。第二次世界大战后，日本的经济迅速增长，产业政策的实施被认为是其飞速发展的主要原因。产业政策一般分为广义和狭义两种：广义产业政策是指政府有关产业发展的一切政策的总和；狭义产业政策是指进行产业资源配置的干预政策，即指导产业间资源重新配置和改变企业内部经营活动的政策。为了使市场在资源分配方面可以发挥更好的作用，需要通过改进市场机制和弥补市场短缺的政策。需要结合实际情况对产业政策进行具体定义。我国是产业政策应用较广的国家之一，仍以一些形式直接对国家的经济进行干预。"选择性产业政策"不仅在理论和实施方面均存在着激烈争议，而且依然是我国产业政策关注的焦点，所以此研究具有现实意义。本书研究的产业政策为狭义产业政策，即国家对特定的产业进行扶持，并给予资源倾向的干预政策。

六、时空经济

时间与空间是社会经济活动的一种基本形态，有效利用时间和空间能够促进经济发展。时间框架为经济学发展设立了边界，确定经济发展的时间背景条件是进行高铁产业经济学分析必不可少的环节。古典经济学中的时间背景多为历史时间背景，新古典主义所指的时间背景是静态时间。目前，时间框架的发展仍不完善，现代经济学界提出的新时间框架有助于选择更合适的分析背景，突破传统的静态分析范式，并动态关注经济问题。同时，也有助于放宽理性经济人的假设，更好地实现主观与客观的一致性。

第二章

高铁产业经济学理论
基础与理论框架构建

内容提要：

　　本章基于北京交通大学运输经济团队发展的运输资源—运输产品—网络（PRN）理论、网络形态理论、时空经济理论的理论框架，基于价值共创的分析体系，探究了高速铁路在改变时空转换能力、提高时间可达性和空间可达性上的时空特性，并从高铁运输资源、高铁运输产品、高铁运输产业、高铁产业链、高铁生态圈等多维度进行了高速铁路价值共创的产业经济作用分析。

第一节　运输资源—运输产品—网络经济理论

　　交通运输业是指专门经营客运和货运的社会生产部门，包括公路、铁路、水运、航空等①。运输经济学研究的主要对象是基于实体网络的运输业，高铁行业就是其研究对象之一。交通运输业中的经济学问题也同样集中在供给和需求两个方面，运输需求是旅客/货物为实现空间上的位置移动所提出的并具有支付能力的需要，包含了位置移动需要和支付能力两个必备条件。运输供给是相关供应商在运输系统网络上供应的服务。由于运

---

① 刘露．新疆交通运输业与区域经济发展的实证关系研究［J］．山东纺织经济，2018，256（6）：30–33.

输业具有网络性，因此其经济分析和传统工商业相比存在着差异①。

荣朝和提出了产品—资源—网络经济分析框架（product-resource-network economy analysis framework，PRN 框架）用于研究运输经济。PRN 框架分析是了解运输产业的一种关键方法，也是理解其他经济学理论对运输行业研究的基础②，PRN 分析框架包括运输产品、交通运输资源以及运输网络经济分析三部分。

一、需求角度的运输产品分析

因为运输产品的本质应是完整的，不具备完整性的运输就是没有实现消费者原本运输目的运输。荣朝和（2002）在《从运输产品特性看铁路重组的方向》一文中，系统地提出了完整运输产品的概念。完整运输产品是指客户所需要的从运输起始地到最终目的地的货物位移。完整运输产品的供应商在某一时间内需要综合使用不同交通工具，以实现客户所需的位移服务。

随着经济全球化进程不断加快，运输业摆脱了单一的运输方式，逐步向着联运、合作、相容、共赢的运输一体化链条方向发展。随着科学技术水平不断提高，电商产业兴起，消费者对运输服务的要求不仅限于客货位移的核心功能，对快速安全、经济实惠等基本特性的要求也越来越高，且运输产品完整性的概念也扩展到包含一站式服务、包装、高频率等更优质服务的综合性服务链条（见图 2-1）。

匡旭娟博士提出，第一步是假设"快递业"是一种典型的完整运输产品，在服务合同中，包括交货的时间点、交接的时间点和产品的完整性等。第二步是假设精益生产是一种高效率的生产模式，那么即时生产（JIT）是观察精益生产的过程合约的要点。其观点为完整运输产品提供了新的解读方式。"只有在需要的时候才生产所需的产品"是即时生产的基本理念，简而言之，完整的运输产品能够在需要的时间和地点使用。

---

①② 荣朝和. 关于运输经济研究基础性分析框架的思考 [J]. 北京交通大学学报（社会科学版），2009，8（2）：1-9.

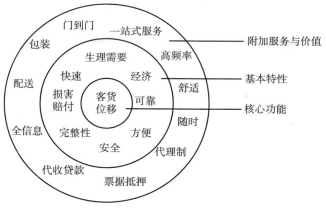

图 2 - 1　运输产业分层结构

资料来源：荣朝和. 关于运输经济研究基础性分析框架的思考［J］. 北京交通大学学报（社会科学版），2009，8（2）：1 - 9.

完整运输产品概念的提出丰富了即时生产的经济学内涵。通过将即时生产概念融入完整运输产品的知识体系中，运输经济学为产业经济学构建了时间—空间基础分析框架。

二、交通运输资源分析

对交通资源进行研究时，我们应该从多角度进行研究。例如，运输资源的需求方如何利用现有的交通资源实现其所需要的客货位移；运输资源的拥有者如何最有效地利用其拥有的运输资源。荣朝和立足于实现客货位移过程中交通运输资源的作用，认为交通运输资源是实现交通运输活动的方法和前提，且包括硬资源和软资源两种。交通资源的分类如图 2 - 2 所示[1]。

就高铁产业而言，高铁运输资源就是实现高铁运输生产所必要的各类技术、设备、人力和资本等要素的总称，是高速铁路进行日常运输生产活动的前提，是交通运输资源的重要组成部分[2]。对高铁运输资源的优化配

---

[1]　刘志. 高速铁路与快递业融合发展研究［D］. 北京：北京交通大学，2014.

[2]　李红昌. 关于技术作业能力与铁路精益生产的探讨［J］. 北京交通大学学报（社会科学版），2008（1）：1 - 5.

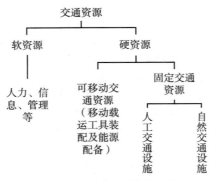

图 2 - 2　交通运输资源分类

资料来源：荣朝和. 关于运输经济研究基础性分析框架的思考 ［J］. 北京交通大学学报（社会科学版），2009，8（2）：1 -9.

置包含对设备、资金、人力等要素的合理配置以及对运营组织结构的优化。合理的优化可以实现高效率的资源配置，促进高铁运输组织良性发展。

三、运输网络经济分析

网络型行业提供的产品或服务都需要通过物理或者虚拟的方式连接实体，这种方式具有一体化的特点[1]。网络型产业通常包含基础设施层和业务组织层，运输行业在这两个层次上都表现出了明显的网络经济特征，运输行业的网络联系在基础设施层次表现出实体之间的物理联系；在业务组织层表现为企业的纵向或横向一体化，是虚拟连接[2]。探讨交通运输业的网络经济问题，即在规模经济和范围经济的共同作用下，如何增加产量以降低评价成本的问题。

运输业的规模经济效应和范围经济效应都源于其网络性。规模经济（economies of scale）指的是固定成本在可以分摊到更大的产量后所产生的经济性，对铁路运输来说，厂商生产规模的扩大可视为在设备等生产要素

---

① 颜飞，王建伟. 对运输业网络经济的探讨 ［J］. 铁道运输与经济，2008（2）：1 -4.

② 荣朝和. 从运输产品特性看铁路重组的方向 ［J］. 北京交通大学学报（社会科学版），2002（9）：13 -18.

没有增加的情况下，扩大了运输产出，从而运输产品单位成本也会下降。范围经济（economies of scope）指的是多种产品共同生产相对于独自生产的经济性，运输行业范围经济性既可以是整个运输行业的情况，也可以是某一运输线路或节点、运输设备等一些运输网络中某部分的情况，是厂商因同时生产多种类商品使生产要素得到更充分的利用而产生的成本节约。运输行业的网络经济相对于其他行业更具有独特的经济性质，运输行业的网络经济是由规模经济和范围经济转型的运输密度经济（economies of traffic density）和网络幅员经济（economies of size）所构成（见图2－3）。其中，运输密度经济被广泛用来解释运输网络在幅员上保持稳定时扩大运输产量会引起平均成本降低的现象；运输网络幅员经济指在运输网络密度维持不变的情况下，运输总成本与运输网络幅员等比扩大时引起平均成本降低的现象。①

规模经济与范围经济的划分	密度经济与幅员经济的划分	网络经济的具体表现			幅员变化与运量密度的关系
规模经济	运输密度经济	线路通过密度经济	特定产品的线路密度	运量在增加，但幅员不变	幅员扩大，同时线路上的运量密度也变化了
			多产品的线路通过密度经济		
		载运工具载运能力经济			
		车（船、机）队规模经济			
		港站（枢纽）处理能力经济			
范围经济	幅员经济	线路延长	运输距离经济	幅员扩大，但线路上运量密度不变	
		服务节点增多	由于幅员扩大带来的多产品经济		

图2－3　运输业各种网络经济特性之间的关系

资料来源：荣朝和. 关于运输经济研究基础性分析框架的思考［J］. 北京交通大学学报（社会科学版），2009，8（2）：1－9.

与其他行业相比，运输行业的生产方式、产品计量方法等方面具有特

---

① 荣朝和. 关于运输业规模经济和范围经济问题的探讨［J］. 中国铁道科学，2001（4）：100－107.

殊性,使其规模和范围经济更加复杂、难以把握。①

荣朝和(2001)认为,由于运输业提供的产品种类繁多,其规模经济和范围经济常常是密切联系、相互交织的,对于运输业的规模经济与范围经济的现象需要从多个角度进行分析。具体来说包括六个分析的维度,如图2-4所示。

规模经济与范围经济的分析维度

- 从运输网络的幅员大小:考察运输企业是否具有管辖线路越长或网络覆盖区域越大单位运输成本越低的效果
- 从运输线路的通过密度:考察具体运输线路上是否具有运输量越大单位运输成本越低的效果
- 从单个运输设备的载运能力装载容积或载重吨位:考察是否载运能力越大效率越高
- 从运输企业拥有载运工具数量的多少:考察是否"运力规模"越大经济上越合理
- 从同种运输方式内部或不同运输方式之间的中转、换装、联运、编解和配载等问题:考察运输网络内港站或枢纽与相关线路或相关运输方式的协调能力
- 从运输距离角度:考察是否具有单位运输成本会随着运距的不断延长而下降的效果

图2-4 分析规模经济和范围经济的六个角度

资料来源:匡旭娟. 演化视角下的快递业网络形态研究 [D]. 北京:北京交通大学,2008.

第二节 网络形态理论

"形态"这个词来自生物学的概念。1800 年前后,德国学者歌德提出了"形态学"这一概念,用来表示植被的形象、生长和内在结构等关系,即形态的内涵是形式和结构的逻辑。② 形态概念也被扩展到一些空间特征的研究领域,如交通运输等。时至今日,形态是指事物在一定情况下的表现形式,并在这个基础上产生了许多与之有关的概念和词汇。例如,在计算机领域,网络形态是指计算机网络中各节点之间存在的物理关系和逻辑关系。在社会学领域中,社会形态是社会经济与物质基础、上层建筑

---

① 荣朝和. 关于铁路规模经济与范围经济的探讨 [J]. 铁道经济研究,2001 (4):5-8,18.
② 刘捷. 城市形态的整合 [M]. 南京:东南大学出版社,2004.

与社会活动等同时形成的社会模式,包括经济形态、政治形态、意识形态等。[①]

荣朝和(2009)认为,运输业网络形态是指在一定技术水平和社会经济的前提下,运输业网络的表现形式。同时也指出,运输行业作为庞大繁杂的系统,仅从空间视角研究它的网络形态还不够,还需要运输业组织网络分析、社会形态分析、计算机网络分析等方法对其内外部结构进行分析,系统完整地进行刻画与描述。

第三节　时空经济理论

时间和空间是经济社会活动存在的基本形式,时空经济的构建水平及社会人员对空间和时间的利用程度都决定着社会的经济发展状况。人们对时空的处理方式因社会形态的差别而存在不同。

影响经济时空结构的因素不只有交通运输,但交通运输对于经济时空结构的影响始终具有决定性作用。交通运输是影响经济时空结构的因素之一,自始至终占据着重要位置。交通运输活动把经济社会的时间和空间两个维度联系在一起,形成了以交通运输为基础的社会经济时空结构,交通运输便成为经济时空分析的核心因素。[②]

我国城市化和运输化进程加快,对人们的出行方式、交通运输经济资源时空配置,以及区域经济格局产生了重大影响,高速铁路就是典型的例子,表现为提高社会效率、增大国家经济总量、优化产业结构和推动土地开发等。从时空经济的角度来看,高铁可以缩短区域间的空间距离、提高城市间的可达性,使交通的沿线地区和区域之间的联系更加密切,推动了它们之间的一体化,进而优化了我国经济社会的时空格局。

---

① 闫二旺. 网络组织的机制、演化与形态研究 [J]. 管理工程学报, 2006, 20 (4): 120 – 124.

② 荣朝和. 交通 – 物流时间价值及其在经济时空分析中的作用 [J]. 经济研究, 2011, 46 (8): 133 – 146.

一、时空理论的研究历程

亚当·斯密提出的市场范围决定分工水平就已体现了时空视角，时空可以有效地减少工序转换的时间消耗，加强工作间的协调配合，实现某一时间点的任务分散，从而极大地提高了空间的利用效率。他还强调了交通的改善是非常重要的，但当时的经济研究中对时空的分析还比较浅显。[①]马克思发展了古典经济学劳动价值观，认为社会所需要的劳动时间取决于商品的价值，所有的节约都是时间的节约，并指出，交通行为就是用时间来换取空间。马歇尔认为，在经济分析中时间对经济解释的重要性是无法忽视的，时间因素是经济分析领域中许多重大难点的根源。[②]

中国对时空经济的研究起源于马克思的时空经济学（周扬明，2000），现在主要是北京交通大学荣朝和教授提出的基于社会学时空观的时空经济理论。荣朝和认为，社会学的时空观和相对论的时间思想应当在经济学中得到借鉴，构建新兴时空分析框架，即以相对性时间为基础、同时搭建经济时空场域的分析框架。相对论是关于时空和引力的基本理论，其观点认为物质运动是时空的根源，物质运动的距离构成了空间，而将某一物质（如光）运动的距离作为标准，就产生了时间单位。因此，时间和空间具有统一性，时间就是某特定物质的运动距离，相关论很大程度上促进了人类时空理论的研究。

荣朝和关于时空经济理论的研究已由 2011 年的时间价值、时间距离、可达性、时空协调理论扩充到经济时空场域、场域边界、特殊制度场域、场强、即期相对时间、时空转换等理论。

二、时空理论与新古典经济学的差异

时空经济学是以新古典经济学为基础发展起来的，但与新古典经济学

---

① 叶春媚. 基于时空视角的电商物流"最后一公里"的经济分析 [D]. 北京：北京交通大学，2017.

② 阿尔弗雷德·马歇尔. 经济学原理 [M]. 北京：华夏出版社，2005.

相比，它更加贴近现实。时空经济理论在社会时空观的视角上，立足市场经济来分析实际情况。在分析中，基于新古典经济学完全理性的假设，把空间和时间视为内生变量，研究不同时空尺度在生态圈中的趋利避害，以实现生存与演进的时空平衡或转换，并通过提高物信关系匹配效率，改变现实的经济时空结构与时空效用（见表 2 - 1）。[1][2][3]

表 2 - 1　　　　　　时空经济理论与新古典经济学的对比

项目	时空经济理论		新古典经济学	
假设	趋利避害		完全理性	
分析范式	基于相对论		基本牛顿力学	
时间	相对时间	即期时段	绝对时间	时点
		动态均衡		静态均衡
	不确定性时间		确定性时间	
空间	内生		外生	

资料来源：许红，焦静娟，唐永忠，李红昌. 基于时空经济理论的共享经济理论内涵解析 [J]. 云南财经大学学报，2018，34（9）：3 - 12.

三、经济时空分析范式有待补充

由于现实中时间和空间之间存在着密切的联系，所以在必要的时候可以在同一时间进行考察。在哲学中，空间是既定的，时间是流动的。空间是运动的一种表现，时间是对宇宙事件发生顺序的度量。时间和空间不是一个简单的二维模型，而是动态的。它们是相互依存的，共同见证了事物的演化秩序。这里借用新古典经济学中对时间空间进行度量刻画，将时间尺度进行了细致划分（见图 2 - 5），在短期、长期的基础上加入中期、即期等界定；对空间划分时，在微观、宏观概念上加入现场、中观等概念，

---

[1]　荣朝和. 经济时空分析——基础框架及其应用 [M]. 北京：经济科学出版社，2017.

[2]　荣朝和. 经济学时间概念及经济时空分析框架 [J]. 北京交通大学学报（社会科学版），2016（3）：1 - 15.

[3]　荣朝和. 交通 - 物流时间价值及其在经济时空分析中的作用 [J]. 经济研究，2011（8）：133 - 146.

这种划分框架为可以作为分析经济学的可靠时间背景，但是"现场"和"即期"两个尺度在时空框架构建方面仍有待改进。

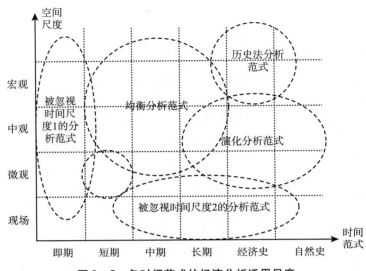

图 2-5　各时间范式的经济分析适用尺度

资料来源：荣朝和. 经济学时间概念及经济时空分析框架［J］. 北京交通大学学报（社会科学版），2016（3）：1-15.

四、吉登斯和布迪厄的时空经济研究成果

20 世纪 80 年代以来，社会学研究范式大幅发展，取得的社会时空结构化研究成果，尤其是吉登斯和布迪厄关于社会时空结构化的研究成果对之后的经济学研究具有很大的启发意义。

（一）吉登斯的时空结构分析

其时空结构分析理论中人类活动的时间分为三个维度[1][2]：

（1）个体行为或活动具有即期性。如果行为发生在起点与终点之间这

---

① 安东尼·吉登斯. 社会的构成［M］. 李康，李猛译. 北京：三联书店，1998.

② 夏玉珍，姜利标. 社会学中的时空概念与类型范畴——评吉登斯的时空概念与类型［J］. 黑龙江社会科学，2010（3）：129-132.

段时间，则称之为即期。从时间角度来说，对于任何行为来说，都是有起点和终点的；

（2）人的生命是有限的，每个人有自己的时间长度；

（3）个人行为作为社会活动的组成部分具有例行性，即活动的重复性。

各个经济活动的时间背景都是三重时间的综合体现，而且都可以表现在这三个维度中。

在空间研究中，吉登斯阐述了地点、场所、区域化及时空分区等概念。地点可以被看作是地理位置，人的活动离不开具体位置。场所是人在进行经济活动时，所处的场所与周围环境结合的地方。区域化是人们日常生活中的一种例行，包括人在空间中行为的特定范围，也涉及各种例行化行为的时间标度。

任何一种社会实践都是在时空框架下进行的。因此，吉登斯认为空间和时间在研究人类活动时，是必不可少的。人类的活动也受到时间框架和特定空间的限制。随着技术的进步，交通和通信水平的不断提高，从时间的角度衡量的距离越来越小，社会的互动范围也越来越广泛。此外，吉登斯还提出了互动的"在场可得性"（presence availability）概念，用来说明相对跨越时空的分析和描述不能完全代替"共同在场"，人们仍需在最低程度上满足"共同在场"以在具体的沟通交流中产生信任[1]。

吉登斯试图将微观社会学的个体互动延展到宏观机制分析上，提出将时空进行分离抑或是重组的概念。他认为时空分离是指由于信息化快速发展，尤其是远程通信的迅猛发展，使得人类活动中对时间和空间一致的要求逐渐放松，并逐渐达到与具体地点和事件相分离的程度，沟通以及交通相分离，人们的交流互动也不再要求必须双方面对面才能完成。

（二）布迪厄的场域及惯习理论[2][3][4]

社会学时空分析中的场域，是相对于地理空间而言的社会空间，是各

① 向德平，章娟. 吉登斯时空观的现代意义 [J]. 哲学动态，2003（8）：29 – 31.

② 宫留记. 布迪厄的社会实践理论 [J]. 理论探讨，2008（6）.

③ 皮埃尔·布迪厄，华康德. 实践与反思：反思社会学导引 [M]. 李猛等译. 北京：中央编译出版社，1998.

④ 弗兰克·道宾. 打造产业政策：铁路时代的美国、英国和法国 [M]. 张网成等译，上海：上海人民出版社，2008.

种社会关系在空间中的反映。布迪厄认为，目前社会高速分化，世界包括大量的社会小世界，这些小世界相互独立，具有自身逻辑和必然性的客观关系的场域，每个场域都有其自己的运行规则，而在场域之间存在着交集或并集。依据场域中不同位置占据者的资本情况，存在着主动和被动之分，行动者所处不同的位置也决定了策略的不同。布迪厄把场域视为由位置间客观关系构成的网络，强调社会空间蕴含的力量。

场域的分析存在以下几个相互联系的环节：首先，每个场域都不是孤立存在的，需分析不同场域间的位置和关联。某些场域可能会影响或制约其他相关场域。其次，由于场域中不同位置的行动者能够调配的资本条件不同，行动者在竞争中存在优势或劣势，所以应认清自己所处的情况和自己与其他位置间的关系结构以作出理性决策。再次，不同的行动者往往依据特定的社会经济和政治文化背景下的惯习采取行动，行动人的惯习也应当纳入影响因素。最后，场域是外在因素影响行动者的中介，政治、经济、文化等背景条件是以场域作为介质来间接影响行动者的。

布迪厄第一次明确提出了惯习这个概念，认为惯习是行动人由于场域中的位置不同而形成的对客观位置的主观调适，它通常是个体和组织在现实活动中的长期经验积累并将其内化为人们的意识，成为行动人行为决策、生活模式等精神和行动的重要依据，是外在性内在化的结果。荣朝和教授认为场域等常用的社会学概念可以很好地应用于经济时空关系的研究中[①]。

五、经济时空分析框架

经济学时空分析框架研究的主要概念有：经济时空场域、场域与可达性间关系、时空场域各层次关系等。这些相关概念在场域研究中有着紧密的逻辑联系。本书中的经济时空场域是经济关系的一种形态，具有某种时空尺度和结构，也是一种特定的模式，人们在一定的时间范围内进行实

---

① 荣朝和. 关于经济学时间概念及经济时空分析框架的思考 [J]. 北京交通大学学报（社会科学版），2016，15（3）：1 – 15.

物、价值、信息交换、交易或者实施影响。

经济时空领域在空间和时间的不同尺度上，相应的区位和时间跨度不同，可细分为多种层次，即期相对时间是场域的空间分析的重要因素。由于场域中某位置的时空在场强不同的领域有扭曲的可能，可知时间和价值在时序状态与时变状态中行为主体间关系的不断交替，都是非匀质的①。

对时空领域的研究是在各种外部环境的影响下进行的。有些情况下，时空领域的研究应考虑到其所处的自然生态环境与社会制度环境。有些社会学家认为对某产业的场域研究应包括对其历史发展过程的研究，并将国家看作一系列政策所构成的场域。

研究经济时空场域时应灵活借鉴其他学科研究成果，争取在学科交叉的基础上取得显著的成果。有学者认为，经济时空场域中的场强衰减率和传导率与介质本身性能有关，受制度影响的区域经济发展演变与磁化现象类似。还有学者认为构造空间和时间成本函数有助于分析观察场域。如果能将现有的研究成果应用于场域，如投影为交通、通信等时空需求，就可以更好地帮助分析相关领域。

第四节　基于价值共创的高铁产业生态圈分析框架

一、高速铁路运输资源

现代汉语词典将资源定义为"生产资料或生活资料的天然来源"，可供选择的资源配置方式不止一种，经济学研究的中心问题就是如何达到资源的最优配置以满足人类需求。狭义资源就是从投入的视角把资源视为生产的要素，是企业投资于生产产品的土地、人力等经济资源。广义资源是指自然界和人类社会对人类有用的，包括人力、土地、能源、地下矿藏、

---

① 荣朝和. 论时空分析在经济研究中的基础性作用 [J]. 北京交通大学学报（社会科学版），2014（4）：1-11.

原材料、资本等资源。对资源的多角度认识深化了经济学中对资源配置的分析理解。

　　交通运输资源是指一切与交通运输生产活动相关的运输生产要素，是运输供给的基础，任何形式的运输服务都必然消耗掉一定量的运输资源。荣朝和（2006）从资源在运输过程中所起的作用的视角出发，将运输资源定义为从事运输活动的条件和手段，并对其进行了系统分类。软资源与对应的自然交通条件共同构成了交通系统，运输对象与交通系统组成交通运输系统，系统外资源可以被吸收进交通运输系统，并内化为系统的一部分（见图 2 - 6）。

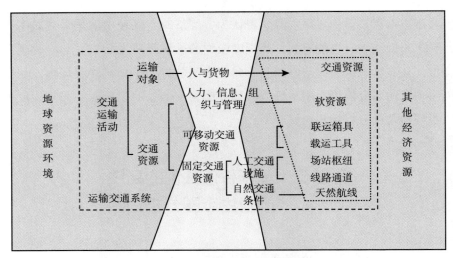

图 2 - 6　交通运输资源与交通运输系统之间的关系

资料来源：荣朝和. 重视基于交通运输资源的运输经济分析 [J]. 北京交通大学学报（社会科学版），2006（4）: 1 - 7.

　　目前，国内在有效配置运输资源方面的研究尚不完善，张鹏军（1999）认为运输资源是运输生产活动中与运输经济活动相关联活动的总称。陶然和向静（2005）对铁路领域运输资源进行研究，认为铁路运输资源包括科学技术、相关设备、人才等运输生产活动所需要素。王玉国（2006）认为运输资源指维持正常运输活动所需的各类投入要素的总和，包括自然资源、资本和人力等物质基础，也包括运输系统管理体制、市场、信息等资源①。

就铁路领域而言，高铁运输资源就是完成铁路运输生产活动所需的各类相关技术、设备、人力和资本等要素的总称，是从事铁路运输生产活动的根本和前提，是交通运输资源的重要组成部分。提高铁路运输资源利用效率既可以通过优化设备等物质要素，也可以通过优化运营组织来实现。

二、高速铁路运输产品

运输业作为具有网络效应的行业，其产品的需求和供给方式具有网络特点。运输产品不是乘客或运输的货物，而是人或物在空间位置上的移动，是一种服务②。经济学家曾多次对运输产品的特性进行分析和探索。博耶（Boyer，1997）指出运输产品具有同质性，同质运输产品是指具有相同的运输距离和运输方向的运输服务③。国内学者荣朝和于1999年提出了运输产品的概念，并于2002年系统地阐述了运输产品的含义，认为从运输需求的角度出发，应重视运输产品的完整性。

随着运输服务质量和科技水平的不断提高，运输产品的完整性概念由客货位移的基本要求扩大到各类附加服务和价值，形成了涵盖更优质服务功能的综合性服务链条。就高铁产业而言，其运输产品除了实现客货位移的核心功能外，还应尽可能地满足高铁运输产品的安全、经济、方便、快速、便捷、高频率、准时等基本特性。除了高铁的运输功能外，铁路运输产品还应包括一体化、舒适、低干扰、全信息、线上选座、餐饮服务、行李空间、电子票乘车等附加服务与价值（见图2-7）。因此高铁运输产品的发展实际上是实现高铁产业服务逐步完整和优化的过程。

---

① 王玉国. 运输业资源效率评价和优化利用研究 [D]. 北京：北京交通大学，2006.

② 荣朝和. 从运输产品特性看铁路重组的方向 [J]. 北京交通大学学报（社会科学版），2002（1）：13-18.

③ Bover Kenneth D. Principles of transportation economics [M]. New York：Addison Weslev Loneman, Inc. 1997.

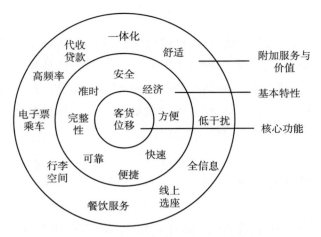

图 2-7 高铁产业运输产品分层结构

资料来源：笔者根据荣朝和《论运输经济学的基础性分析框架》（2009）中相关图片修改而得。

三、高速铁路运输产业

从 1785 年瓦特改良的蒸汽机投入使用以来，人类社会实现了从农业社会到工业社会的过渡，19 世纪中期到 20 世纪 30 年代，由于大规模的铁路建设，铁路逐渐成为当时最重要的交通运输工具。自新中国成立以来，就高度重视交通运输行业的发展：国内研究人员指出，交通运输网是促进我国社会经济发展的重要基础，交通运输也是我国国民经济发展的基础。经济与科技的发展共同促进了交通运输产业的发展，高铁作为资金技术密集型产业，具有建设周期长、产业链长以及影响深远等特点，其发展过程反映了工业化进程，与各产业息息相关①。

高铁运输产业的发达程度与我国的经济建设和人民生活水平密切相关。近些年，我国高铁产业的迅速崛起给人民的经济社会生活方式带来了巨大改变。新中国成立之初，铁路就是由国家进行，国家拥有所有权。当时的公路、航空等水平低，铁路运输在我国交通运输系统中占有巨大的优势。到了 1995 年，铁路企业的法人地位确立，市场竞争开始活跃，在此大

---

① 董大朋. 交通运输对区域经济发展作用与调控 [D]. 长春：东北师范大学，2010.

背景下，大量有运输需求的个体户、新兴企业等成为铁路运输的新用户。1995 年后，通过运输体制改革，铁路公司逐渐成为市场主体，一些合资铁路相继建成。为了应对市场竞争，相关企业不断完善技术和服务，开发了快运列车、集装箱专列等服务以增强自身竞争力。

自 1997 年后的十年里，为了加快铁路客运和货运速度，我国铁路实现了六次提速，到 2010 年，我国已经进入了高铁时代，高铁最快营运速度超过 380 公里/小时。

自 2004 年《中长期铁路网规划》颁布以来，中国高铁发展迅速①。2008 年 8 月，京津城际列车通车，标志着中国高铁进入新时代。截至 2012 年底，中国的高铁客运专线已达 9356 公里，超过世界其他国家的高铁运营里程总和。在技术水平提升方面，高速列车、基础设施建设、动力系统方面均达到了世界领先水平，中国 CRH 高速铁路技术谱系以崭新的面貌，汇入了世界高铁技术体系之列②。时至今日，高铁的建设规模和营运里程都名列世界前茅。到 2015 年底，我国的运营总里程数达 2.2548 万公里，投入运营的高铁线路多达 70 条。且在 2015 年突破 1.9 万公里的运营里程，相比于 2008 年的 1052 公里增长了 17 倍多③。截至 2016 年底，中国高速铁路运营线路共计 82 条（段），运营总里程达 2.62 万公里，居世界第一位（见图 2－8）。

我国的高铁发展历经三个阶段：第一阶段，引进技术再创新，实现了时速 200～250 公里列车的自主生产，并进行了一系列的技术创新；第二阶段，通过再创新，实现时速 350 公里高速列车的生产和大规模使用，实现了同喜系统、牵引力传动系统等技术的突破，使我国高铁产业实现技术的追赶；第三阶段，自主研发了每小时 380 公里的新型高速列车，在减震、降噪等方面性能有所提高，自主建设的高铁牵引供电系统技术水平居世界前列。

① 徐刚. 基于产业组织理论的我国铁路货物运输产业的市场绩效研究 [D]. 上海：上海师范大学，2009.

② 赵庆国. 高速铁路产业发展政策研究 [D]. 南昌：江西财经大学，2013.

③ 李亚春. 高铁产业的行业关联效应研究 [D]. 昆明：云南大学，2016.

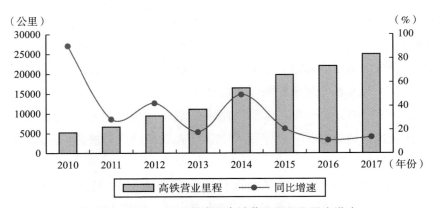

图2-8 2010~2017年我国高铁营业里程及同比增速

资料来源：公开资料，观研天下整理（WZY）。

（一）客运方面

与货运相比，客运更具有普遍服务的特点。客运分为普通列车和高速列车两类。近年来，我国铁路营运里程和客运量均稳健增长，其中高铁旅客数量增长迅猛，成为拉动客运增长的主要因素：由2008年刚开通以来的734万人增长至2015年的9.61亿人，目前维持30%左右的年增速，高铁客运量占比从2008年的0.5%增长至2015年的38%。2015~2018年高铁客运量及增长率如表2-2和表2-3所示。

表2-2   2015~2018年全国铁路旅客发送量数据统计

指标	2015年	2016年	2017年	2018年
旅客发送量（亿人）	25.35	28.14	30.38	33.17
比上年增长（%）	10	11	9.60	9.20

资料来源：笔者根据中国铁路总公司发布的2018年统计公报整理所得。

表2-3   2015~2018年全国铁路旅客周转量数据统计

指标	2015年	2016年	2017年	2018年
旅客周转量（亿人公里）	11960.60	12579.29	13396.96	14063.99
比上年增长（%）	6.4	5.2	6.9	5.0

资料来源：笔者根据中国铁路总公司发布的2018年统计公报整理所得。

铁道部公布的统计数据报告显示，2015～2018 年我国铁路旅客发送量平稳增长，旅客发送量增长了约 30%，旅客发送量年增长率维持在 10% 左右。周转量从 2015 年的 11960.60 亿人公里增长至 2018 年的 14063.99 亿人公里，其中高铁的运量占比超过三成。高铁从 2008 年投入使用以来，七年间客运量年复合增长率为 101%，占铁路客运量的比重截至 2015 年已达 38%，是拉动客运增长的主要因素。随着高铁的提速和网络的逐步完善，高铁客运量将持续稳步增长，并出现从民航或私家车等方式转移客流的现象，高铁在铁路客运中将占据更大比重。

（二）货运方面

随着经济全球化程度加深，各国对高效、快速的运输需求越来越大。在铁路货运方面，煤炭、金属矿石、钢铁和有色金属占总运量的 83% 左右。国外高铁货运技术成熟，设施先进，既能满足运输市场需求，又能获得良好的经济效益。[①]

随着中国科学技术的发展和经济生活水平的提升，中国铁路高速发展，货运量和周转量持续攀升；电子商务产业的发展带动了物流产业发展，铁路运输业面临着更大的挑战。

在我国铁路货物运输中，煤炭、金属矿石以及钢铁和有色金属的运输量约占总货运量的 83%。由于煤炭运量的增长，2016 年以来铁路的货运量逐渐回暖（见图 2 - 9），铁路货运的周期性特点逐渐显现出来。

中国货运量庞大，铁路货运能力总体较强，但与当前经济发展的要求相比，存在着差距。我国铁路的硬件设施在短时间内不能与发达国家相媲美，而且产业自身的限制和密集的道路网络面积也阻碍了铁路货运系统的完善，使我国的铁路货运具有不平衡、不协调的特点，铁路货物运输能力和需求不相适应。但我国铁路的运输效率总体较高，仅低于美国，处于世界第二；且货运密度极高，铁路货运市场处于高度饱和运转状态。

---

① 范毅. 中国高铁开行货运综合需求分析 [D]. 成都：西南交通大学，2015.

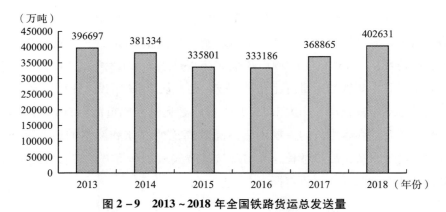

图 2 - 9　2013 ~ 2018 年全国铁路货运总发送量

资料来源：2018 年铁道统计公报。

四、高铁产业链

（一）产业链的概念

迈克尔·波特首次提出了价值链的概念。他认为企业的各项生产经营活动都能创造价值，这些存在某种联系的活动创造价值的动态过程就是价值链。他虽将企业作为重点分析对象，但其提出的观点对于产业间及区域间的价值联系仍有借鉴意义。对这些关联产业的研究即是对产业链的研究。

产业链是指以生产同种或类似产品的所有企业所在的产业为单位而构成的价值链，其价值链相互关联。分工不同的产业围绕核心产业经过原材料采集、加工、分销等各生产环节形成产品并卖给消费者，在这一过程中形成了由供应商、制造商、分销商、用户等共同构成的功能关联结构。[①]

产业链的特点之一是以产业间的分工为前提，分工划分相应的价值增值环节。特点之二是具有增值性。产业链后面的价值增值环节是在前面价值产品的基础上生产出新的价值产品。特点之三是具有循环性。价值增值实现的过程是不断循环的，这一特点表现为如果产业链不能有效循环，其

---

① 张铁男，罗晓梅. 产业链分析及其战略环节的确定研究 [J]. 工业技术经济，2005 (6)：77 - 78.

产业链上的企业则面临破产风险，因此企业的长期价值实现比短期价值实现更为重要。

（二）高铁产业链特点

产业部门的生产离不开其他相关产业所提供的中间产品，同时，其生产产品也供给其他部门消耗，这些产业部门间形成了密切的投入产出联系进而形成产业链。高铁能带动建筑、冶金、新材料、新能源、机械制造、合成材料、通信信号、电力电子、旅游等上下游产业链的发展和升级，具有技术复杂、关联性强的特点。高铁产业链呈现以下几个特点：

（1）以高铁基础设施建设和机车制造为中心，产业链中的企业间具有一定的供需关系；

（2）高铁产业链的主要组成环节一般是基础设施建设环节、车辆设备制造环节、运行系统和信息化环节、运营及维护环节这四个环节；相关产业包括了建筑业、钢铁业、新材料、新能源、信息化、商务服务等；

（3）产业链中有众多上下游企业的参与；

（4）产业链以轨道建设为基础，包括轨道工程勘测、施工、检测、运营及相关产品生产等多个环节。

（三）高铁产业链的主要环节

上文我们提到，高铁产业链涵盖了四个环节，他们之间相互关联影响，每个环节又延伸至更多产业。

例如，基础设施建设环节涉及交通枢纽车站、桥梁和隧道、轨道等建设；车辆设备制造环节涉及高铁车辆及其相关机械零配件制造等；运行系统和信息化环节由信息系统、通信系统、安检系统构成；运营及维护环节涉及规划、测试等一系列的工程服务。各环节所涉及的主要产业如图 2 - 10 所示。

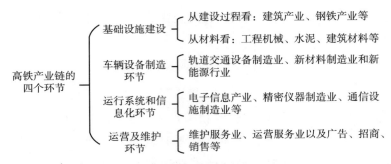

图 2 – 10 高铁产业链环节中涉及的主要产业

（四）高铁产业链分析[①]

高铁产业不是单打独斗，即便有高端技术和大量市场需求也需要产业链中的各个企业相互配合，动态关联产业的相互配合和合作才能实现产业链中的各部分产业良性发展。故而，产业链间的竞争逐渐代替了单个产业间的竞争。单个产业要认清自身在产业链中的定位，明确各环节间的联系才能高效提升自身竞争力，有助于构建高效的产业链。高铁的建设拉动了相关行业发展，其中主要包括建筑、机械、钢铁、电力、信息技术等。

（1）建筑：中国处于产业结构的转型阶段，目前房价过高，导致通货膨胀，严重影响了国民经济健康发展，同时大大增加了人民生活成本和企业经营成本，激化了社会矛盾。高铁大量修建，将人口分散，缓解人口密集的地区对市区住房的需求，有利于平衡房价，引导建筑行业正常发展。

（2）机械：高铁产业必然带动机械产业的发展，高铁车辆及相应的机械零件的生产、高铁的保养、维修等都与机械产业密切相关。政府应当给予适当的政策支持。

（3）电力：在高铁项目中，应推广清洁电源，同时也应尽量避免造成环境影响。促进电力产业结构的合理转变，改变以煤炭为主的利用方式。完善我国电网结构，促进中、西部发展。

从前文中我们可以充分看出，了解高铁产业链内各关键环节之间的密切联系和相互影响，有助于有效推动高铁产业链内各关键环节与相关企业

[①] 朱晓莉. 高铁产业链的整合 [J]. 中国外资，2011 (16)：106 – 107.

之间相互配合、相互促进，扩大企业发展创新空间，提高轨道产业综合竞争力，对于实现高铁产业健康和可持续发展具有重大意义。

五、高速铁路生态圈

(一) 高铁生态圈的内涵和典型观点

生态圈概念最初起源于生物学，指的是地球上所有的生物，它们与其所处的环境构成一个具有某种功能的整体。在这个统一整体中，生物和环境不时地发生相互影响和相互制约的作用，并在一定的时间内，这种关系保持相对稳定的动态平衡。

随着社会工业化、城镇化、信息化水平的不断提高，各产业不断融合，产业链、价值网的复杂性越来越强，网络中的各种资源、组织关系日益密切，信息的流动也日益频繁，企业的联系也在网络化的基础上得到了进一步扩展，形成了一个更复杂的多元化系统。各行业的功能各不相同，体系内的成员功能也不同，各司其职，相互依赖、共生共存，共同构成了具有组织性的功能复合体。这种复杂的多元化体系类似于自然界的生态系统，因此生态圈概念在经济、文化、信息、交通等社会的各个方面开始得到广泛的应用，产业生态圈应运而生。

产业生态圈是指以某些产业为中心，能够持续发展的多维网络体系的地域产业，体现出一种新的工业发展模式、一种新的产业布局①。徐浩然、许箫迪和王子龙认为，产业生态圈是市场自发行为与政府自觉行为之间的有机统一，应正确地认识到政府在产业生态圈的地位，并积极地发挥作用，使政府政策成为促进产业生态圈发展的引擎②。科尔塔达 (Cortada, 2016) 建立了产业与企业的信息生态体系，认为产业与企业的信息生态体系包括产业与企业的特定主体，同时也包括了关联产业体系③。韩祺在社

---

① 袁政. 产业生态圈理论论纲 [J]. 学术探索，2004 (3)：36 - 37.

② 徐浩然，许箫迪，王子龙. 产业生态圈构建中的政府角色诊断 [J]. 中国行政管理，2009 (8)：83 - 87.

③ Cortada J. W. A Framework for Understanding Information Ecosystems in Firms and Industries [J]. Information & Culture：A Journal of History，2016，51 (2)：133 - 163.

会信息化程度日益加深的态势下提出了要发展"开放、创新"的生态圈模式以顺应"互联网＋"的大趋势。①

　　对高铁产业来说，高铁产业生态圈是指在高铁沿线形成的主要以高铁运输为主的产业，能够实现可持续发展和自我提升的网络系统，这对社会、政治、经济、环保等方面的影响是不可忽略的。高铁生态圈由铁路公司作为创新型企业满足客户快速、舒适等刚性需求并发现新需求，在提供高铁运输业务这一价值主张的同时，经营衍生业务并吸引跟随者的加入，带动上下游产业和其他相关产业的发展，共同聚集成有机的高铁生态圈结构。高铁公司作为创新性的发现者在生态圈中起主导作用，带动整个生态圈的升级演变，运用平台战略提供的关键性资源经营高铁物流、高铁传媒广告、高铁商品租赁等合作衍生业务，促进钢铁、电子信息、车辆制造、精密仪器制造等相关产业发展，吸引旅行社、纪念品店、咖啡厅等追随者加入（见图2－11）。

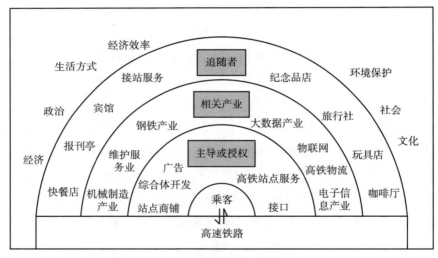

图2－11　高铁生态圈结构

　　高铁生态圈内各产业以一种复杂的方式构成了互赖互依的共生关系，政府、房地产开发商、社会资本、公共资源等自主参与生态圈，在其中相

---

① 韩祺. 发展产业生态圈　打造信息产业新增长点［J］. 宏观经济管理，2016（7）：30－32.

互作用并产生了物理关联性、价值关联性、理念关联性等经济形态,高铁部门与其他组织既各司其职,又相互交互,形成一个立体的生态系统。高铁生态圈中的高铁衍生业务将外部效益转化为内部效益,产生多样化收益,生态圈中各组织的相互信任可以实现通过关系资本降低交易成本,提高组织的竞争优势。

(二) 高铁产业生态圈的特点

不同于产业链、产业网中的围绕顾客需求整合资源,在产业生态圈中的成员都是平等的,顾客也是资源的提供者,所有成员共同创造这个平台的价值。且生态圈具有反馈和自我调节功能,可以根据外界的变化进行自我调节以实现系统的动态平衡[①]。

高铁产业生态圈的发展,可以有效推动我国的现代工业化和新型城镇化快速发展,也有助于促进地区经济产业布局、产业结构优化调整和转型升级,对促进区域社会经济平衡都将起到积极的推动作用。同时,高铁产业生态圈具有绿色经济、节能经济的发展趋势和特点。

高铁产业生态圈具有一体化和标准化的特点:高铁产业生态圈要想延伸上、下游服务,就要与其他产业相互融合,共同发展,提高技术水平,提高核心竞争力。生态圈内的企业和客户自发性具有一定特征的价值群,要借助高铁平台,随时为客户提供服务。高铁在发展过程中建立了产业标准体系,建立了规范标准制度,按照重点突出、结构合理、层次分明、科学适用的要求,实行了产业标准制度,完善了高铁运营系统[②]。

高铁产业是以高速动车组列车运营和服务为核心,涵盖了高铁技术研发、产品设计和服务、机车车辆装备制造、信号技术和现代通信等诸多环节的战略性新兴产业。产业的核心层是机车的车辆制造、基础设施建设和高速铁路的运营管理;产业的技术层依靠国家实验室、科研所和重点高校;涉及产业包括冶金、建材、装备制造、机电设备、金属制造、机械加

---

① 金帆. 价值生态系统:云经济时代的价值创造机制 [J]. 中国工业经济,2014 (4):97 - 109.

② 汪传雷,张岩,王静娟. 基于共享价值的物流产业生态圈构建 [J]. 资源开发与市场,2017,33 (7):849 - 855.

工、能源、建筑、金融、通信、房地产、商贸、物流等。

（三）推动高铁生态圈健康发展

随着人口增加和城镇化、工业化发展，土地资源越来越宝贵，中央确定了 18 亿亩耕地红线[①]，对非常有限的土地资源进行了最严格的管理。高铁节能环保效果明显，与公路运输相比，同样数量的客流，高铁需要的基础设施只占公路运输所需面积的 1/5。高速铁路新能源利用率较高，如北京南站所采用的热冷三联供电系统和污水源热泵系统等，能够实现高效使用能源。高速铁路采用电力牵引技术，降低了对不可再生能源的依赖性。在排放上，这种电力牵引方式基本消除了粉尘、煤烟和其他废弃污染排放，如一氧化碳、含氮氧化物等排放水平低于飞机和汽车水平，噪声低，极大减小了城市交通污染排放，保护了生态环境。政府应当建立一些从基础理论到高铁运营监管的应用公共技术服务平台，营造良好的创新研发产业环境，创建良好的从技术研发到市场投入的平台，从而推动产业生态圈内各组织成员的协同配合，扩展发展空间，提高产业竞争力，使高铁生态圈自我调节，自我修复，持续健康地发展下去。

六、高速铁路价值共创

（一）价值共创的内涵和典型观点

不同于单纯地将生产者视为绝无仅有的价值创造来源，将消费者只视为价值消耗者的这种传统观念，价值共创的观点认为价值不仅来源于生产者，还建立在消费者参与的基础上[②]。消费者是与生产者互动的价值共创者，且决定着最终价值，企业必须认识到在未来的竞争中将由消费者与企业共同创造价值[③]。

1998 年，诺曼和拉米雷斯（Normann & Ramirez）首次提出价值共创概

---

① 资料来源：中华人民共和国中央人民政府官方网站。

② 涂淑丽，李逗. 基于价值共创的旅游供应链模式分析 [J]. 无锡商业职业技术学院学报，2018，18（4）：24-28.

③ Prahalad C. K. Co-opting customer competence [J]. Harvard Business Review, 2000 (1)：79-80.

念，价值共创的基本部分是供应商和消费者之间的互动。在此基础上，诺曼和拉米雷斯又提出了价值共同生产（value co-production）的概念，提出实施业务合作的双方将共同参与价值创造和再创造。随后，普拉哈拉德和拉马斯瓦米（Prahalad & Ramaswamy，2000，2004）从战略管理的角度正式提出了价值共创的概念，之后的研究开始着重讨论消费者和生产者在价值创造中所扮演的角色，并从价值创造的形式、场景、过程、价值的特征等方面进行理论阐述。格罗弗和科利（Grover & Kohli，2012）认为，价值共创指组织打破原有封闭的运作，开放组织边界，形成成员间不同层次的互动，并通过与利益相关方形成共生关系为用户提供有价值的产品和服务[1]，佩恩等（Payne et al.，2008）提出将用户纳入价值创造的过程，并通过与之深度交流来满足用户的个性化需求。荣等（Rong et al.，2013）认为价值共创能够实现商业生态系统内部资源和能力的创新整合。此外，兰伯特和恩兹（Lambert & Enz）于 2012 年提出其他利益相关者也属于价值共创的参与者[2]，杨学成和涂科（2018）提出在构建价值共创环境时要注重明确不同的角色。

（二）高铁产业价值共创分析

高铁生态圈中重点的成员互为顾客，具有同等地位。在这个生态系统中，乘客自发形成了具有共同消费特征的价值群落，提供了免费服务平台，从而对平台的价值模式起主动营销作用，使高铁产业价值系统成为一个天然的良好的营销载体。此时，乘客在其中的参与度和信息贡献都处于价值创造的流程中，高铁产业中的消费者不再是价值创造的旁观者，而成为价值创造的原动力[3]。

这种价值共创并非与生俱来，在生态系统产生阶段，价值共创的两大主体生产者和消费者属于交易关系，不存在太多互动，此时的高铁运营方

---

① Kohli R. and Grover V. Business Value of IT: An Essay on Expanding Research Directions to Keep up with the Times [J]. Journal of the Association for Information Systems, 2008, 9 (1): 23 – 39.

② Lambert D. M. and Enz M. G. Managing and Measuring Value Co-creation in Business-to – Business relationships [J]. Journal of Marketing Management, 2012, 28 (13 – 14): 1588 – 1625.

③ 李萌. 基于价值模式演进的我国旅游企业商业模式发展路径研究 [D]. 北京交通大学, 2016.

和乘客互动共创得到是交换价值。随着高铁生态圈逐步完善，相关利益者的加入使企业和消费者有了沟通的纽带，企业和消费者开始主动融入价值共创，企业、消费者和利益相关者互动共创的是平台价值。随着数字化技术提高，社会信息化程度逐步提高，高铁生态圈中的各部分联系更加密切且共同组成了一个有机整体，在这个整体中各成员自由互动，共创社会价值①。

　　高铁产业生态系统中的乘客参与过程会产生诸如劳动、设备、资金、时间等实体投入，可称其为交换价值。在价值共创的过程中，乘客的投入会影响其行为，并产生心理满意度、舒适度等附加价值，这部分价值属于服务的使用价值（见图2-12）。

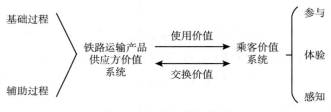

图2-12　乘客价值共创

资料来源：笔者根据涂淑丽、李逗《基于价值共创的旅游供应链模式分析》中相关图片修改得到。

　　在快速、多样、易变的信息时代，单一主体创造价值已经过时，多主体通过一系列的连接转移，促使传统的价值链被环状、网络状乃至高度集约的价值生态圈取代。互联网平台使价值流动更加便捷，促进不同主体之间实现价值的共创和共享。

　　在我国社会城市化、工业化发展程度不断提高的实际情况下，高铁是一种强调清洁环保、节约利用土地的现代化交通运输方式。高铁以价值共创为目标，以信息资源为基础，应积极利用互联网云计算、大数据、区块链等技术将高铁运输服务植入产业平台，促进资源共享、低碳运作，实现社会资源的最优配置和可持续发展。

---

　　① 胡海波，卢海涛. 企业商业生态系统演化中价值共创研究——数字化赋能视角［J］. 经济管理，2018，40（8）：55-71.

第三章

相关理论与方法

内容提要：

　　本章针对运输经济学理论和方法、产业经济学理论和方法、经济地理学理论和方法、城市经济学理论和方法等进行了综述和概括总结，认为需要用综合价值链理论和产业经济学的分析范式对高铁产业进行经济分析。

第一节　运输经济学理论与方法

　　运输经济学是从应用经济学发展而来的分支学科。它仍然使用经济学理论来分析运输市场，并使用经济学方法来分析问题。运输手段的出现打破了空间壁垒，是大规模经济社会发展中必不可少的环节。运输业与其他产业紧密相连，其影响已渗透到社会生活的各个方面以及运输过程中经济发展的基本活动。运输业可以定义为一门研究社会生活中运输产品造成的旅客和货物流离失所的经济问题的学科。运输经济学主要研究的内容是：（1）运输活动的本质和运输活动的特征以及交通运输对社会发展的影响和交通运输的作用。（2）运输市场的运输流通关系、生产力布局关系，以及运输行业的管理体制。（3）新技术在交通领域的经济问题、运输技术实施的经济效果的计算与评价、运输合理化带来的经济效果。（4）运输领域的经济政策制定及制定依据研究。（5）运输业的劳动关系、运营效率、生产率和运输行业工资制度。（6）运输成本分析及运输业的经济核算等。

一、经济学与交通运输经济理论

(一) 古典经济学与交通运输经济理论

经济学的发展来源于亚当·斯密的《国富论》，统称为古典经济学。《国富论》的重点研究领域是专业化分工理论，对专业化分工促进经济增长方面的作用进行分析，以及提出规模报酬递增等影响深远的经济理论。同时分析了交通运输在经济发展过程中起到的作用，即交通运输行业的发展打破了地理局限，打破了交易市场的地理壁垒，带来更多资源资本，资本促进分工，专业化分工反之带来经济增长。

亚当·斯密（Adam Smith）认为，交通运输在促进经济增长方面发挥了非常重要的作用[①]。除亚当·史密斯外，其他学者也逐渐达成共识，即运输和资本流通在经济发展中发挥了重要作用。威廉·配第（William Petty）认为，劳动力的专业化对于生产力发展十分重要，并且他认为航运业的出现提高了企业效率[②]。柏拉图在公元前380年提出，货币和交换的逐步形成是基于劳动分工的，并认为劳动专业化更有助于提高工作效率和促进社会福利的增长。总而言之，早期的经济观点认为产品运输也是影响经济发展的重要因素。里卡多后来提出，不同的国家享有不同的资源优势，要素禀赋的差异促进了国家之间的贸易。这时，运输的作用更为重要。

(二) 新制度、新古典经济学与交通运输经济理论

马歇尔之后，新古典经济学派兴起。交通运输因素、专业化分工、规模报酬递增等概念逐渐退场。在新古典经济学的理论体系中，一般均衡理论、理性人概念、最优化决策等出现在人们的视野中，经济学者们就此提出了一系列假设，在此前提下，经济生产过程被简化、市场的作用被抽离。但是目前运输经济学的发展也是基于新古典经济学理论，交通运输因素被认为是一种外生变量，交通运输问题此时并不被重视。当交通运输经

---

① 亚当·斯密. 图解国富论　大国崛起的财富之路 [M]. 海口：南海出版公司，2008：304 - 305.

② 威廉·配第. 政治算术 [M]. 北京：商务印书馆，1978.

济是在新古典经济学的基础上发展时，因其是一种外生变量，并不具备很强的解释能力，因此交通运输问题暂时消沉下去。随后出现的新制度经济学派再一次对运输经济学问题提起重视，缓解了运输经济学和新古典经济学范式之间的矛盾。新制度经济学的核心观点是存在交易成本，所有的交易都是有交易费用存在的。并且新制度经济学扩大了研究范围，从企业角度、整个市场的交易费用角度扩大到整个国家层面的交易成本内容。在此背景下，经济学界再次兴起对经济组织、生产过程和市场结构的研究热潮，同样地，运输经济学在此期间也得到了进一步的发展。此外，经济学界对运输经济学的问题进行了更多的研究，并从交通运输问题上引出许多实例，例如灯塔问题、铁路行业的资产专用性问题等。但是存在一个很十分有趣的现象，那就是几乎全部的制度经济学理论都认为运输成本不包括在交易费用的范畴内。换言之，交通运输成本仍旧是作为外生变量，或者可以说是一种技术因素，可以计算得出并在交易费用中被剔除。尽管新制度经济学派的研究目标是为了探寻经济组织的性质，但是并没有把运输经济问题划分到研究范围内。

运输经济学若想要有进一步发展，首先需要建立起完整的交通运输组织，并且需要将其放在整个经济学框架之内进行研究。根据斯密当年的分析，运输经济学属于经济组织框架的一部分。只有将专业化分工重新纳入运输经济考虑的范畴内，才可以内生出属于交通运输的组织。想要更完整地分析运输经济学的问题，同样需要将运输行业的分工与整个运输经济组织的关系以及整个运输市场放在一起进行分析。

（三）新经济地理学与交通运输经济理论

新古典经济学理论之后，基于新地理经济学衍生出的新贸易理论与新古典经济学理论结合发展。20 世纪 80 年代，规模经济学研究风潮再度兴起，整个经济学界从多个角度对规模经济的效用是否存在这一问题进行研究。在对规模经济的研究中，不完全竞争理论也变成了研究热潮，在这两种热潮的推动下，20 世纪 90 年代出现了新经济地理学（new economic geography），即通过对经济空间结构的分析建立起新的规模报酬递增经济学模型。新经济地理学认为区域内的企业数量、人才要素、构建市场规模、交通运输发展条件都与经济增长有密切联系，并且运输成本是经济发展过程中重要的影响因素，会对工业集聚产生深远影响。更有理论指出，当交通运输成本可控制在合理的范围内，有助于集聚效应扩大，产业集聚带来的收益可能会超过贸易带来的交易成本，并且会产生规模收益递增的情况。

运输行业的出现实现了人或者货物在空间上的位移，从亚当·斯密到马克思都曾提出交通运输对经济发展来说是重要的推动力，并且交通运输行业的发展会直接影响要素流动，从而促进金融市场的扩张，进而带动规模报酬递增效用的增强。

但不能单纯地用新经济地理学的理论框架来直接分析运输市场中存在的问题，因为新经济地理学只把区域和城市作为一点进行分析，并不纳入产业层面的分析，整体的分析仍没有考虑土地资源对经济的影响。因此，无法整体地分析城市交通问题或者区域问题以及进行整体的综合交通体系布局，只有将新古典经济学理论和新经济地理理论进行结合分析，才能建立整体的交通运输经济理论、建设交通体系和解决整体区域内交通市场范围的确定问题。

二、运输经济学研究的应用

运输经济学理论不仅是研究运输活动的工具，而且是一种研究运输经济问题的方法。运输经济学可以对运输现象进行更好的诠释，但是目前国内的研究更多地基于西方经济学理论。新制度经济学和新经济地理学的随后发展，使交通经济学的研究更加多样化，新制度经济学和新地理经济学之类的其他理论的引入丰富了对运输经济学的研究。

资本主义的不断发展促进了运输业的发展，也促进了金融业的发展和丰富。在资本主义飞速发展的过程中，各国开始大规模建设铁路，不仅促进了社会物质的发展，增加了社会金融，而且促进了人才的发展，加速了各国的工业化进程。

20世纪中后期兴起的对经济组织的研究，主要来自运输产业。交通运输行业的特点是既可以被认为是某个部门产业，又具有全局性和先导性的特点。运输行业既需要市场机制进行运作，同样也需要政府对其进行干预与调控。这些不但为运输经济学的发展指明了研究方向，同时也是未来研究的突破点和需要进行攻克的难点。近年来运输行业有了很大的发展，物流业、快递业逐渐兴起，运输经济学有着越来越重要的研究意义。运输市场均衡理论同样是运输经济学的核心研究内容，那么，一般均衡理论能否应用于运输经济学中就显得十分重要。因此，运输需求、运输供给、运输市场均衡的形成，就成了运输经济学的基础性研究内容。

（一）运输需求规律研究

运输需求分析不能简单地复制微观经济学中对个人和制造商的分析，它需要基于运输行业的特征。运输需求更像是一种衍生需求，不符合递减需求的边际效用的规律。同时，运输产品不同于一般的生产要素，因此它们将不能完全适用于要素市场的需求理论。运输产品分为客运产品和货运产品，每种都有自己的特点。旅客需求可以进一步分为生产旅客需求和消费者旅客需求。货运需求和生产性旅客需求符合一般经济学的规则，运输产品的供给者需要满足经济实体的需求，以最大化其利润。假设运输服务的供应与消费者方面的需求相同，生产地点和消费地点之间需要贸易，这产生了运输需求。然后回到生产性旅客运输的需求上，旅客需要花费在运输上的时间成本是一种损失，但是满足旅客的需求便弥补了旅行时间所造成的损失。

影响交通运输市场供给的因素主要是消费者在满足位移需求之后获得的效用、付出的时间成本和货币成本及其之间的关系。因此，在进行交通运输行业规律的探索时需要结合运输行业独具的特点、运输市场多方主体的目标等因素综合考虑。

（二）运输供给规律研究

成本是对供给影响很大的一个因素，运输业是十分典型的基础性产业，无论是铁路网络的建设还是公路网络的建设，都需要花费大量的成本去建设基础设施和专用性列车，同时还需要维护和运营成本，这些成本的变动和其他产业有所不同。首先，基础设施一般具有很强的专用性，其折旧和可回收金额的计算与大多数产业不同，并且经济学提出的外部性收益无法计算。同时，基础设施的投入越多，所建网络的联通越广泛，那么拥有者提供的运输服务就越多，其网络外部性越强。其次，运载工具不具有可分割性，因此其平均成本曲线并不是一条平滑的曲线。运输工具在其可运载的能力范围内的边际成本变动并不明显，但是一旦超过其运载能力，边际成本会出现骤增。最后，运输行业内还存在大量的共同成本和联合成本，以及范围经济的现象。因此，结合运输业的特点研究运输成本的变动，是运输经学发展的又一个重点。

因此，研究运输行业的一般均衡，需要同时考虑运输行业的需求和供给的规律。想要实现运输市场的一般均衡，需要考虑运输市场能否自发地对运输行业的供给和需求进行调节，从而实现运输供给方和需求方两侧的最大化收益。进一步地，应更加合理地对运输资源进行配置。综合考虑，运输经济学所包含的内容可以主要分为三个部分：第一部分是宏观部分。在整个宏观经济运行的过程中，将运输行业作为独立的模块考虑进去，分析运输行业在促进宏观经济增长中所发挥的作用以及运输行业是如何影响整体的产业布局情况。第二部分是微观部分，考虑到整个运输过程中的参与者，即客运需求和货运需求的需求者以及供给者如何进行收益最大化的选择，具体包括运输产品的供给数量、成本以及运输产品是如何进行定价的。第三部分是中观部分，主要包括运输市场失灵时，政府是如何进行监管和控制的。

三、PRN 理论（product-resource-network）

PRN 理论构成交通运输经济学的基本分析框架，包括完整运输产品、交通运输资源、运输的网络效应等概念。

（一）完整运输品概念的深化

运输产品所提供的服务是为了满足人或者物在空间上的位移需求，只有将人或者物运送到他们最终想要到达的目的地，才可以说这个运输服务完成，那么运输产品最大特征就是完整性，因此考虑运输产品的需求时，我们也要注意运输产品的完整性特点。当人或者物品没有达到他们最终的目的地，我们就不能说这个运输过程结束了，即运输产品就不是完整的，位移服务就没有真正的实现。

只要实现人或者物品的空间上的位移，那么我们就说这个运输产品是完整的。在现实生活中，运输产品不可能通过某一种运输方式来实现全部的运输需求，因此，就产生了多式联运等不同的运输方式进行合作，来实现人或者物品在空间上的位移需要。通过相互协作形成一体化的运输路径，不同的运输方式和运输企业寻求合作、共赢，已经逐渐成为现在运输市场的发展趋势。考虑到这一点，运输经济学更应该注重向客户提供更加完整和品质更优的运输服务。

以快递业为例，快递业是完整的运输产品。第一步，快递服务的实现需要约定明确的运输时间和运输地点，还要保证运输产品无损耗；第二步，假设精益生产是生产中较有效率的模式，精益生产也是即时生产（just in time，JIT）。即时生产方式的基本思想是准确定位需求进行生产，控制产量，防止生产过剩，追求无库存，或库存达到最小的生产系统。简单来说，运输产品的完整性就是运输的需求方在想要的时间、想要的地点，获得一个完整的物品。借助完整运输产品的概念，将有利于用更加产业化的视角分析运输行业，也有利于更加完整地考虑运输行业的产业组织情况，也可以推动和丰富经济学的发展，并且还有可能更加广泛地将其引入管理学学科当中。运输经济学的出现使得时间—空间分析框架建立，并推动传统的产业经济学向更加符合现代经济社会发展的方向延伸。

（二）交通运输资源概念的深化

王久梗（2007）、张宁（2007）以及荣朝和（2006）都围绕交通运输资源作过专门的论证，交通运输资源的界定问题是基础，经济学家所关注的重点是如何进行更好的配置以及交通资源的稀缺性问题，对于交通运输产品的稀缺性问题，现在主要有两种思路：一种是考虑投入基础设施建设和载运工具建设所花费的成本与收益来进行更合理的资源配置，从而避免交通运输行业的资源稀缺性问题；另一种是对于交通运输产业中基础设施还有载运工具的所有权界定问题进行分析。随着时间因素被列入运输经济学的研究框架之内后，因为时刻表所代表的交通资源配置问题还需更加广泛的经济理论进行解释，所以从资产的产权、资产专用性界定问题角度无法精确地解释交通运输中的经济问题。

（三）网络结构概念的深化

对于交通运输行业，考虑交通运输过程中提供的枢纽转换问题是十分重要的。在规划交通运输网络时，需要做到物理连接和逻辑连通。物理连接是指利用信息技术将物质性实体进行信息和物质的重新编组转换，逻辑连通是从前至后排列交通运输过程中的物质流，同时需要遵循科学的方式，运输组织存在目的是将物理连接和逻辑连通协调起来。

交通运输经济的理论基础框架按照产品—资源—网络经济维度层层搭建，通过这个基础框架，可以进一步构建细化出一个"运输产品—枢纽组织—网络结构"的分析框架。

运输经济学研究的主要内容就是运输产品的完整性和运输产品所带来的网络外部性，交通运输资源的配置是比较难以处理和协调的，主要在于交通运输的稀缺性难以判断，并且它的参与者的最大化福利也难以计算。网络性是指交通运输产品路网的建设，需要将路网的建设考虑到运输经济学分析的整体框架内。转换枢纽并不仅是技术上的枢纽，而且是一个非常重要的经济体组织的概念，它是网络结构中最重要的节点。从运输的层面来考虑，枢纽更多指的是辐轴结构的关键节点，就像是一个企业当中科层化的一些现象，人类整个社会的经济行为中也存在着枢纽化的现象；人的交往是从由认识一个人到另一个人，最后形成自己的社交网络的过程。相互认识的人，就是人际间的一个枢纽。在企业中，一个完整的、垂直化的产业企业结构，也需要上级领导通过中间层去认识基层的员工，那么这个中间层起到作用也是枢纽的作用。

四、FSO 理论（function-structure-operation）

（一）综合交通运输发展实践与三维综合交通运输理论

运输业是人类生活和社会进步的基本行为，同时，它也是社会技术进步和制度完善的重要体现。

建设综合交通系统的需求与社会进步和居民出行需求的增长密切相关。20 世纪 50 年代，苏联经济学界首次提出了综合运输系统的概念。为了得到更大的利益并实现双赢，需要在不同运输方式之间进行协调与协作。苏联当时处于社会主义制度的背景下，它利用计划经济来控制不同的运输方式，以满足社会各界的运输需求，直接推动了运输经济学的理论体系向更完整的方向发展。从那时起，经济学家逐渐将注意力集中在多式联运上，这种模式在提高运输效率方面发挥了重要作用。桑布拉斯（Tsamboulas）等认为，综合运输是指使用同一运输单元以多种运输方式运输货物的过程，而无须在运输过程中搬运货物。

在中国，多式联运的概念出现于 20 世纪 80 年代。王庆云（2002）将其概括为三个子系统：第一个是建立全面的现代综合运输网络和完整的基础设施系统；第二个是建立综合的现代交通网络；第三个是根据市场经济的作用提供更高效的服务。此后，综合交通建设引起了广泛的讨论，不同的学者也提出了不同的看法。

其他学者提出，现代综合运输系统是多种运输方式之间的合作，利用不同运输方式的运输特点相互补充，充分利用各种运输资源，协调资源配置，实现有效的运输，从而构建合理的交通网络布局，并最终建立一个能够满足社会发展需要的、综合高效的运输有机整体。欧国立提出了三维综合运输理论，包括功能维度、结构维度和运作维度，从而形成了三维综合运输理论（见表 3 – 1）。[①]

表 3 – 1　　　　　　　　　　　三维综合运输理论内涵

FSO 定义	FSO 具体内涵
功能维度	基于不同运输对象的、服务区域经济发展、国民经济发展和国际交流的角度，可以分为城市交通运输、城乡交通运输、城际交通运输和国际交通运输等
结构维度	指不同运输方式及其构成
运作维度	指一体化运输的运作与管理

---

① 金懋，欧国立. 运输经济理论研究评述［J］. 生产力研究，2010（9）.

综合交通运输发展的核心问题是如何对交通运输行业的资源进行优化配置。地区的综合交通运输发展应该利用好各种资源，最大化发挥其作用，同时也要注意保障运输安全和效率问题。提高运输资源配置是三维综合交通运输理论的核心，它借鉴了一般性的经济学问题的分析框架。

功能维度对应经济学中"生产什么"的问题，结构维度对应经济学中"用什么生产"的问题，而运作维度对应经济学中"如何生产"的问题。使用三维综合运输分析框架来分析运输经济问题，我们可以更清楚地了解运输经济学。

（二）从结构维度层面对中国高铁运输发展的分析与思考

中国交通运输业的运输方式包括铁路运输、公路运输、水运运输、民航运输和管道运输五种方式。经过几十年的发展，在运输产品的数量上有了几百倍的增长，可以说我国运输行业已经基本满足客货业的运输需求，但是运输行业的产业结构仍需要更具有战略性的调整。

以铁路行业为例，铁路行业一直是关乎国民经济发展的产业，经过多年的发展，铁路路网已经遍布中国的大江南北，由全面短缺变为部分短缺，甚至部分区域还存在运力过剩的现象，逐步改变了我国出行困难的局面。我国政策优先考虑的问题，即对我国铁路运输行业进行结构化调整和优化，科学、有序地对不同区域的铁路进行差异化发展。目前一味地增加铁路运行线路已经不再符合当前我国运输行业的发展需要。

高铁的开通为我国居民提供了更多样的出行方式的选择，缓解了我国的客运出行现状。但是高速铁路在发展过程中仍然存在许多问题，因此需要提高高铁的运营效率，提高盈利能力，缓解紧张的财务现状。

当前，中国的运输业总体上缺乏总体规划，各种运输方式间合作联系不紧密，仍然存在很多问题，不利于中国运输业的全面发展。目前中国已经进入交通运输综合发展阶段，有必要加强各种运输方式之间的联系。从综合运输的角度，我国运输业战略性地制定了中国运输业的总体规划，改善了不同运输方式之间的协作，实现双赢，并进一步提高了整个行业的运营效率。

五、中间层理论

中间层理论认为，企业存在的合理性体现在通过企业达成的交易比买方和卖方直接进行交易更容易获利，运输市场的中间层组织具体包括旅行社、物流公司、代理商和订票网站等，中间层企业通过与运输产品供应企业进行合作，从而推动运输市场结构更加完整，有利于降低运输市场的交易成本。早期经济学家主要从以下四个角度认识企业[①]：

（1）新古典经济理论一般从总体的角度出发，认为企业是提供生产和服务的集合，集聚效应带来的外部收益远远大于单个企业的得失，并且全部消费需求的加总构成了总需求，全部生产的加总构成了总供给；

（2）产业组织理论更重视企业在产业中的作用，对企业的定价策略、投入产出数量进行分析，通过 SCP 范式强调绩效的重要性；

（3）交易成本理论认为企业是一种特殊的契约模式，强调寻找企业的边界；

（4）委托代理机制的分析角度更加微观，细分到企业内部的科层关系，研究信息不对称问题。

这四种理论从不同的角度解释了企业存在的合理性、企业行为差别、产生与边界等现象，但各自存在自身角度的局限性，中间层理论与这些理论之间并不冲突，而是从全新的视角将这些理论融合到一起[②]。

美国西北大学的斯帕尔伯（Suplber）最早提出了中间层理论，认为现实中的交易并不直接在供给市场和需求市场中直接发生，大部分交易都是通过中间层企业进行，如居民在超市进行商品采购，通过房屋中介进行房产买卖和租赁等。中间层企业的存在能够有效地进行信息的整合，降低搜寻成本，同时扩大市场交易范围和加速社会分工。

斯帕尔伯认为传统的经济学教材中的交易情况是理想的，买方和卖方

[①]　荣朝和. 企业的中间层理论以及中间层组织在运输市场中的作用 [J]. 北京交通大学学报（社会科学版），2006（3）：1 – 5.
[②]　王军，李红昌. 时空视角下中间层组织在农产品冷链物流中的作用研究 [J]. 北京交通大学学报（社会科学版），2019，18（2）：119 – 128.

能够瞬间没有成本地完成交易，但这与实际情况完全不同，供货方与消费者的交易可能面临着高昂的时间成本和谈判费用，信息完备性也会对交易成本产生很大影响，市场的运行效率就取决于搜寻的时间成本、谈判成本以及买卖双方信息不对称的程度。中间层组织中，企业将买卖双方连接起来，促成了潜在的交易的行为，并且提高了交易效率，增加社会福利①。厂商的收益增加是因为增加了买卖双方的利益或节约了交易成本而使自己获得了经济租金②，如图 3 – 1 所示。

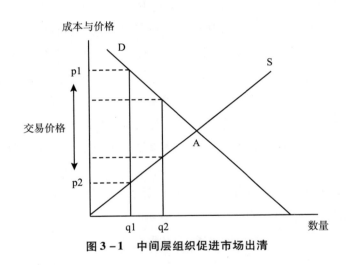

图 3 – 1　中间层组织促进市场出清

图 3 – 1 中 A 点对应着市场出清价格与均衡产量，但这种均衡以市场处于交易成本为零的理性状态为前提，现实中的市场存在 p1 ~ p2 的交易成本，均衡状态的产量为 q1，而中间层组织的存在降低了市场中的交易价格，使均衡产量由 q1 升高至 q2，促进了市场出清，促进了资源的优化配置，其相对于买卖双方直接交易的优势体现在以下几点：

当市场交易变得更加集中时，交易成本会随集中度增加而下降；市场集中度增加会促进交易平台的出现，有利于减少信息搜集成本，从而减少

---

① 叶志鹏. 中国主流流通组织低效率困境的成因与对策研究 [D]. 杭州：浙江工商大学，2015.

② 丹尼尔・F. 斯帕尔伯. 市场的微观结构——中间层组织与厂商理论 [M]. 张军译. 北京：中国人民大学出版社，2002.

逆向选择情况的出现，从而降低投机获利行为；保障交易环节的安全和稳定；提高交易成功的概率并且提高市场效率；减少柠檬市场的出现。

运输产品包括客运和货运产品，运输市场的需求方包括乘客和托运人。运输行业的中间层组织有三大优势：首先是降低搜索成本。运输网络发展不断完善，需求方难以在选择合适的运输产品时做出最好的选择。其次是运输产业存在范围经济，中间层组织的存在能够提高运输资源的利用效率，降低运输成本。中间层组织甚至可以通过长期合约或者大批量订单来压缩运输价格，低价与运输企业合作转手高价寻找零散货主或者乘客从而赚取差价，同时帮助企业降低运营风险。最后是建立标准化的商誉，为商户提供一个可靠的运输途径，同样地，运输资源的持有者也愿意与可靠的中间层厂商合作而不是与分散的客户直接合作，因为前者显然要付出更低的交易成本。

交易成本包括搜寻成本、签约成本等支出，如由多种运输方式或国际运输引起的复杂性和交接、支付、保险等问题。旅游公司、快递公司、近邻宝、订票网站等中间层组织有效地将运输资源整合成高效的链条，提升了运输产业的附加服务价值和运输交易效率，在推动运输服务向着一站式、一体化发展的过程中扮演着运输价值链设计者、推动者和实现者的角色①。

第二节　产业经济学理论与方法

一、产业组织理论概述

产业组织理论作为产业经济学的基础，是基于新古典经济学的专业化分工理论和马歇尔冲突理论等发展形成的。从哈佛学派的 SCP 范式到芝加哥学派的新产业组织理论，产业组织理论一直处在不断发展变化的过程

---

① 荣朝和.从中铁快运看运输市场微观结构变化与中间层组织的作用［J］.产业经济评论，2006（2）：15－35.

中。20 世纪 80 年代，中国开始引入产业经济学理论，产业组织理论随后在中国也有了较大发展。

（一）西方产业组织理论体系

经过近百年的发展，西方的产业组织理论已经十分成熟，对西方资本主义的发展具有十分重要的指导意义，主要包括以下两种观点：

（1）哈佛学派提出的"市场结构—市场行为—市场绩效"范式，即 SCP 范式。SCP 范式认为市场结构、市场行为和市场绩效三者之间存在密切的单向传递关系，表现为市场结构决定了市场行为，企业的行为决定了市场绩效。根据哈佛学派的观点，市场集中度更高的企业总是希望通过提高价格获得更多的额外收益，通过设置进入壁垒等方式增加其垄断地位，获取垄断利润，从而引起一系列不好的后果，比如造成资源的浪费和阻碍技术进步等，影响市场绩效。此时公共政策可以通过干预市场实现改善市场结构的作用，对市场垄断进行限制，提高市场竞争度。

（2）20 世纪 70 年代后，芝加哥学派在工业经济学领域崭露头角，提出了不同于传统 SCP 范式的新的产业组织理论。芝加哥学派注重经济学理论与实际生产经营活动的结合，并对理论和经验进行实证验证。芝加哥学派反对单向相关的"结构—行为—绩效"的因果关系，反对政府对市场的干预，强调市场自由对经济发展的重要性；提出产业生命周期理论，用来分析企业合并的原因等问题，并试图运用理论确定最佳的生产规模，并着重于对相关的问题进行大量分析；在进入壁垒中，提出了信息经济学理论，并用它来解释与市场组织有关的问题。

新产业组织理论对 SCP 范式进行了补充。公司行为是新产业组织研究的重点，主要运用数学方法和博弈论方法研究经济问题，建立模型，分析企业行为，将经济发展过程中的社会福利变化纳入模型的研究范围。新的产业组织理论将外生变量和内生变量重新划分，外生变量包括市场环境和企业行为等相关变量，内生变量包括市场结构本身的一些相关变量。这些可以看作是传统的 SCP 范例。

（二）SCP 范式与高速铁路

SCP 范式的特点是：强调市场结构的地位，认为高度集中的市场会带来垄断，不利于市场竞争，影响资源自发配置，并影响企业的盈利状况，所以通过对市场结构的调整可以提高市场绩效，同时维护市场经济的有序进行。衡量不同市场结构对企业行为的影响需要采用实证分析的方法，并衡量市场绩效。

高速铁路与 SCP 范式的联系在于，高铁产业的分析基于哈佛学派的观点展开。我国高速铁路的投入全部由国家出资，运营维护同样是政府机关负责，并且我国高速铁路正处于蓬勃发展时期，需要政府对高铁产业进行规制，由于基础设施建设成本高、机车配置成本高等因素，高铁产业存在很强的进入壁垒，在中国由政府建设和运营，是典型的行政垄断行业。这种特殊的市场结构使我国高铁产业的市场结构作为外生变量存在，不受市场行为和市场绩效的影响。基于此，高速铁路可以类比使用哈佛学派的传统 SCP 范式展开深入研究。

二、产业结构理论概述

产业结构是指产业之间的关系、产业之间的比例以及各产业的构成。随着专业化分工的出现，生产部门不断发展丰富，不同的生产部门之间相互协作，共同促进经济增长。不同的生产部门所需的生产要素不同，受到不同要素的制约，导致各部门的发展速度、就业人数、技术水平等方面存在差异性，发展并不均衡。

不同经济体在不同的发展时间节点重点发展的优势产业部门并不是一成不变的。各个产业部门之间相互关联，关联方式并不相同，关联比例也不完全相同。因此，产业结构特征可以被概括为包括产业的构成、各产业之间的相互关系在内的结构特征。

三次产业分类法是最常见的产业分类法，即将经济活动划分为第一产业、第二产业和第三产业。第一产业包括：农业、畜牧业、渔业、林业等；第二产业包括：采矿业（不含开采专业及辅助性活动）、建筑业、电力、制造业（不含金属制品、机械和设备修理业）等；第三产业包括：交通运输业、金融及保险业、服务业、房地产业等。一般来说，第一产业指的是广义的农业；第二产业指的是广义的工业；第三产业指的是广义的服务业。

运输能力与经济发展和产业结构调整密切相关。改革开放以来,中国经济发展迅速,产业结构不断优化。就业环境的改善、更合理的所有制结构和良好的投资环境与产业结构的升级优化是分不开的。但是,目前中国的产业结构仍与现阶段的经济发展不兼容,不能满足当前需求结构的变化以及技术升级和城市化进程加快的客观要求。当前中国产业结构中服务业比重低,第一、第二产业比重高。中国产业结构调整的重点是依靠技术进步来提高经济的整体质量,促进产业结构升级,大力发展低能耗、高效率的绿色产业和具有中国特色的循环经济。

我国产业结构主要存在以下特点:(1)非均衡性。中国的产业结构现状为总体分配不协调,第一和第二产业占比高,第三产业占比偏低。(2)封闭型调整。封闭型调整指基于中国主要产业比例关系进行产业协调,对产业结构进行一般性填补。(3)总体演变逐步趋向良性循环。随着经济发展,我国三次产业占比比重逐渐由第一产业为主转向第二产业为主,同时服务业对 GDP 贡献率也有较快提升。

不同国家的自然资源状况、技术发展水平、政治环境等多种因素存在差异,该国的产业结构受到这些因素的综合影响,同样存在差异。交通运输行业将生产者与原材料市场和消费者市场联系在一起,通过支付运输成本来实现位移需求。通过探寻经济发展规律不难发现,在运输资源相对丰富的地区,经济总是更快地发展起来,并且更具有可持续性,再通过城市间的扩散效应带动周边城市经济发展。高速铁路的出现是顺势而为,高速发展的经济需要更加便捷、快速的运输方式促进资源流动,高速铁路对三大产业产生了前所未有的影响,同时成为调整产业结构必不可少的重要部分。

第三节　时空经济学理论与方法

一、经济学时间概念及经济时空分析框架

人类对世界的感知是基于时间的变化,同样需要反向对时间产生认

知。经济学的时间框架是基于经济现象为自身研究分析设定的时间背景，时间框架对经济学研究来说有着举足轻重的地位，虽然时间框架相比于其他元素而言只是潜在或者间接地起到作用。不同的时间框架对应着不同的经济学分析原理，因此，时间背景决定了某个经济理论的解释范围，相同的经济学原理转换到不同的时间背景之后，解释力度可能会大打折扣。

时间的概念不是一个独立的元素，而是属于整体分析框架。经济学家从实时中截取一段时间作为逻辑时间，经济理论在这段特定时期发挥了解释性作用。经济学家在进行研究时需要首先定义时间范围，这与自然时间并不完全相同。经济学中指定的时间包括劳动时间、生产时间、长期、短期和周期。

时空始终是相互联系的，许多经济问题都要考虑时空因素。在新古典经济学中，使用"短期"和"长期"的概念来确定生产规模是否可以扩大，并用"微观"和"宏观"的概念来描述经济学的参与者，并增加了与现实相对应的几种尺度。经济学的时间尺度分为即时、短期、中期、长期；经济历史和自然历史；空间尺度分为实地、微观、中观和宏观。但是，即使经济学家在分析背景中考虑了时空因素，仍需要补充时空分析的范式，以填补经济分析的缺陷。

（一）吉登斯和布迪厄的时空经济研究成果

1. 吉登斯的时空结构分析

吉登斯（Giddens）运用了地点、场所、时空分区等概念对空间进行了分析，地点的概念被限定在纯粹物质空间的运用，通俗来讲为地理位置，人类的社会活动建立在具体地点的基础之上。场所显示了人的行为如何与环境相结合，是社会环境如何为行为活动提供情景的体现，场所为社会行为和环境的融合。时空分区的概念对应人们生产生活的例行化，时空分区不仅是一个抽象性的空间概念，更多地为社会活动提供了时间尺度，即人们行为的例行化在时空中体现出的固定分化。

吉登斯提出的理论认为人类在进行社会交往行为时需要考虑时间、空间和行为特征等，并不是任意两个主体就可以进行互动。由于时空区域的限制，只有相关主体可以相互知晓，产生监督行为甚至干预等动作。

　　吉登斯对在场和缺场两种情景的分析，与时间地理学对同步到场和虚拟到场的概念类似。哈维和麦克纳布（Harvey & Macnab）提出了人类同步物理到场、同步虚拟到场、异步物理到场和异步虚拟到场四种交流模式的演进（见表3－2）。同时，哈维和麦克纳布对时间一致性进行了分类：（1）面对面交流，时间和空间都一致；（2）隔空的面对面交流，时间一致；（3）和（4）为间接交流，存在时间不一致和空间不一致两种状况。交通行业和通信行业的发展带动了交流的时空距离化（time-space distanciation），通信技术实现了即时距离化（real-time distanciation），迅即的信息交流可以随时发生。时间一致交流需要存在时间可达性，技术的进步带来了时间可达性的提高，技术保证了人们之间的联通，可以随时联系到别人，且延长了相对时间，允许留出更多的时间处理问题。

表3－2　　　　　　　　　　　　人类交流的时空要求与限制

项目		交流的空间要求与限制	
		同地	异地
要求与限制交流的时间	同步	（1）同步物理到场：面对面谈话、会议交流	（2）同步虚拟到场：电话、手机、电话会议
	异步	（3）异步物理到场：留言板、留言电话	（4）异步虚拟到场：信件、印刷品、电报互联网邮件、短信微信、异地播放录像

　　资料来源：笔者根据 Harvey & Macnab. Who'up? *Global Interpersonal Temporal Accessibility* 整理所得。

　　吉登斯拓展了对个体活动的研究，传统的经济学从微观角度分析了个体行为和个体间互动，而吉登斯则从宏观角度对宏观机制与个体行为之间的互动影响进行了分析，并且将时空作用与经济活动区分开来。吉登斯重新定义了时空，因为在高速发展的社会条件下，时间和空间的衡量更加精确，可以通过对时空的分割更精准地对经济行为进行分析。信息产业的发展使远程通信成为可能，人们不需要面对面地互动，远程通信为远处的两方提供了一个平台。现代社会的时空组织有了深远的变化，信息技术的出现超越了传统的物理界限，更能协调人类的社会行为，并能够超越传统的时空距离，对社会关系的规则进行调整。互联网的普及使现代通信方法得以发展，并极大地拓展了社会关系，打破了以前社会交流所必须经过场所的中介模式。但是，时间与空间的延伸并不意味着社会行为和人们之间的互动已经不再受到限制，新的时空条件也带来了新的约束。

2. 布迪厄的场域及惯习理论

布迪厄（Bourdieu）将场域定义为由不同位置之间的相互关系组成的网络与结构，场域是包含了活跃和潜力的蕴藏空间，充满了维护和变动的斗争场所。布迪厄后来提出了社会实践论，该理论认为资本是物理学的能源，行动者以排他的方式争取资本，并占有物化的社会能量。在场域中，资本类型和资本总量两个因素决定了支配和服从的关系，从而活动的决策取决于策略者在场域中的位置，不同位置的行动策略有所不同。

惯习也是布迪厄社会实践理论中的一个重要概念，被认为是行为者在该领域的客观地位的主观调整，是外在内在化的体现。该惯习源自长期社会实践，通过长期的接触经验，它可以转化为意识，指导居民的活动，并成为居民作出决定的重要生成机制。惯习常常容易被人们忽略，但是它们将对人类生活产生持久的影响，并且比人类对意义和语言的意志和控制更为有效。惯习确保每个人过去的经历对感知和思维形成影响，并确保行为者实践活动和思维的一致性。

弗兰克·多宾（Frank Dobbing）提出，结构化过程包括四个部分：（1）加强一个领域中个人与组织之间的互动；（2）联盟出现在该领域；（3）个人或组织者在现场收到的信息量大幅增加；（4）现场的个人或组织都知道彼此的存在。我们认为，社会学中使用的概念（例如领域）可以更好地用于经济时空分析。

（二）经济时空分析框架的初步构建

经济时空分析框架主要包括经济时空场域、时空转换的能力、场域之间的层次关系、场域与可达性之间的关系、技术进步对场域的影响，以及这些基本概念间的逻辑关系等。

场域与可达性之间有着密切联系。可达性概念包括交通网络的连通性、站点的可接近性以及行为主体的可沟通性，三者之间存在紧密关联，而且可以扩展到除交通领域之外的企业经营、思维传播等领域。网络的连通性与可靠性与场域的性质、行为主体的沟通程度、结构与范围和位置的可接近性对应着场域中的位置，而主体的参与能力对应着能动性。

在不同场强的影响下，现场中的时序过程与时变过程相互交替，行为主体之间的关系也是在时序状态和时变状态之间交替的过程。场域中特定位置的时间或空间会发生变形，从而导致场域内时间和空间价值不统一。

场域是受时空条件限制的具体存在。场域的边界是场域效应停止工作的地方，即扩展场域的效应抵消了其成本的增加，其主要作用或影响的可访问性随距离的扩大而逐渐减小，效果或影响的成本逐渐增加。交通和通信技术确定的可访问性级别包括对物理存在度的依赖性和社会经济信息化程度等，这些因素在其中起着关键作用。在经济和社会发展的不同阶段，经济时空场域的时空尺度和时空结构差异很大。[①]

二、高速铁路与时空经济学

时间和空间是经济活动的基本形式。经济和空间的建设水平限制了空间和时间的利用程度。当前，中国的工业化和城市化进程正在加速，交通运输市场也在不断成熟。高铁的开通改变了人们的生活空间、影响了城市空间，并在重塑经济过程中发挥了重要作用。[②]

高速铁路在原始铁路的基础上缩短了相对时间距离。这是改变经济资源的时空分配的典型情况，这反映在旅行时间的缩短、改变某些乘客对旅行方式的选择以及形成高速铁路经济带上。产业结构背后的经济学理论值得深入探讨。从时空经济分析的角度理解：高速铁路的发展提高了城市的可达性，缩短了区域之间的时空距离，促进了区域之间的运输一体化，从而改变了时空格局和经济社会。[③]

---

① 丁嵩，李红. 国外高速铁路空间经济效应研究进展及启示 [J]. 人文地理，2014，29（1）：9 - 14.

② Cao J. , X. Cathy, Y. Wang and Q. Li. Accessibility Impacts of China's High - Speed Rail Network [J]. Journal of Transport Geography，2013（28）：12 - 21.

③ Jetpan Wetwitoo and Hironori Kato. Regional and Local Economic Effects from Proximity of High - Speed Rail Stations in Japan：Difference-in - Differences and Propensity Score Matching Analysis [J]. Transportation Research Record，2019，2673（9）.

（一）　高速铁路经济带、高速铁路与土地开发是经济时空的微观体现

高速铁路促进了沿线城市间的交流，增加了不同城市之间的合作，给落后地区带来新的经济增长活力。高速铁路的开通可以在时空角度重塑对土地的利用，影响区域的空间形态，高速铁路的开通有利于提高土地利用效率、促进沿线区域土地的高密度开发、带动土地开发模式向合理化方向转化，以及创造更高的土地利用价值。

（二）　实现经济时空的趋利避害是源于自然界的人类时空本能

高速铁路在促进区域经济增长中的作用主要体现在两个层面。在微观层面，高速铁路需要引入科学的发展模式，建立良好的管理和操作系统；在宏观方面，它必须符合该国的总体发展目标和该国的宏观发展战略，只有满足以上两个条件，才能更好地为经济发展服务，更好地促进产业升级和城市化。在本书中，作者将时空经济的概念引入高铁产业经济学的分析中，讨论了高铁的发展和国家宏观政策，并分析了两个不同的经济组织如何适应经济发展。

1. 高速铁路自身发展必须慎重选择发展模式

高铁已逐渐成为中国居民的首选出行方式。但是，高速铁路的建设需要强大的技术和资金支持。高速铁路的运营必须同时满足经济发展目标和地方国土资源规划。高速铁路建设不仅必须满足人们的出行需求，还必须促进资金和人才的流动，刺激经济增长，实现经济与社会之间的供求平衡。从行业发展角度来看，高速铁路的发展不仅要遵循资源环境周期的发展模式，而且要注意发展的可持续性。同时，作为企业的高铁运营公司需要提高自身的竞争力。不仅要在国内市场上占有更多的市场份额，而且要进入国际舞台并在未来的国际竞争中占有一席之地。

2. 借助高速铁路实现国家的宏观政策目标

在不同国家和地区建设高速铁路时，有许多因素需要考虑。处于经济发展阶段的国家在建设高铁项目时，高铁主要建在人口稠密、城市化水平高的地区，可以促进经济的进一步增长，满足人们的出行需求；在经济发展较为成熟的国家，高速铁路的建设需要更多的技术进步来推动，同时以

建设高铁来带动技术进步。

我国大力实施以土地开发为主的技术出口和高铁战略，以此来促进国家经济增长方式的转变，同时使其成为均衡经济发展的支撑力量；伴随着诸如空气污染等全球环境问题成为制约因素，高速铁路的发展是中国发展的重要指标。中国在 2008 年抓住了这个机会来建设我们的高速铁路，不仅促进了经济增长，而且减轻了金融危机对中国经济的影响。同时也为以后的中国区域经济发展提供了政策支持。

3. 重视供给侧改革避免过高债务风险

尽管高速铁路的快速发展在推动经济增长中发挥了重要作用，但也必须考虑高速铁路建设的成本和收益。在发挥高速铁路在促进经济增长中的作用的同时，我们还必须注意金融债务的风险。中国提出了在供给侧改革中去杠杆化的需求，这同样适用于高速铁路的建设和发展。对于遭受损失的铁路项目，需要找出原因，并建立适当的补贴机制，以明确责任方。在建设和发展高铁车站时，还必须适应当地条件，充分利用当地现成的资源，与当地综合发展紧密相连，促进高速铁路业务的健康发展。

第四节　地理经济学理论与方法

一、地理经济学概念及发展

地理经济学的研究范围包括经济活动的区位、经济活动的分布，还有经济活动的空间组织关系，是地理学的分支。在公司层面，一个企业往往会考虑公司位置与其他生产要素之间的距离来进行选址。公司位于生产要素充足的区位时，将更有利于生产服务。地理经济学主要回答包括食物、商品等事物在哪里、什么时间生产更容易取得实现收益最大化条件等问题，讨论经济结构调整过程中所需要的地理基础、时空发展不平衡所产生的问题及其答案，记录并解释经济过程中的空间性问题，同时也可以揭示社会以及社会制度的演变过程。经济过程的空间性揭示了社会和制度基础以及空间尺度变化的方式，地理经济学对时空维度的理解与人们日常生活中的实践相关，现代社会的经济学不像古典经济学理论中纯粹的经济学理论，更多的是现实与政治、文化、自然的交织之后形成的综合体。因此，地理经济学对经济的定义就成为地理经济学发展的源头。

（一）西方地理经济学

20 世纪 30 ~ 50 年代，赫特纳·哈特向提出的区域地理学理论作为西方经济地理学的主导理论，重点关注的领域为"地方"，核心内容是通过实地调查了解区域特征及区域间的差距。20 世纪 50 ~ 70 年代，经济地理学研究的重点从"地方"转向"区位"，分析方法也由实地调查转向运用数学模型进行实证分析和统计检验。70 ~ 80 年代，激进的地理学一直占据着主导地位，其核心内容是"莱布尼茨"式空间，研究方法从实证主义向历史地理唯物主义转变，这里所指的空间和地方是生产关系得以实现的条件，同时也是资本主义生产关系的产物。

在经济全球化、资本积累模式转变的背景下，时间—空间的压缩性日益加强，资本主义空间经济上的差别日益明显，地方经济崛起，各地区联结加强，地方生产和再生产过程变得更加复杂，社会关系和社会过程的复杂性、密度、多样性的程度形成了不同的地方类型。[①]

（二）新经济地理学

经济地理学研究的对象包括区位、空间与地方，以上研究对象也是新经济地理学进行经济研究的方向。新经济地理学以一般均衡分析为主要方法，以定量衡量经济活动过程中带来的集聚效用和扩散效用为研究重点，主要探究扩散效应和集聚效应对地理结构和空间的改变过程。新经济地理学的相关理论包括核心—边缘理论、城市与区域演化理论以及产业集聚与贸易理论。

1. 核心—边缘理论

核心—边缘理论为新经济地理学理论的发展打下了基础。该理论解释

---

① 李小建，苗长虹. 西方经济地理学新进展及其启示 [J]. 地理学报，2004 （59）：153 - 161.

了要素流动、运输成本和报酬递增的相互影响，以及经济结构的形成过程。扩散的离心力源于交易成本的增加，产业在区域内形成集聚的前提在于对劳动者的激励和生产商的"前向联系"，以及在较大市场形成集聚之后生产者带来的"后向联系"。

例如，如果某个地区有更多的公司，则该地区的产品差异化程度更高，竞争更激烈，那么该地域的劳动者激励更高，劳动者取得的劳动报酬更高，这会进一步带来就业人数的增加，劳动者数量增加就会带来更多的生产生活需求，产生"后向联系"，进一步扩大该区域的市场规模。如果将运输成本降低到一个合适的水平，则每种产品的生产都将集中在特定区域。因此，在产品差异显著性高、生产规模大、运输成本低的前提下，"向前"和"向后"的相关性将克服离心力，使制造业都集中在一个区域，经济发展模式将演变为"中心—外围"模式。

2. 城市与区域演化理论

克鲁格曼（Krugman，1991）认为城市是由农业包围的制造业的集中地，可以抽象地认为城市是具有均衡空间结构的、均匀分布的集聚点。藤田昌久和克鲁格曼（Masahisa & Krugman，2001）通过均衡分析，认为"前向"和"后向联系"的作用造就了中心城市，人口的增加带来了城市面积的扩大，这就是形成新城市的原因。当城市数量足够多时，产业集聚和扩散对城市产生作用力，城市规模和城市距离基本保持不变。随着运输成本降低，最终大型核心城市可组成一个大都市群。

3. 产业集聚与贸易理论

新经济地理学的研究重点集中在产业在地域上的集聚，从不同产业之间的关联关系进行分析，同时考虑运输成本和要素流动对贸易的影响。克鲁格曼认为产业的"前向关联"和"后向关联"可以促进产业向集聚和区域专业化方向发展，上下游的生产厂商需要重视运输成本对回报率的影响。产业集聚的形成需要该产业的生产规模足够大，并且需要匹配同样大的市场。外部规模经济吸引了更多中间投入资源，降低该产业的生产成本，规模经济的存在吸引了中间环节的产业入驻，中间产业入驻之后，将会吸引下游产业，完整的产业链得以构建。所以，在特定的地域，"前向关联"和"后向关联"效应可以使制造业或特定产业集聚到有限的几个地区。①

二、高速铁路与经济地理学

高速铁路已经改变了中国区域经济的格局，高速铁路对我国国民经济产生了时局性、系统性和战略性的重要影响。高速铁路发展带来的外部影响主要包括：（1）高铁车站周边地区的土地利用以及修建高铁站对城市层级的影响；（2）高铁的空间溢出效应，包括溢出范围及收益；（3）高铁站的区域尺度是否能使都市圈进一步扩大；（4）国家尺度对空间公平及效率的权衡；（5）国际尺度，如跨国高铁对于边境及地缘经济区的作用等。以克鲁格曼开创的"核心—外围"（core-periphery）模型为基础，经众多学者的不断完善，NEG 理论（new economic geography theory）已经相对成熟。NEG 理论运用主流经济学一般均衡的分析方法，在存在规模经济、要素流动和不完全竞争市场的现实经济环境中，探寻经济活动的演化路径以及空间分布格局。该理论认为高速铁路完善了运输产业的基础设施建设，带来了运输成本的降低，如果使得区域之间的贸易成本达到突破点，将可能对某些地区带来冲击，进一步促进或强化"核心—外围"空间结构。

第五节　城市经济学理论与方法

一、城市经济学理论及发展

城市化过程是衡量一个国家发展程度的重要标准。生产力的提高和分工的专业化促进了城市的兴起和城市经济的发展。城市的特征使得城市经济在国民经济中占据重要地位，也导致人才和重要资源自发地集中在城市中已成为一种必然趋势。因为经济具有辐射性的特点，一个城市的发展就会带动其周边的城市和地区共同发展。除了上述作用外，城市还可以在改

---

① 汤学兵. 新经济地理学理论演进与实证研究述评 [J]. 经济评论，2009（2）：142 – 146.

善资源分配、减轻环境恶化和改善居民生活质量方面发挥重要作用。城市经济学与区域经济学联系非常紧密，但双方并不等同。区域经济学将国家分为东中西部展开研究，城市经济学则是以更加微观的单独城市作为研究对象，城市经济学更注重对空间经济发展规律的研究，但是两门学科采用的分析方法和理论基础非常接近。

自 19 世纪 20 年代以来，经济学家就对城市土地经济和城市土地位置经济的研究产生了很大的兴趣。土地价值论是城市经济学发展的源泉。1940 年开始，城市经济问题进入了系统研究阶段，包括城市房地产市场、土地价格、土地资源利用、产业布局和运输成本等问题。城市经济学与广义经济学是分离的，并在 20 世纪 60 年代成为一门独立的学科，城市经济学相关定义非常丰富，难以统一，城市经济学的本质同样难以标准化定义。1965 年，美国经济学家威尔伯·汤普森出版《城市经济学概论》，这标志着城市经济学的诞生。城市经济学的研究起步较晚，但后期发展迅速，后续各国展开对城市区域与经济发展相关内容的研究。英国经济学家巴顿提出，城市经济学是一门微观研究，研究城市间资源分配的公平问题和资源利用效率问题。

本书对城市经济学的研究对象作出区分：（1）以整个城市为研究对象，运用经济学原理解决城市在经济发展过程中产生的问题，所以将城市经济学作为独立的学科进行研究；（2）城市经济学的研究对象还应包括城市经济发展，需要对整个城市发展作出综合发展规划；（3）城市经济学的研究对象还应该包括城市体系的建立、城市体系的地位以及城市发展的特征等。此外，还提出了城市经济学研究的问题，包括：（1）城市在经济发展中承担的责任以及如何对城乡协调发展作出规划；（2）城市如何实施现代化，比如城市系统的构建、城市空间结构重组等。

一般来说，城市经济学问题主要包括两个方面，第一个方面就是城市内部想要发展时，区位如何确定。其核心问题是城市的厂商和居民在城市空间层次上如何进行更合理的分配。具体而言，包括城市中的人口密度问题、职住平衡问题等。第二个方面则是从宏观角度出发，研究如何更合理地构建城市内部的空间结构。经济学家更注重城市作为一个整体的经济发展状况，许多的研究都把城市作为单独的研究对象，进行城市间不同的贸易和经济活动，并基于此展开分析。在整体的城市结构观点下，任何一个城市都会负责不同产品的生产和服务，当这个体系中的任何一个城市的职能发生变化的时候，都会影响整个国民经济的发展。

城市经济学重点研究的问题之一是：城市为什么存在？关于城市为何存在的相关研究早在 1926 年黑格（Haig）撰写的论文中可窥一二。在纽约市统计数据的帮助下，他首次充分深入地探讨和分析了集聚经济（集聚经济学）对城市形成的影响，但该项研究更多的还是对数据进行描述性统计分析，没有剥茧抽丝到问题的本质。城市经济学发展的早期阶段，许多地理学家为城市系统存在的意义提供解答，他们认为该城市或周边城镇适合居住在那里的人们，城市居民人数越多，城市提供的服务范围越广，就越有利于城市发展。相同地，生产和服务提供较少的城市应该嵌入市场更广阔的大城市。提出这一观点是为了有效解决农业经济问题，但不足以支持对工业经济发展的解释。1973 年埃文斯提出其倾向于认为，在工业经济中，城市扮演着非常矛盾的角色，集聚效应带来了许多好处，但也限制了经济活动的范围，并带来了许多外部性的负面后果，例如污染、高人工和土地成本。[①]

二、高速铁路与城市经济学

高铁成为当今各国在国际上进行交流的重要名片，高铁的投资和运营提高了中国在国际市场上的地位。同样，由于高铁在速度上的优势，缩短了城市间在时间上的差距，进而使得不同城市之间的距离缩短，促进了中国的城市化进程，加剧了各个城市之间的竞争。高铁的开通不仅促进资本流动，也促进了人才的流动。高铁对中国最重大的改变就是使一些二线城市逐渐崛起，促进了大中城市的资源吸收，也使得超大城市的资源以扩散的形式流动到周边地区。武汉、成都、长沙、杭州、西安等省会城市，通过吸纳本省先进的资源，提高了经济增长的速度。近几年来，高速铁路快

---

① 周伟林，严冀. 城市经济学：概念、流派及其理论演进 [J]. 西南民族大学学报，2009，12（220）：84－88.

速发展，成为拉动各个地区经济增长的重要因素。目前，已有多起城市发展的案例可以证实，高铁的开通和高铁枢纽的修建可以促进资源合理分配，促进沿线地区的经济发展。高速铁路的运营不但促进了沿线城市的经济发展，并且有利于促进其产业结构向更合理的发展方式转化，进而影响人们的生活。高铁产业经济学更像是经济学、规划学，还有地理学的综合研究问题，同样也是十分值得政府部门关注的问题。

第四章

高铁产业经济相关要素

内容提要：

　　本章对高速铁路涉及的产业经济相关要素进行了剖析，认为高铁产业创建、高铁产业发展、高铁产业创新、高铁产业治理、高铁产业规划、高铁产业战略、高铁产业投融资、高铁产业可持续是高铁产业经济涉及的八大相关要素，也是高速铁路影响产业发展的场源和着力点。在这种情况下，要将一般产业经济学的分析框架结合高速铁路产业经济相关要素进行分析，才能够真正剖析清楚高速铁路产业经济影响的作用机理、传导路径和优化方向。

第一节　高铁产业创建

　　铁路是高科技含量产业，起源和发展于欧洲。1964 年，日本开通新干线，为铁路注入了新的活力，铁路运输产业开始了由衰到兴的转折，使人们更加关注高铁沿线地区的经济社会发展①。经过 50 年的发展，世界高铁列车技术的主要代表是日本新干线 N700 系与 E5 系、法国 TGV、德国 ICE，最高运行速度分别是 300 公里/小时、320 公里/小时和 300 公里/小时。目前，铁路高速化和建设高速铁路已成为全球重点话题②。

　　中国铁路已有一百多年的历史。新中国成立后，我国铁路的运营和建设能力逐步提升，并于 1951 年前后建成了新中国的第一条铁路——成渝铁

---

　　①②　史敦友 . 高速铁路的城市群产业发展效应［D］. 成都：西南交通大学，2015.

路。成渝铁路是中国西南地区第一条铁路干线，于 20 世纪 80 年代末实现了电气化。1978 年改革开放以来，随着经济的高速发展，铁路产业也进入了高速发展时期。

关于高铁产业的概念，国际铁路联盟（UIC）是这样定义的：既有铁路线提速升级后的时速超过 200 公里，或者新建铁路线的运营时速超过 250 公里。我国在 2014 年实施的《铁路安全管理条例》将高速铁路定义为：设计开行时速超过 250 公里（含预留），并且初期运营时速 200 公里以上的客运列车专线铁路①。

随着 2004 年国家《中长期铁路网规划》的颁布，我国高铁在短期内取得迅速发展。2004 年第五次大提速后，货车 70 吨载重的升级换代与时速 120 公里的技术改造进一步加快推进，具有世界领先水平的大功率电力、内燃机投入运营，货运水平大幅度提高。CTCS2、CTC、GSM - R 等信息化技术在中国得到了广泛的应用。2008 年，国产"和谐号"动车组在我国第一条高铁——京津城际列车通车运营，最高时速可达 394 公里，标志着我国进入了一个"高铁时代"。2010 年，和谐号在沪杭高铁试运行中最高速度达 416 公里/小时；同年，和谐号再次以 468 公里的时速在京沪线上刷新纪录。近十年来，我国高铁发展迅速，2014 年规划的"四纵四横"干线铁路网除部分区段尚未通车外基本完成，高铁轨道将中国的东部沿海与中西部欠发达地区连接起来，营运里程超过 1.6 万公里，相当于世界其他国家总量之和。技术水平提升、基础设施建设和动力系统方面均达到了世界先进水平，中国 CRH 高速铁路技术谱系以崭新的面貌，汇入了世界高铁技术体系之列。时至今日，高铁建设规模和营运里程居世界前列。

中国铁路坚持自主创新，实施原始创新、集成创新、引进消化吸收再创新的发展战略，在国家产业政策的扶持下快速提升了技术装备水平。大规模进行高速铁路建设使我国在高铁设备制造、通信信号、高速车辆制造、牵引供电、服务体系等方面水平大幅提升②。

---

① 李克强. 铁路安全管理条例 [J]. 宁夏回族自治区人民政府公报，2013（18）：2 - 12.
② 阎玮. 中国铁路产业发展趋势及发展阶段分析 [D]. 北京：北京交通大学，2011.

第二节 高铁产业发展

作为人口众多、土地辽阔的经济大国，中国各个省会之间的平均直线距离在 300～1000 公里。具有城乡人口流动性大、货运运输距离长、大跨度调度等特点。而高铁不仅在节约土地、节约能源、保护环境方面具有明显优势，还具有运能大和安全性能好的特点，这使得发展高铁运输产业成为符合中国国情的必然选择[1]。

一、高铁产业发展的技术经济属性

高铁作为国家重点基础设施和大众化运输工具，对国家经济、社会生活产生了深远影响。高铁产业涉及的范围很广，包括铁路建设、运营及移动设备和通信等，在国家经济中占有重要地位。其产业技术经济属性包括基础性、战略性、先导性、规模性、网络性、公益性、经营性和社会性。

基础性：随着工业革命兴起，铁路运输逐渐成为欧洲国家实现工业化生产的重要运输工具，完善的铁路产业成为一国实现工业化生产的基础，铁路运输的大批量、安全准点、对环境要求低的特点使其成为经济社会重要的交通基础设施。

战略性：高铁的时空性使地区间交流加强，实现了更广范围的资源优化配置，带动了相关产业发展，对于优化国土开发、区域信息资源交流和加快城镇化建设意义重大。

先导性：谚语道"要想富，先修路"，高铁可以促进地区经济的发展，因此，高铁的建设、运营在经济社会发展过程中起着先导作用。高铁作为重要的运输基础设施其建设应当适度超前于经济社会的需求，且建设初期需要政府直接参与或落实到政策上的鼓励和扶持。

规模性：高铁工程规模巨大。相比于公路和民航运输，高铁有其重大

---

① 胥军，胥祥. 中国高铁发展概述［J］. 硅谷，2014，7（1）：8，150.

优势，能够在短时间内进行大批量、长距离运输，故大规模的运输需求量也是建设高铁的先决条件。中国面积广阔，人口众多，高铁的大范围建设符合中国实际情况，且具有实现高铁经济效益的潜质。

网络性：高铁运输量和运输成本与铁路网的规模和范围密切相关，这就要求必须要有足量的能连接到该网络的用户数量。发达国家铁路网络已基本形成，甚至完全覆盖，基础设施也基本完备，能够降低经济生活服务成本。

公益性：作为高科技产品的高速铁路建设工程巨大，成本高昂，由于种种附加价值，其运营价值不能仅仅看高铁本身的运营收入。铁路客运具有公共品特征，绝大多数国家都会对客运服务给予补贴，我国也实行了各种优惠政策。而且高铁还承担着大量的公益运输，如专运任务和国家宏观调控运输任务等，在一定程度上是公共交通扩展的一部分，因此由于高铁产业的特殊性，其运价无法全部按建设成本、运营成本来定，而要考虑市场情况和运输需求变化，必要的时候国家应给予财政补贴支持。

经营性：高铁的经营性和公益性并不冲突。高铁建设投资的多元化使得高铁要想实现可持续发展必须考虑其经营性。高铁产业应允许民间投资融资、面向市场、参与运输市场竞争。相比于公路运输和民航运输，高铁运输单位运量成本有降低的潜质，只要运营得当，高铁运输业的经济性将具有更多的扩展空间。

社会性：高速铁路的网络覆盖面积广，具有一定的社会性。高铁产业的社会性体现在高铁出行方式走进千家万户，成为人们出行的常见交通方式，成为春运的主要方式，且具有环境适应性强、安全准时等优势。

二、我国高铁产业发展成果和前景

自 2004 年国家实行《中长期铁路网规划》后，我国高铁产业迅速发展。经过多年的发展，取得了以下三个方面的重要成果①：

（1）高铁建设规模、运营里程都是世界领先的。我国于"十一五"期

---

① 李亚春. 高铁产业的行业关联效应研究［D］. 昆明：云南大学，2016.

间完成了超过 5000 公里的高铁建设，在"十二五"期间，加快了步伐，完成了 14612.5 公里的高速铁路建设。直到 2015 年底，我国高铁投入运营的线路已达 70 条，运营里程达 2.2548 万公里。

（2）建立了中国的特色技术标准，并进行了一系列技术创新工作。我国经历了三个阶段，把高铁列车、高铁基础设施建设和动力系统等技术提升到世界先进水平。第一阶段，通过引进技术再创新，实现了相关技术的突破，完成时速 200 ~ 259 公里列车的自主制造。表现为京沪高铁所掌握的建设高架桥铺设轨道、架设成套技术和常用跨度简支箱梁的制造技术。并将自己研发的 CTCS - 3 操作系统应用于京津城际线路的建设。第二阶段，自主创新阶段。在车体车型、通信系统和牵引传动系统方面取得了技术突破，实现了每小时 350 公里的高速列车批量运行，标志着中国的高铁技术已经走在世界前列。第三阶段，我国自主研发了时速 380 公里的新型高铁列车，自主建设的高铁牵引供电系统达到世界一流水准，在减振降噪、旅客界面等领域取得技术成果，完善高铁各方面体验。2015 年，我国与印度尼西亚签署高铁项目，在设施建设、技术标准、运营服务等各环节提供支持，标志着我国高铁走向世界，开始了第一次全要素、全产业链向国外输出。

（3）我国高铁产业发展前景仍然广阔。根据我国的"十三五"规划，我国铁路总里程将在 2020 年达到 3 万公里，在 2015 年达到 3.8 万公里。要在"四纵四横"骨架基础上，继续实施一批条件成熟的高铁项目。

2013 年我国政府提出"一带一路"倡议，提倡建立各国贸易通道，促进世界经济向着全球化方向发展。其中，高铁是"一带一路"贸易的核心，在连接国际贸易、促进各国联系和发展方面具有重大意义。我国大力发展高速铁路正是顺应国家"一带一路"和"中国制造 2025"规划背景下的举措，有助于推动我国产业的全面升级转型，促进全国各地区经济协调发展[①]。在这种新的世界经济背景下，高铁产业必定面临着更大的发展机会和更广阔的发展空间。

---

① 史敦友. 高速铁路的城市群产业发展效应［D］. 成都：西南交通大学，2015.

第三节　高铁产业创新

高铁对一国的经济发展至关重要。经过十多年的发展，我国的高铁产业在工程建设、装备制造、运营管理等方面取得了巨大的进步[①]。

为应对 2008 年世界金融危机，国家对基础设施建设进行了大规模投资，为高铁产业提供了旺盛的市场需求，为我国未来经济发展打开了道路。近十年来，我国在高铁产业的迅速发展是有目共睹的，高速列车技术、工程建造技术、高铁运营管理技术和高铁系统集成技术均处于世界领先地位。高铁作为我国的重要基础设施，不仅在国内发挥作用，而且在国际市场中也崭露头角，与日本、德国等高铁发达国家的企业同台竞争，逐步显示出我国高铁方面的精湛技术。我国高铁产业技术经历了从引进、消化、吸收到自主创新，实现了对世界高铁先进技术的追赶，这一过程可大致分为以下四个时期[②]。

一、基于技术引进的产业创新准备阶段

20 世纪 80 年代，中国开始大规模地引进铁路技术，但与庞大的生产能力相比，中国的科学技术和创新能力还是偏低[③]。但由于中国当时制造业的落后、制造业产品质量差等种种原因无法实现技术的消化吸收，无法掌握 200 公里每小时的动车组的成套技术。本土企业还没有摆脱技术方面的落后，对当时的中国企业来说，如何突破核心技术的束缚是实现高铁技术追赶大难题。但这一时期的高铁技术的引进，使我国加深了对高铁的关键技术的认识，为我国研发人员在 2003 年新一轮高铁技术引进的研究工作

---

① 刘美雄. 对中国高铁的战略思考 [J]. 华南理工大学学报（社会科学版），2011 (1)：14 - 17.

② 李政，任妍. 中国高铁产业赶超型自主创新模式与成功因素 [J]. 社会科学辑刊，2015 (2)：85 - 91.

③ Breznitz D. and Murphree M. Run of the Red Queen：Government，Innovation Globalization and Economic Growth in China [M]. New Haven and London：Yale University Press，2011.

积累了宝贵经验，并为后来我国高铁产业创新积累了人才①。

二、基于自主研发的创新探索阶段

"九五"期间，我国开展了重点科技攻关项目"高速铁路实验工程前期研究"和"200公里/小时电动旅客列车组和动力分散交流传动电动车组研究"，2000年，以完全具有自主知识产权为目标的270公里/小时高速列车被纳入国家高新技术产业化发展计划项目。2002年，我国自主创新的成果"中华之星"动车组以321.5千米的时速创造了当年中国铁路的最高时速纪录。但由于当时的相关技术尚不成熟，设备要求较低，"中华之星"虽取得了部分创新成果，但技术却并不完善，安全性能无法达标，更无法投入商业运营。当时的中国高铁面临着缺乏高铁核心技术的难题以及选择自主研发还是开放合作的产业政策选择问题。但这次自主创新的尝试使国内相关企业看到了希望，纷纷加大了技术研发投资，极大激励和促进了我国高铁产业的发展。当时参与研发的人才后来在各企业消化引进技术方面作出了积极贡献，为我国高铁技术的自主创新积累了宝贵经验。

三、基于技术引进与消化吸收的创新追赶阶段

2004年1月，中国国务院批准了《中长期铁路网规划》，提出了"引进先进技术、联合设计生产、打造中国品牌"的基本方针，意味着中国的高铁产业技术政策已经决定开放合作，让外国对中国的高铁设备生产进行指导并转让高铁技术，为中国企业学习高铁相关技术提供了有利条件。铁道部逐年压缩高铁车辆的采购价格来迫使相关生产企业减少进口零部件的使用，我国高铁产业经历了引进高铁技术，整机进口高铁车辆到零部件进口、整机组装，再到技术消化和提高高铁制造国产化的过程。中国南车青岛四方、中国北车长客股份和唐车公司从国外科技公司引进技术，通过联

---

① 林坤，浩然，朱敏．"和谐号"诞生记 [J]．新经济导刊，2011 (3)：37–41.

合生产的方式生产高速动车组①。基于铁路装备积累下来的技术基础，我国高铁技术人才开始在产学研联合开发平台上发光发热。在产业制度、组织模式、商业模式的共同协助下，2007 年，时速 200～250 公里、国产化率达到 75% 的"和谐号"动车组大量投入运营，我国企业系统掌握了高速动车组总成、车体、转向架等高铁九项关键技术及核心配套技术。此时的中国高铁实现了由产业创新系统向创新学习平衡态的成功演化②，国内企业对我国高铁引进技术的吸收有了可观的成果，但关键技术仍尚未掌握。

四、基于集成创新的创新超越期

2008 年 8 月，京津城际铁路投入运营，标志着我国具备了自主设计制造 300～350 公里/小时速度级别高铁列车的能力。京津城际铁路是我国第一条拥有完全自主知识产权的高铁，是我国高铁在轮轨动力学、气动力学控制、车体结构等关键技术上取得重大突破的成果。2010 年，中国再次解决了许多高铁技术关键难题，自主制造了 380 公里/小时的 CRH380A 高速列车。流线型头型、气密强度与气密性、振动模态、高速转向架等方面的技术进一步完善。随后两年，我国都有技术领先的高铁项目竣工并投入运营（如京沪高铁和哈大高铁）③。

作为后发国，我国能够实现从模仿到创新这一过程并不容易，"并不是所有的后发国家都有机会和能力实现技术追赶"④，我国高铁恰恰是少有的成功例子。因此，总结我国高铁技术成功反超的经验对我国未来实现更多领域的技术创新突破意义重大。基于技术创新研究中国高铁各阶段的成果以及分析我国高铁产业的发展趋势，为今后中国高铁产业的长期稳定发展和为高铁技术创新注入新动力奠定了基础。

---

① 赵建军，郝栋，吴保来，卢艳玲. 中国高速铁路的创新机制及启示 [J]. 工程研究——跨学科视野中的工程，2013（1）.

② 李进兵. 战略性新兴产业创新系统演化进程与驱动力 [J]. 科学学研究，2016，34（9）：1426-1431.

③ 矫阳. 高铁发展的历程及创新成就 [N]. 科技日报，2012-12-24.

④ Fagerberg J., Dosi G., Freeman C., Nelson R. et al. Why Growth Rates Differ [M]. Technical Change and Economic Theory, London：Pinter，1988.

第四节　高铁产业治理

在公共事务领域，治理的实质是政府起主导作用，主要研究组织治理，如政府治理、多边治理等。狭义上的治理是指通过政府权威进行管理；广义上的治理是双向或多维度互动的管理过程，由国家机关、社会成员等共同参与才能完成。高铁产业的治理主体包括国家相关机构、高铁产业相关企业、实际和潜在用户、其他利益相关者等，但现实中虽然是多元化的治理格局，政府仍代表最大权威，其他社会成员要在政府的许可下才能作为治理主体。

一、高铁产业公益性和商业性的矛盾

铁路作为基础设施肩负公益性和商业性双重原则。既具有较强的私人性、商业性，又在部分领域具有公共性、公益性，从整体上讲更接近准公共物品的特性，即部分具有私人物品属性的同时，部分又具有公共物品属性，表现为高铁产业的非竞争性和排他性共存的特点。多种属性的模糊定位使铁路重组的边界不清晰，导致改革的方向和目标不明确。

例如，南疆铁路本身虽然经营亏损，但其巨大的外部性效应使其社会效益和经济效益远大于自身利益。这种外部性不能内化的情况导致了市场失灵，铁路难以实施市场化经营，这种矛盾使得铁路改革长期处于"胶着"状态，保持着政企不分、垄断经营的格局。周新军（2012）认为铁路改革的很多内容存在左右为难的情况：考虑公益性时会阻碍市场竞争，考虑市场基础时会阻碍社会公益性。在高铁产业的治理中，政府的职责和作用没能恰当地体现，该走向市场、引入社会资本的设想未能取得实质性进展[①]。

---

① 张梦龙. 基于公共物品属性视角的铁路改革结构特性研究［D］. 北京：北京交通大学，2014.

二、高铁行业中政府和企业间的关系

铁路运营虽逐步走向市场化，但运能调配仍需按照国家宏观调控政策的指导，担任着国家重点运输的职责，市场调控空间很小，无法以市场决定产出和价格，无法获得应有的经济效益。铁路公益性运输是国家的需要，但在完全市场化的铁路运输产业中，盈亏对企业发展事关重大，企业不可能违背市场经济准则让经营受损。

高铁也像传统的铁路那样，是一种公益性运输，它的公益性也同样让高铁不能根据建设费用、运营成本来确定价格。高速铁路的正外部性效应比普通铁路要显著，公共性和公益性也更加明显，能够推动区域经济的协调发展，提高区域经济的辐射效应，促进区域经济和交通运输的协同发展，对于沿线经济的可持续发展起着重要作用。高速铁路的外部经济性集中体现在高铁时间效应与空间效应的突出优势上。但是，这种利益的溢出并不能在高铁产业本身的收益中得到体现，也阻碍了社会资本参与的积极性。这使得高铁产业同时面临结构性和财政性困难，中国铁路总公司在不具备政府公共财政职能的情况下却要独自承担作为全国性网络型公共事业的责任，改革举步维艰[1]。肖翔（2003）认为中国铁路建设和运营长期将公益性和经营性混为一谈，在市场化改革中让铁路企业无条件承担公益性运输会影响企业的经营动力和能力[2]。党振岭（2003）指出高铁的公益性运输远超企业职能范围，应当以税收抵扣方式进行补偿，为高铁企业的积累和发展提供条件，刺激高铁企业的积极性。例如，京津城际高铁的运营有力带动了当地经济建设，对促进就业和区域一体化发挥了重要作用。因此，政府应考虑其显著的正外部性效应和公益性对高铁进行一定的财政补贴。

---

[1] 奥兹·谢伊. 网络产业经济学 [M]. 上海：上海财经大学出版社，2002：1 - 4.
[2] 肖翔. 新自然垄断理论在铁路运输业的研究与应用 [J]. 数量经济技术经济研究，2003 (11)：102 - 105.

三、高铁行业政府与企业的界限

高铁技术等级高、一次性投资大的特点决定了其建设和运营应重点由政府主导。但高铁产业市场化不充分导致其公益性和商业性领域划分不清，政府和铁路企业的责任和利益界限不明朗，铁路产业没有明确的市场化地位，政府在其中存在不适当规制。有学者曾指出这种矛盾的根源并非公益性和经营性的冲突，而是政府和企业间没有划分清楚各自的责任和利益。

高铁产业虽不能简单由政府包办或完全市场化，但必然存在一个合理的市场边界。基于完全民营化的视角提出的改革主张是将高铁作为私人物品市场的思路，这必然会造成政策的消化不良，可行的方法是严格区分铁路的公共性和私人性的部分，依据相应的职能分别定制改革方案，切实推进政企分开，转换职能、理顺关系。基于这种以政企分开为核心的管理体制改革对高铁的运营进行宏观调控、行业监管，由运输企业通过市场手段优化资源配置，让政府的监管止步于满足国家经济发展总体需要、为运输市场创造公平公正的制度环境和防止市场失灵的领域①，形成科学有效的产业组织框架，对政府的管理职能和企业的经营权利进行合理界定，实现高铁产业体制的有效运行。

第五节　高铁产业规划

我国高铁网络发展规划始于《中长期铁路网规划（2004—2020 年）》。我国高铁产业的崛起对我国的人才流动、经济发展和产业发展等发挥了显著作用。如长三角地区受高速铁路的外部性影响，其产业在空间上出现了新的布局，对经济增长起了极大的促进作用。2014 年 3 月出台的《国家新型城镇化规划（2014—2020 年）》强调要重点发展"两横三纵"的空间战

---

① 赵庆国. 高速铁路产业发展政策研究［D］. 南昌：江西财经大学，2013.

高铁产业经济学

略格局，强调城市群发展路线，优化城市群空间结构、产业结构、城镇体系结构，培育发展中西部城市群、强调综合交通运输网络[①]，以城市群为核心推动区域经济协调发展。高速铁路的发展成为推动经济发展的新动力和"一带一路"倡议的重要举措。

一、高铁产业规划的重要性

我国作为高铁后发国家，能在几年内实现技术追赶并快速发展起来有赖于产业发展过程中依据中国实际情况做出的合理筹划、有效组织和政策指导。表4-1中的数据显示我国2012~2016年的高速铁路投资额整体呈上涨趋势。2016年发布的《中长期铁路网规划》中指出，2020年我国高速铁路达到3万公里，覆盖80%以上的大城市，为实现全面建成小康社会目标提供重要支持；2025年达到3.8万公里。高速铁路的密度在未来一段时间会持续增加[②]。

表4-1 　　　　　　　　　　　2012~2016年高速铁路相关投资

年份	高铁投产新线（公里）	投资额（亿元）	动车数（量）	动车增加数（量）	车辆密度（辆/公里）
2012	2722.5	6339.67	8566	1774	0.92
2013	1672.0	5327.70	10464	1818	0.95
2014	5491.0	8088.00	13696	3232	0.86
2015	3306.0	8238.00	17648	3952	0.93
2016	1903.0	8015.00	20688	3040	0.94

高铁行业投入大，容易形成沉没成本，且高铁占用土地，具有很强的公益性，与人民的生活息息相关。故高铁项目的规划和投资决策必须经过政府的慎重考虑和严格的审批。政府的产业规划为我国高速铁路产业提供了可预期的市场，为企业降低了市场风险。在资源配置方面，高铁属于高

---

① 王仁贵，宫超.国家新型城镇化规划 [M].北京：人民出版社，2014.
② 曾宪奎.我国高铁产业技术创新模式剖析 [J].学术探索，2018（10）：84-90.

科技含量产业，以中国的现状，单独一家企业无法独自调用国家的大规模资源，高速动车组的研制不可能依靠单个企业自身的力量完成。政府将铁路机车生产企业一分为二，利用市场竞争促进技术的创新。我国高铁产业的成长有赖于国家对产业制定的合理发展规划，与政府的产业组织政策密切相关[①]。政府应进一步完善高速铁路规划并加强对高铁产业投资的引导作用，如果只片面追求高速度和高标准，只考虑短期效益不考虑后期成本会造成国家资源的浪费。科学的高铁产业规划有助于引导高铁产业向着健康的、可持续的方向发展。

二、我国高铁产业《中长期铁路网规划》

截至 2017 年底，我国高铁运营里程达 2.5 万公里。"复兴号"高铁速度达到 350 公里/小时，成为世界高铁运营的新标杆。而我国对于高铁技术的研发并没有止步，依然努力争取在未来持续占据高铁科技发展前沿。

2004 年，国务院发布《中长期铁路网规划》，我国铁路开始迅速发展。为加速构建布局合理、覆盖范围广、安全便捷、经济实惠的现代化铁路运输网络，促进综合交通运输体系建设，引领经济建设，在深入分析总结我国铁路规划和发展现状的基础上，政府于 2016 年修编了《中长期铁路网规划（2016—2030）》。该规划是我国推动铁路网络建设的基本依据，有助于引导我国铁路的发展方向和进程。

政府规划目标为高速铁路运营里程于 2025 年达 3.8 万公里左右，扩大高铁网络覆盖面积，加强高速铁路作为铁路网骨干的作用，优化铁路交通网络结构，为社会经济发展打好坚实的基础。展望 2030 年，大体实现内外互联互通、区际多路畅通、省会高铁连通、地市快速通达、县级城市基本覆盖。

在《中长期铁路网规划》方案中，我国计划构筑"八纵八横"高速铁路主通道、拓展区域铁路连接线、发展城际客运铁路。规划目标包括：完善广覆盖的全国铁路网。联通人口超过 20 万的城市、主要港口及口岸、资

---

① 骆革新，杨继国. 国家环境与中国高铁产业竞争优势 [J]. 江淮论坛，2015（5）：46–51.

源丰富地区、货物运输主要节点，基本连通县级以上地区，形成便捷高效的现代铁路运输网络，大范围提供铁路运输公共服务；建成现代的高速铁路网。基本连接各省省会和人口超过 50 万人的城市，建成覆盖全国、以人口密集城市为中心并向周围区域延伸的高速铁路网；打造一体化的综合交通枢纽。实现相邻大中城市间 1～4 小时交通圈，城市群内 0.5～2 小时交通圈。与其他交通方式高效衔接，形成系统配套、一体便捷、站城融合的铁路枢纽，实现客运换乘"零距离"、物流衔接"无缝化"、运输服务"一体化"①。

三、我国高铁产业海外输出规划

高铁产业的布局受国家政策规划的影响。2009 年，我国正式提出了高铁"走出去"战略，并对其发展方向作了规划。在世界范围内，中国正计划建设中亚、欧亚以及泛亚高铁。中亚、欧亚辐射面积很广，终止于欧洲，目前尚在洽谈中；泛亚计划关联中国与东南亚各国，已经在建设中。规划中还提到一条中俄加美的设想高铁路线，这条路线跨度大，修建难度高，尚未制定确切实施计划。2013 年我国提出"一带一路"倡议，构建亚、欧、非等各国贸易之路以促进各个国家更快更好地发展。其中道路联通的、贸易畅通的合作模式是"一带一路"倡议的重点内容。"一带一路"沿线许多国家基础设施尚不完善，高铁技术落后，急需完善交通基础设施。高铁作为道路联通的核心产品，具有巨大发展潜力，对国际贸易的连接和各国经济的协同发展都具有重大意义。

四、我国高铁产业规划的影响

高速铁路产业特殊的经济特性使其对沿线产业发展产生直接或间接的影响，故为了维护国家宏观经济稳定，应对高速铁路的发展进行科学规

---

① 国家发展和改革委员会交通运输司. 国家《中长期铁路网规划》内容简介 [J]. 交通运输系统工程与信息，2005，5（4）.

划。高铁对沿线经济的影响主要包括修建时期的开发效应、开通运营后的运营效益和有一定运营时间后的波及效益。首先，高速铁路具有先导性和基础性，因此其建立过程直接关系到国家的土地开发利用和相关产业的发展，进而对整个产业链产生了巨大的联动性影响；其次，由于高速铁路是一种大运量的快速运输方式，能够以绝对的效率优势推动产业的聚集和产业的梯度转移；最后，高铁产业是高科技行业，对我国高新技术产业的发展起着推动性作用。高铁的时空效应久而久之会影响人们的观念和生活习惯，从而影响区域经济发展。

产业布局的优化是指与所处的环境系统协调运行，使生产实体的空间布局最合理，使产业达到最大效率。优化区域产业布局，既要促使区域产业和企业适度集聚，实现规模经济效益，又要注意保持两者适度分散，以防资源短缺、环境污染等"集聚病"发生，实现空间经济均衡发展。实现产业布局的优化需要政府科学规划产业经济带，合理利用产业政策等工具，使其发挥引导和协调作用①。

在规划中，交通干线周围的产业布局主要是空间资源配置，要合理规划相应空间区域并制定相应的管理规定，并在此基础上划分出空间功能管制区，如自然保护区、军事禁区等，一般建设用地区，控制开发区，农业专业化区等；严格控制开发区包括基本农田保护区、水源保护区、旅游区、生态脆弱区，增强交通经济带产业布局对经济发展的调控与引导作用。高铁线路的运营改善了沿线地区经济发展的区位条件，交通沿线地区在合理的空间配置和管制下逐渐发展为经济活动密集区，而交通网则成为区域发展和延伸所依托的轴线。根据产业梯度转移理论，由于供给或需求、生产成本与附加值、技术进步等条件发生变化后，高梯度地区的产业与技术会逐渐向低梯度地区扩散与转移，促进区域经济空间结构的合理化和区域经济平衡发展。区域经济结构的变动源于产业结构的变动，区域产业结构的调整会改变产业布局。

---

① 赵丹丹. 京沪高速铁路建设对沿线产业空间布局的影响［D］. 成都：西南交通大学，2011.

第六节 高铁产业战略

一、我国高铁战略规划与新型城镇化协同发展

我国高铁战略始于 2004 年的《中长期铁路网规划》，新型城镇化战略始于党的十八大报告中的"走中国特色新型城镇化道路"。两个战略都为中国经济与社会全面发展服务，具有一定的协同性和依存性。新型城镇化的区域均衡发展、城市产业结构升级都依赖于高铁网络的建设，高铁的可持续运营有赖于新型城镇化工作的有序进行。两大战略协同发展是中国经济实现转型升级的关键。

"十二五"规划强调，我国应积极建设综合运输体系，促进各种优势互补的运输方式协同运作，连接中大规模城市，加强各地区交流。2013 年颁布的《国家新型城镇化规划（2014—2020 年）》提出了新型城镇化"两横三纵"的格局，从战略布局角度看，"五横五纵"交通通道与新型城镇化的"两横三纵"城市群格局相契合，"四横四纵"的高铁布局涵盖了除北部沿海地区和"包昆通道"以外的"两横三纵"地区，高铁的建设路线涉及主体规划中包含的 3 个优化开发区和 18 个重点开发区中的多数，体现了沿交通干线推进城镇化及沿线城市建设的新思路。高铁战略和新型城镇化战略相辅相成，协同促进，共同推进高铁经济带地区的经济可持续发展[①]。

高铁战略和新型城镇化战略都包含了区域平衡、以人为本、城乡统筹、集约、智能、绿色、低碳等理念。我国高铁不盲目追求速度，将旅客的安全放在首位。高铁具有低碳、环保、绿色的优点，相比于其他出行方式在节约能源、土地、人力、时间等方面具有优势，因此重视发展高铁成为世界铁路发展的普遍共识。

---

① 史官清，张先平. 高铁战略与新型城镇化战略的协同性与依存性研究［J］. 财经理论研究，2016（1）：91 – 98.

二、我国高铁"走出去"与"一带一路"倡议

2009 年我国提出了高铁"走出去"战略。在经济发展"新常态"现阶段发展背景下，高铁产业"走出去"的实施对我国顺利推进经济转型具有重要意义，高铁产业发展是推动我国"一带一路"倡议的重要举措，到"十二五"规划结束时，我国已基本形成了"四纵四横"客运专线骨干网络和快速客运网，国内对于高铁设备的市场需求急剧减少，国际市场的开拓对于我国防范高铁产业市场危机具有重大意义。我国为实现制造强国的目标而提出的战略规划《中国制造 2025》中的 9 项重要发展任务之一就是发展先进轨道交通装备。"一带一路"倡议的背景为我国高铁的发展带来了前所未有的机遇和挑战。

高铁"走出去"战略包含两个层面：一是让高铁产业技术相关的车辆设备赢得国际市场，属货物贸易①；二是从高铁的线路设计、工程施工、车辆设备供应到运营管理等整套系统工程的配套出口。我国不但掌握了高铁的革新技术，而且有着多年来的建设、运营经验，在环境和地质气候条件较差的地区，也具有建设高铁的技术和能力。例如中铁、中国铁建攻克了山区深水基础施工和大吨位钢梁变形控制、高铁路基工程技术上松软土、岩溶、沿海软土以及高铁桥梁工程上跨江施工等关键性技术难题，突破了高铁隧道工程技术中的高压富水岩溶隧道、大断面黄土隧道等复杂地形条件下的隧道设计、技术施工等难题，建设了如大胜关长江大桥等标志性建筑。我国高铁建设不仅技术水平世界领先，建设造价也远低于海外同行，高铁产业从勘探设计、线路施工到轨道铺设、车辆生产和运营管理，整个系统工程形成了技术先进且有价格优势的体系。2011 年以来，中国南车与阿根廷签订超 34 亿元的电车组采购合同，与西门子竞争中标香港高铁；北车集团与土耳其公司、新西兰公司等进行了高铁产品交易。高铁产业为我国出口创汇创造了收益，但其意义远不仅于此，更重要的是它标志着我国的出口产品从劳动密集型、初级加工型等低附加值产品向着高端设

---

① 刘战鹏. 中国高铁开拓国际市场的战略研究［D］. 哈尔滨：黑龙江大学，2015.

备等高技术含量、高附加值的产品转变。

尽管中国高铁具有竞争优势，但"走出去"战略刚刚起步，面临着国际高铁市场的激烈竞争及合作国家复杂的政治、民俗等方面的挑战。事实上，战略实施过程并不一帆风顺，虽然我国已与许多国家达成了合作意向，但实质性建设却十分有限。如委内瑞拉高铁项目彻底停摆、墨西哥撤销中国高铁的中标结果、泰国"大米换高铁"一波三折、印度尼西亚高铁项目虽成功拿下，但这种缺乏政府担保的项目将影响中国企业在海外的生存能力。因此在战略实施过程中应吸取经验教训，做好以下几点工作：

做好对战略需求的分析工作。应做好前期调查，了解国家的政治、经济、人口、电力基础设施等基本国情，分析目标国家的高铁战略需求[①]。

将硬实力与软实力结合。高铁工程包括规划、勘探、建设、装备、运营、维护、投资融资等在内的复杂系统，故应根据各国国情制定相应的技术集成方案，在软实力方面应认识到高铁是科技产品的输出，更是文化的交融，应通过高铁加强各国联系，促进民心相通。

做好风险管控。高铁建设项目可能会遭遇政治风险、社会风险、安全风险、经济风险和技术风险，这些不确定因素都对我国高铁项目的顺利进行提出了挑战。

高铁人才问题。高铁属于技术密集型产业，"一带一路"沿线国家存在高铁产业链中相关人才不足的问题，需要有针对性地培养从技术到管理、运营等各类人员来帮助目标国家建设好和运营好高铁。

国家层面应深入研究和制定相应的配套政策，企业层面上不断提升研发和制造能力，分析目标国可能存在的合作风险，制定相应的预防策略[②]。

三、我国高铁产业战略规划的意义和影响

根据中国的基本情况，我国明确了将铁路（尤其是高速铁路）这种高效率、大运量、不易受天气影响、绿色环保和可持续发展的交通运输方式

① 徐飞. 中国高铁的全球战略价值 [J]. 人民论坛·学术前沿，2016 (2)：6 – 20.
② 栾申洲. "一带一路"背景下我国高铁"走出去"的机遇与挑战 [J]. 郑州航空工业管理学院学报，2017，35 (5)：31 – 38.

作为主要交通运输模式。中国高铁战略的实施具有重大意义，影响深远。首先，实现高铁战略意味着经济圈的边界由于高铁时空效应的存在将被大大扩展，产业结构将被重新调整，沿海发达地区的产业向中西部地区转移的速度和深度将会加深，高铁产业战略将催化出中国区域经济发展的新格局；其次，高铁战略会促使人才流、资金流、能源流等市场要素流动，拉动高铁沿线经济和城市群的区域联系，促进旅游业等产业发展，是实现转型的重大机遇，但也可能使资源向发展环境优越的区域倾斜，导致两极分化明显，故高铁战略的实施对区域经济来说机遇与挑战并存[1]。

第七节　高铁产业投融资

高速铁路是资源、技术密集型产业，资金充裕是高铁建设和正常运营的重要条件之一。融资问题是我国高铁建设中的难题，国外高铁建设以资本市场融资和社会投资为主，政府援助为辅，政府发挥协调作用。而我国的高铁建设投资方式单一，过度依赖国有银行。在"十一五"时期近 2 万亿元的铁路建设投资中，国家投入的中央预算内资金为 517 亿元，仅占 2.6%；铁路建设基金投入 2315 亿元，仅占 11.7%，铁路建设资金主要来源于债务性资金。2011 年，我国铁路资产的负债率达到 60.5%。从 2005 年开始，铁路全面深化和推进投融资体制改革，确定了"政府主导、多元化投资、市场化运作"的投融资体制改革思路，积极与地方政府合作，实施合资修建的措施，积极推进铁路投资融资体制改革，推动了我国铁路产业的快速发展。但是受铁路公共投资制度缺乏、既有铁路管理体制改革脚步慢等条件限制，目前的投融资体制与高铁的建设发展不相适应，资金短缺问题仍然是阻碍我国高速铁路发展的难题[2]。

---

① 陶甄宇. 国家高铁战略视角下的长三角城市群与上海都市圈 [J]. 交通与运输，2010，26（5）：14 – 16.

② 卢琪. 促进中国高铁产业"走出去"的策略研究 [D]. 合肥：安徽大学，2016.

一、我国高铁产业投融资的特点

我国高速铁路的投融资呈现出以下三种特点[1]：

（1）投融资规模大：高速铁路建设的周期长、投资大，运营后的投资收益回报周期较长。日本新干线投入运营 8 年实现盈利，法国高铁运营 10 年实现盈利，我国福建省温福铁路、龙厦铁路、福厦铁路开通后社会效益虽好，但经济效益差，2012 年合计亏损 20 多亿元，银行贷款利息、固定资产折旧方面的成本高。高速铁路高投入、正外部性效应无法内化、收益低的特点使得民营企业投资动力不足。

（2）投融资需求大：2015 年，我国高速铁路运营里程达到 1.9 万公里，且高铁建设现在仍处于成长期，未来的高铁融资需求规模更大，仅靠政府单方面投入不足以支撑我国高速铁路的建设和发展。

（3）控股权在国家：铁路是国民经济的基础设施，正外部效应显著，其经营能在完成客货运输的同时拉动其他行业发展，推动城镇化进程，故铁路的公益性使得难以盈利的线路应由政府部门长期补贴。

二、我国高铁产业投融资的模式

（1）部省合资模式：合资铁路可以分为两类，即改制的铁路支专线有限责任公司和股份有限公司两种，由原铁道部和地方政府、企业、其他投资者共同经营。各专线公司是原铁道部占 7 成、当地省政府占 3 成的比例出资的合资公司。1992 年，国务院提出了"统筹规划、条块结合、分层负责、联合建设"的合资铁路发展方针，颁布了《关于发展中央和地方合资建设铁路意见的通知》，将合资铁路作为深化铁路改革的新举措。部省合资模式成功吸引了保险等资金流入铁路建设领域，如京津城际高铁引入了中海油资金、京沪高铁引入平安保险资金等。这种模式调动了社会力量投资铁路建设的积极性，是对高铁市场经济的有益探索，但受铁路体制和管

---

[1]　谢霓．福建高铁面向民间资本投融资模式的研究［D］．福州：福州大学，2014.

理机制的约束，地方合资铁路还存在筹资渠道少、投资回报低、债务负担重等阻碍高铁进一步发展的问题。

（2）BOT 模式：BOT（build-operate-transfer）即建设 - 经营 - 转让，指获得政府特许后的民间机构可以自筹资金建设公共基础设施并在一定时间限度（通常是 30 年以上）管理和经营相应的产品和服务来获取利润，其间国家不干涉项目的建设和运营。

（3）PPP 模式：PPP（public-private-partnership）模式是政府和私人部门合作建设高速铁路，并在严格划分彼此的权利和义务的基础上签订合同，以确保建设过程的顺利实施，实现合作共赢。PPP 模式下的合作可以将部分政府的责任以特许经营权的方式转移给企业，形成"利益共享、风险公担、全程合作"的共同体，能够减轻政府财政负担，也有助于减小社会主体的投资风险。通过合作互相弥补，利用企业的先进管理经验提高高速铁路的盈利能力，实现可持续性发展。

（4）ABS 模式：ABS（assert-backed-securitization）模式即资产支持证券化，是一种可将高铁项目资产出售给基金公司，再由基金公司在项目未来收益前景好、信用等级高的基础上发放证券来筹集资金的方式。具有融资成本低、降低融资风险的特点[①]。

三、我国高铁产业投融资的现状

如图 4-1 所示，除 2011 年外，"十二五"期间的铁路建设实际投资均略高于计划投资数。根据国家铁路局的规划，"十三五"仍然是高铁发展的黄金时期，规划铁路的投资额为 2.8 万亿元，预计"十三五"期间的铁路总投资额将接近 4 万亿元。随着我国高铁"走出去"战略和"一带一路"倡议的不断推进，铁路产业链的投资不会止步于 4 万亿元，高铁建设投融资规模的高速增长是我国高铁的机遇，应重视投融资增长背后的风险。如何有效调动社会资源、发展多元化的方式筹集资金、对项目进行投

---

① 谢霓. 福建高铁面向民间资本投融资模式的研究 [D]. 福州：福州大学，2014.

融资风险规避是高铁投融资健康发展面临的新课题①。

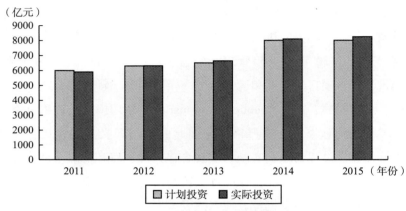

图 4 - 1   "十二五"期间铁路投资情况

资料来源：笔者根据"十二五"期间铁道统计公报整理。

2013 年 12 月，国家审计局发布的全国政府性债务审计结果显示："中国铁路总公司（原铁道部）通过发行政府支持债券或以铁路建设基金提供担保等方式，举借 22949.72 亿元，用于铁路项目建设。如果铁路总公司遇到债务困难，政府可能承担一定的救助责任。"② 截至 2015 年底，铁路总公司的资产总额为 5.97 亿元，负债总额为 3.94 亿元，资产负债率 66%，高于 2011 年末的 60.55%（见表 4 - 2 和图 4 - 2）。负债率上升暴露出我国高铁产业现有投融资制度的不足，尤其是目前我国经济进入新常态，在 GDP 和财政收入增速放缓的形势下更要重视高铁投融资面临的财政和金融风险。

表 4 - 2   铁路总公司资产负债情况

年份	资产（万亿元）	负债（万亿元）	资产负债率（%）
2011	3.98	2.41	60.55

① 孔竞成. 铁路投融资风险问题研究 [D]. 北京：中央财经大学，2016.
② 周碧华，张硕. 我国政府债务风险及国际比较 [J]. 华侨大学学报（哲学社会科学版），2015（3）：84 - 94.

续表

年份	资产（万亿元）	负债（万亿元）	资产负债率（%）
2012	4.49	2.79	62.14
2013	5.05	3.23	63.96
2014	5.61	3.68	65.60
2015	5.97	3.94	66.00

资料来源：笔者根据"十二五"期间铁路总公司财务报表整理得到。

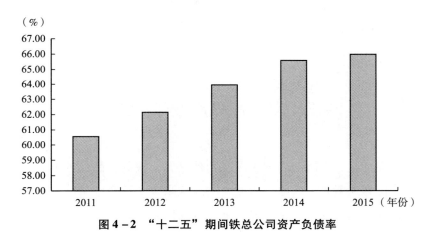

图4-2 "十二五"期间铁总公司资产负债率

资料来源：笔者根据表4-2中的数据绘制而成。

目前，我国高铁建设的投融资主要是以"部省合资"模式为主①，资金来源有限，且规模和效益受到地方政府和铁道部门资金的限制，故需积极吸引外部资本来缓解高铁建设初期的资金短缺问题②。

四、我国高铁产业投融资模式优化

根据采用高铁财务模型对高铁盈利能力的分析以及京沪高铁运营经验来看，可以认为目前的客流量还不足以实现高铁盈利，我国高速铁路要实

---

① 孙永福. 对铁路投融资体制改革的思考 [J]. 管理世界，2004（11）：1-5.
② 赵洪玲. 高铁盈利能力分析与投融资模式选择与优化 [J]. 财会学习，2017（12）：210.

现正常盈利还要经历十几年。而目前,我国急需优化"部省合资"的投融资模式,完善补偿机制,促进提高高铁的经济效益。

优化高铁投融资模式,应本着降低投资额和将高铁带来的周边土地增值补偿给高铁公司以促进高铁产业可持续发展两条原则。在投融资建设模式上,将高铁车站资产与周边一定土地资产共同组成资产池,将由高铁外部性效应带来的周边地区产生的利润部分补偿给铁路公司;在运营管理上,效仿机场管理办法,将高铁公司与高铁车站有效联动并从中获利;将高铁站与周边土地进行一体化开发,实现开发的有序推进,先开发土地和高铁车站以尽量合理规划、节约资源;按照资产分家,运输生产不分家的分设原则优化体制结构[①]。

第八节　高铁产业可持续

到目前为止,中国的高铁建设速度是世界最快的,高铁的发展可以有效缓解中国客运紧张的问题。通过发展高铁来改变社会经济时空结构,必须合理判断高速铁路的收支得失,避免过度风险。为保证高铁的财务可持续性,需要遵循供给侧结构性改革去杠杆化的要求,建立合理的商业模式,提高盈利能力,避免过度的债务负担。

根据铁路总公司 2015 年的审计报告,铁路总公司负债达 4.095 万亿元,资产负债率达 65.57%,债务负担不断加重。我国高速铁路票价高,因此能否吸引足够多的客源、实现经济效益以及如何实现高速铁路财务可持续成为我国高铁进一步发展面临的巨大挑战。高速铁路车站的规划建设应与交通用地的全面发展紧密结合,建立相应的补贴机制,明确责任主体,从而促进高铁的可持续发展。

贾尼奇(Janic,2002)认为,建设项目的运营管理同样是可持续性的

---

① 殷红军,郭菊娥,赵新文. 我国高铁盈利能力分析及投融资模式选择与优化 [J]. 华东经济管理,2012,26(2):74-78.

一个重要方向[1]，傅玲从环境保护的角度出发，根据可持续发展的目标列举了与其他运输方式相比高铁的优势，并分析了我国高铁的现状，指出交通运输可持续发展的正确方向是以高起点发展符合我国国情的高速铁路[2]。李红昌等（2002）通过对日本国铁民营化前后新干线建设体制的分析，提出了尊重国情、成立专门融资机构、完善法律等措施可以作为我国高速铁路建设方案选择的有益借鉴。丁慧平等（2012）探析了高铁产权多元化的机理，认为各权益主体对股权资本回报要求应有差异，并在此基础上提出对高铁项目投资方法和理念的改进措施。荣朝和和张宗刚（2010）分析了中国台湾地区高铁建设的融资结构，分析其财务危机后中国台湾地区高铁采取的降低运营成本、债务重组等一系列措施，并总结了其中的经验和教训。

一、高铁产业财务可持续性

高铁的经济可持续性可从经济效益和财务可持续两个视角来认识，本书将主要从财务可持续视角进行分析。高铁的财务可持续问题同时考察高铁项目按时还本付息的能力和运营期间的持续经营能力，需要分别探讨建成项目和整个高铁产业的可持续发展问题。基于此，我们可把财务的可持续内涵分为经营可持续、偿债可持续和发展可持续三个层面[3]。

经营可持续主要考察高铁经营活动中的财务可持续性，研究不考虑偿还本息时高铁项目的正常运营活动能否维持现金流的平衡；偿债可持续考察高铁项目是否有能力按时偿还债务，由于本金和利息的金额主要取决于高铁项目的融资结构，而融资结构无关后期运营活动，只与建设期的融资活动有关，故应与经营活动区分开单独进行考察；铁路项目是否具备投资吸引能力关乎铁路的发展可持续，发展可持续同时取决于高速铁路自身的

　　① Milan Janic. Methodology for Accessing Sustainability of Air Transport System ［J］. Journal of Air Transportation，2002，7（2）：115－152.
　　② 傅玲. 可持续发展与高速铁路 ［J］. 山西科技，2005（4）：6－7.
　　③ 丁慧平，何琳，李远慧，肖翔. 我国高速铁路经济可持续及发展路径 ［J］. 北京交通大学学报，2016，40（4）：130－136.

经营绩效和政府对高铁产业发展的支持力度。图 4 - 3 反映了财务可持续性三个方面的逻辑内涵。

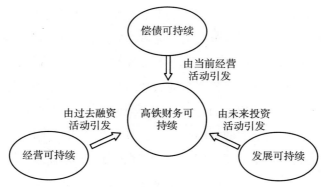

图 4 - 3　高速铁路财务可持续的逻辑内涵

资料来源：丁慧平，何琳，李远慧，肖翔. 我国高速铁路经济可持续及发展路径 [J]. 北京交通大学学报，2016，40（4）：130 - 136.

二、高铁产业财务可持续发展路径

倡导高铁产权多元化发展，以缓解政府的投资和债务压力。实现产权多元化需要高速铁路满足不同产权属性的资本对所投资和回报的不同要求。

不要侧重于利润，而要侧重于现金流，要评估高铁行业的财务可持续性，巨大的债务偿还压力需要通过高铁运营输入的逐渐增长和基本结构的改善来缓解。

高昂的折旧成本影响账面利润，且高速铁路仅靠自己也无法在短时间内扭转巨大的亏损状况，导致外部资金不愿更多地投入进来，再加上高铁的公益性显著，因此在提升高铁自身经营绩效的同时，政府应帮助减轻财务负担，协助高速铁路持续发展。

正在运营的高速铁路可持续发展的关键在于创造良好经营绩效和改善偿债能力。这两点并非毫无联系，经营绩效能否提升决定着偿债能力能否提高，巨大债务负担将影响到短期经营绩效的提高，这种情况下，可以通过政府的财政补贴维持高铁现金流；长期要进行债务转移或债务剥离，以降低负债率，从根本上解决高铁运营风险和高铁财务压力。

要想实现高速铁路产业的财务可持续发展，应对高铁建设项目进行谨慎的运营前景评估。高铁的运营时间长，资金投入巨大，正确的选址是未来经营绩效的根本保障。只有长期持续的、充足的客流才能保证高速铁路的经济效应，否则高昂的建设成本和运营成本将难以弥补。另外，只有当政府对高铁的出资与该高铁线路的公益性呈正相关关系，才能吸引私人部门为获得合理的回报而进行投资。

20世纪，日本东京、大阪等城市人口密集，当时的铁路交通不足以满足居民的交通需求。1964年，日本首条高速铁路开通运营，截至2020年，日本高铁运营里程已达2765公里左右①。

日本重视分析铁路的时空经济效应，重视从时空经济角度对高铁的盈利性、国民经济、财务等方面的深入研究，为高铁的持续健康发展提供了理论和实证基础。日本高速铁路可持续发展的经验包括以下几个方面②：

应重视交通枢纽的建设，为多种交通方式的无缝衔接创造便利条件，让高铁运输方式更好地融入交通运输体系中。一国的高铁在发展过程中会逐渐从追求线路的数量和规模向质量、结构和枢纽的方向发展，并逐渐发展成综合的交通体系。从日本高铁发展的过程我们可以发现，车站往往整合了多种交通资源，连接了公共交通、地铁、铁路、机场等其他交通方式以提高运输效率，快速集散乘客。

应重视高铁综合效益的发挥和高铁建设项目的可行性分析。高速铁路的提速不仅能产生自身的经济效益，还能引起时间价值的节约、环境保护等效益，对消费者和社会的正外部性都会增加，由于高铁具有这种特殊性，高铁项目的可行性分析不能只考虑自身经济效益，而要结合高速铁路的外部性考虑其综合效益。

政府应重视对铁路的财政补贴。随着日本铁路网络的成熟，高铁的公益性也逐步显著，故政府需综合考量，增加财政支持才能保持高速铁路的健康可持续发展。

---

①　日本新干线铁路网发展与现状概述［EB/OL］. 轨道世界，2021 – 5 – 1.

②　吕忠扬. 我国高速铁路可持续性竞争优势研究［D］. 北京：北京交通大学，2015.

第五章

高铁产业组织

内容提要：

本章在产业组织理论基础上，运用 SCP 范式、模块化理论等对高速铁路的产业组织进行了探析。

第一节　产业组织理论

产业组织理论是产业经济学的基础理论，本书第一章较全面地阐述了产业组织理论，并描述了产业组织的背景、发展过程和演变趋势等。在理论背景中，主要包括：亚当·斯密所推崇的经济古典思想、柏拉图所倡导的劳动分工思想、"马歇尔冲突理论"以及克拉克所倡导的"有效竞争理论"，这些理论在西方均得到发展。20 世纪 80 年代，这种理论开始出现在中国，并且结合了我国的实际国情，演化出具有中国特色的产业组织理论体系。这种理论在我国的发展速度非常快，大体上能够划分为以下几个阶段：

第一阶段，借鉴与接纳西方形成的产业组织理论，考虑国内实际状况，展开初步的探索与分析；

第二阶段，重点研究西方的基础理论，综合考虑国内实际状况，开始提出新的理论与学说；

第三阶段，采用博弈论等最新的分析工具，针对国内产业组织的实际问题展开探索与研究。

一、西方产业组织理论的主要内容

产业组织理论的起源得到学术界较为统一的认可，大多数学者认为该理论在 19 世纪 30 年代左右起源于美国。它在整体上可概括为两大时期。

第一阶段为 1930 ~ 1970 年。以哈佛大学的著名学者贝恩为首，提出了 SCP 范式。也就是所谓的"市场结构—市场行为—市场绩效"范式。贝恩在其《产业组织》一书中，对产业组织理论的研究方法与基本框架进行了全面的介绍和解释，对整个哈佛学派对产业组织理论研究的成果进行了很好的概括。同时，贝恩明确了产业组织理论的三大范畴：市场结构、市场行为及市场绩效。在此之后，著名经济学家凯森（C. Kaysen）和法学家特纳（D. F. Turner）共同书写了《反托拉斯政策》。另外还有很多经济学者对产业组织理论的发展起到了关键作用。对于产业经济学而言，SCP 范式的完善推动了产业经济学作为独立学科发展的方向，该理论的基本框架已经形成，为日后研究打下基础。

第二阶段为 1970 年至今。强调经验性研究是哈佛学派的特征，但因其本质上理论基础不够充足，并且缺乏合理的理论分析作支撑，不停有其他学者对其提出质疑和批评。为了弥补现存的缺陷，许多经济学家开始寻求新的理论及措施来弥补传统范式的不足。这一行为在 20 世纪 80 年代推动了新产业组织理论的诞生。与传统不同，这一理论更加注重针对企业行为的研究，着重研究企业行为与市场存在的相互作用，同时分析绩效理论对于整个市场及企业的影响。芝加哥学派主要理论的代表人物施蒂格勒、布罗曾、波斯纳、德姆塞茨等在与哈佛学派进行争论的进程中，提出自主的竞争理论及公共政策的不同观点，通过往后的发展，这些理论和思想变成了芝加哥学派其产业组织理论的核心内容。

施蒂格勒的《产业组织》出版于 1986 年。这本书的出版标志着芝加哥学派的成熟发展。该学派的最大特点就是重理论，研究过程强调以理论为中心。他们提出的价格理论进一步扩展，形成产业组织理论。这里必须提到新奥地利学派：作为工业组织理论的另一代表，新奥地利学派是产业组织理论的代表。该学派在 20 世纪 70 年代尤为出名。该学派与芝加哥学派不同的是，他们从主观意识出发，认为经济学是一门属于人类行为的学科。他们认为个人行为到价格的原因传递才是产业组织理论的核心研究目的。

从经济制度的角度看，"新制度产业经济学"是从 20 世纪 80 年代中期开始被深入研究的，也就是我们所谓的"后时代"的社会经济制度问题。这一制度以科斯的交易成本理论为基准，将内生变量比作制度，重点关注企业内部的产业结构和组织，形成了独特的研究领域。

二、西方产业组织理论体系的主要内容

经过上面的阐述，我们可以发现，近百年来西方的产业组织理论蓬勃兴起，发展出了比较完整的体系。在实践中，将会对产业经济的发展及政策的实践产生深刻影响。下面将针对产业组织理论最主要的观点进行梳理总结：

（1）"市场结构—市场行为—市场绩效"范式。哈佛学派的核心思想是 SCP 范式。这一观点将市场结构、市场行为、市场绩效这三个要素之间的关系论述为存在单项因果关系。在 SCP 范式中，如果行业集中度高，那么能够掌握资源的企业经常偏向通过提升产品价格、设置障碍或者行业壁垒等手段取得垄断利润，进而致使资源产生非效率配置。于是，要想使市场效果达到理想状态，最要紧的是使不合理的市场结构得到调整与改进，使垄断势力得到限制，以使市场竞争保持平衡。可以通过政府的公共政策来实现，欢迎政府干预产业中组织或企业的行为。SCP 范式的完善促进了产业经济学作为独立学科发展的方向，且该理论的基本框架已经形成，为日后研究打下基础。

（2）芝加哥学派产业组织理论。芝加哥学派发展于 20 世纪中晚期。芝加哥学派倾向于对理论进行分析，并根据经验作出佐证，它不支持单方面的市场结构、市场行为和市场绩效，还认为它们是两两相互作用的。在公共政策方面，该学派反对政府干预产业组织。整体而言，该学派在市场行为方面持较自由的放任派观点。

（3）新产业组织理论 SCP 范式的修正。新产业组织理论自 20 世纪 70

年代起开始萌生并快速兴起，传统的分析理念没有束缚此学派，该学派重视企业在市场上的行为而不是纯理论，希望能够将理论和传统经济学相结合。新学派在研究方法上更加注重数学精确，常常使用数学方法或者博弈论等内容帮助分析，更加有说服力，更加合理。该学派把企业行为和市场初期情况条件视为外生变量，将市场结构当作内生变量，彼此相互独立，不存在相互反馈的效果。这一转变被当作原始 SCP 范式的优化。

（4）新制度经济学"后 SCP 流派"。作为从制度视角探究经济问题的流派，新制度经济学的代表人物有科斯、威廉姆斯、阿尔钦等。新制度经济学着力于探究学术界与产业组织内部研究中未曾涉及过的领域。新制度经济学提供了一个全新的理论观点，并促进了产业组织理论的深入研究，与实践的联系更加紧密。

三、产业组织理论的中国化

从宏观层面来看，在中国，产业经济学被当作一门经济学的二级学科分支，在改革开放之后最早出现。但因为独特的国情及发展历史阶段，中国产业经济学术界和国际产业经济学主流对接的时间比较晚，其内容也没有和产业组织理论严格重叠。我国的学者将本国国情纳入考虑的前提下，将中国产业和外国优秀的产业经济学理论和方法相结合，形成了有中国特色的产业经济学理论，形成一部分具有中国特色，同时和中国产业组织实践密不可分的思想。

回顾过去 30 年来的研究进展，不得不赞扬中国产业组织理论在国内取得的长足进步，在各方面都取得了很大的提升。我们试图结合某些学者的观点，将中国产业经济的发展划分为三个阶段。第一阶段为 20 世纪 80 年代初期至 90 年代初期；第二阶段为 20 世纪 90 年代至 21 世纪早期；第三阶段为 2001 年加入 WTO 至今。

第一阶段属于起始的阶段，在这一阶段，我国的产业组织研究重点在于对国外产业组织理论名著进行引进翻译和学习。与此同时，有部分学者对这些国外理论进行运用，将他们运用在中国的一部分产业问题上，结合探讨。

第二阶段为20世纪90年代至21世纪早期，随着中国逐渐深入的改革开放，市场经济成为我国改革目标。在中国此时的环境下，产业组织的理论分析框架及工具较为适用，在此阶段出现的一些经济问题主要聚焦在垄断及竞争，还有竞争与效率的关系，产业组织理论成为我国产业经济学之主要研究内容。中国大多学者开始对我国市场问题进行详细研究，其中包括市场结构与市场分割问题等。学者对这些领域的问题提出自己独到的见解和思想，这个时期涌现了很多优秀学者和重理论的、严谨的研究成果。

此时的研究方向和研究成果趋向多元化。在理论上，不仅对国外完备产业组织的理论分析体系进行了参考，形成了优秀的论著，而且还在新体系经济和公共选择体系的框架下推进了探析。在研究方法上，对实证分析和案例分析的重视程度得到提高，规范化分析逐渐消失。在分析的内容上更是丰富许多，不仅有综合分析，而且还有专题性研究，还涉及了某些现实。研究的内容包括有关市场的进入及退出、反垄断、政府规制还有垄断行业引发的竞争机制等问题。可以发现，在这一时期中国产业组织理论体系已初步形成。

21世纪以来，产业研究范围更加广泛。对于企业的行为，包括但不局限于竞争分析、产品分析、企业战略选择等方面的研究，这类研究将博弈论、数理理论等几个理论结合起来，将中国的产业问题研究提升到了新的水平。将制度变量引入研究中，将问题研究与制度结合，探究在中国的国情下能否实施产业组织理论，案例研究的特征也开始显现。伴随研究方法的成熟以及研究者聚焦视角的深入，针对国际贸易、金融、中介机构、保险等各行各业的研究也随之展开。

不仅如此，我国的社会主义市场经济体制改革进一步深化，垄断产业逐渐形成。在对垄断行业改革的问题上，包括对垄断企业的反垄断手段、政府相关体制的改革等问题上，中国产业理论研究的成果越来越多。

整个产业组织理论的发展历程丰富了该理论框架以及促成了中国化产业组织理论的形成。从单纯依靠经验总结，演化为有可靠的理论支持的探究，再深入到理论和实践密切结合，产业经济研究的目的性和实用性被强有力的诠释了。近年来，聚焦于数理结合的产业组织理论的研究越来越多，数学方法和博弈论等理论更多地被使用起来。如今的经济形势越来越复杂难测，为了应对此种形势，产业组织理论在未来仍有漫长的发展路途要走。关于产业组织的研究，除了对把握整个产业现状有重要意义，更是对产业政策的制定、产业经济的稳定都具有深远的影响。

第二节　高铁与产业组织

一、SCP 范式与高速铁路

本书第一章对 SCP 范式的分析框架进行了详细描述，具体内容可划分为：市场结构、市场行为以及市场绩效等，所表达的市场理念为：市场结构会决定市场行为，市场行为决定市场绩效。最显著的特征包含：第一，市场结构的地位较高。如果集中度偏高，则会出现垄断现象，影响到市场的公平运营，导致绩效水平低下，无法将现有的资源充分利用起来。在这种情况下，要想方设法来改善绩效，保证市场的公平性，也就是说要优化市场的结构。第二，研究过程中开始注重实证分析，逐步引入实证分析法，针对某些产业的市场结构、绩效以及行为展开全面性的探索。

高速铁路引入 SCP 范式，其理论依据是哈佛学派所持有的单向传递关系。随着经济的发展和社会进步，国内高速铁路飞速发展，其发展的特征和内外环境的影响推动政府采取相应措施，不断优化市场结构。垄断结构与市场的逐渐演变无关，而是经由行政力量来选择的，所以市场结构变量是高速铁路产业的外生变量，市场行为与市场绩效不会对其产生影响。根据上述的理论，我们在研究过程当中将会采用哈佛学派倡导的传统SCP 框架。

（一）高速铁路产业市场结构分析

市场结构可以定义为市场内部买者和卖者、买者集团及卖者集团等各类关系的因素及其特征。依据这种理论，市场结构包含买方市场结构与卖方市场结构，不过我们在展开相关的研究时候，更加注重卖方市场结构，对此次关于高速铁路产业市场结构进行的探索，同样指的是卖方市场结构。影响市场结构的因素包括产品差别化、集中度及进入壁垒等。对于高速铁路企业来讲，不同市场主体提供的服务并没有实质上差别，产品差异化现象并没有凸显出来，所以此次研究更多地关注退出壁垒，对其展开深入的分析及探究。

进入壁垒可以定义为经由新企业走向市场的难易程度以呈现的市场关系，探究行业内已然存在的企业和潜在进入企业彼此之间的关系，把市场未知及潜在的竞争凸显出来，这些都会对市场结构产生影响。因此全面分析高速铁路产业存在的集中度及进入壁垒，可以使市场特征更好地呈现出来。

将产业组织理论及高速铁路产业的特征进行综合考虑，笔者认为，国内高速铁路产业市场的进入壁垒更多地体现在：首先为经济性的进入壁垒，其次为政策性的进入壁垒。

1. 经济性进入壁垒

（1）规模经济壁垒。作为一国的基础性产业，众所周知，高铁具有规模增长的规律，并且具有最小经济规模。针对业内已经存在的高铁运营主体，只有实现最小经济规模，才能实现经济效益。所以，市场内现存的高速铁路运营者将会尝试扩张，增加运营里程，进而建设更加全面的铁路网，以此取得相应的经济报酬。如果经营者是新入企业，市场占有率低，则不可能实现规模性经济，所以生产成本将会很高，企业的盈利能力和市场核心竞争力都较低，当运营不善时，甚至可能会出现强制性退出现象。

（2）必要资本量壁垒。新企业敲开市场的大门时，必定会注入特定的投资资金。而高铁行业是资本最集中的行业，投资规模大，资金回笼周期长。新企业要想进入该行业，就要具备扎实的资金基础，确保企业能够顺利运转，而且可以在后期开展持续性的运营。故高速铁路产业对资本需求较旺盛，实现融资困难，有着较高的市场进入壁垒。

（3）资产专用性壁垒。广泛来说，资产专用性即资产在不存在任何价值损失的前提下，可以被投资主体投入到各个市场中的能力。资产专用性越强，意味着资源在不同的业务或产业中有着越高的转移成本，对应的资源流动性及通用性就变得越差；反之亦然。高速铁路需要利用大量的土地来完成基础工作建设，建设的成本比较高，并且具有不可转移性，建设完成后高速铁路给社会提供相应的服务具有持续性，无论作为单位还是个人，都不可以擅自对其用途作出更改及变更。根据上述理论发现，高速铁路产业的资产专用性比较强，所以企业成为运营主体后，就要不断地注入资金，投入的资金越多，那么持续运营的难度就越大。因此很多民营资本、外资企业或者其他的社会资本很难进入高速铁路行业，所以说整个产业的经济性进入壁垒是较强的。

2. 政策性进入壁垒

（1）行政性壁垒。高速公路具有明显的公共物品性质，需要为广大社会群众服务，因此政府将对铁路实行相应管制，确保铁路的各项基本职能都可以顺利地实现，同时确保乘客的出行安全。很长时间里，高速铁路行业处于政府的严管之下，而行业规制部门在一定程度上扶持了少数经营主体，并会主观限制其他经济主体进入，进而谋求相应的经济利润，也就此追求自身的权益，由此整个产业的行政性壁垒便形成了。

（2）政策法律壁垒。对于新进企业迈入高速铁路行业来说，政策性壁垒也是重要难题。高速铁路具有非常明显的社会公共属性，能够带动国家的发展，对于社会的稳定具有积极的作用，政府根据实际情况颁布相关的法律制度与体系，强化对于高速铁路的监督与管理。相关的法律法规会影响到新企业入驻市场，例如，特许经营制度规定，企业要经由当地的主管行政部门审批之后，才可以进行经营。与其他行业相比，高速铁路产业非常特殊，企业要想进入就必须克服相应的法律壁垒。

（二）高速铁路产业的市场行为分析

市场行为即主体企业为了获取更多的经济回报、占据更多的市场份额而采取的措施，根据市场实际情况进行调整与优化。而企业的市场行为更多地参照了市场结构与特征，一般情况下，涉及的内容有以下三点：第一，为了达到控制或者影响价格的目的采用的价格行为；第二，旨在提升自身核心竞争力而采用的非价格行为；第三，不断对规模及产权关系进行调整，进而达到预期目标。

1. 高速铁路企业的价格行为

很久以来，都是由政府来决定铁路运行的价格，票价种类单一，缺乏足够的灵活性，难以满足客运市场需求变化，导致企业在竞争中相对被动，不能满足市场需要。部分铁路线路的运营也采取了折扣战略，但涉及范围很小，国家对折扣要求高。2013 年 3 月，政企分离战略开始在铁路实施，原铁道部的职能开始由中国铁路总公司承担，拥有强烈的主体性，由此对用价的管制放松了，定价策略灵活且多变，逐步成为市场发展的实际需求。

2015 年 12 月，《关于改革完善高铁动车组旅客票价政策的通知》文件发布，从 2016 年 1 月 1 日起，高速铁路开始执行自主定价制度，车票的价格被放开。随着这项政策的颁布与实施，高铁企业开始成为价格制定的主体与核心，中铁总公司拥有了自主定价的合法权益。不过在实际操作过程当中，高速铁路仍然有严格的价格管制。

2. 高速铁路的非价格行为

非价格行为指的是借助非价格手段来提升经济效益，帮助企业带来更多的经济回报，常见的有以下几种：提升运营效率；提升服务水平使竞争力增强；开发经营铁路沿线资源。

3. 高速铁路产业市场结构与企业行为的关系

高速铁路企业的行为与常规企业存在明显区别。就日常生活中常见的企业而言，企业行为仅仅是简单的市场行为，市场结构则直接决定了市场行为，两者对称性很高。而就高铁企业而言，企业的行为不仅是市场行为，而且也有非市场行为，在这种情况下，企业行为受到多种因素影响，如市场结构、政府管制及外部因素等。影响高速铁路企业行为的因素可以总结为以下几点：市场结构、政府规制以及外部环境。

（1）市场结构对高速铁路企业行为的影响。

高速铁路产业在我的政府垄断性十分显著，同时拥有十分明显的区域性市场特征。市场结构对企业行为的影响更多地体现在市场行为层面，详细的情况如下：

行政垄断对高速铁路企业行为的影响。在我国，由于高速铁路的特殊属性，其价格行为受到国家的严格管控。尽管最近几年国家给予了特定的自由定价权，但是仍要上报相关的部门进行审批，只有批准以后才能够落实。

除此之外，受到行政垄断的影响，在市场运行过程中，政府不仅仅扮演信息中介的角色，并且可以参与到具体的运营活动中，故兼具两种身份。当相关信息可以被企业掌握后，企业就拥有了特定的权力，能够借助信息不对称来赚取相应的经济利润。在这种情况下，高速铁路企业往往会想方设法地与政府搭上关系，进而追求经济利润，并非通过正规化的经营管理来达到自己的战略目标。

（2）区域性市场结构特征会对高速铁路企业行为造成影响。

区域性市场结构很大程度上影响的是企业的组织与调整行为，区域性其实可以解释为在各大区域市场都是封闭的。这样一来，某区域的铁路局想要进入其他区域铁路市场是非常难的，基本上没有任何可能。此外，企业出于规避单一经营风险的目的，不得不拓宽自己的业务，从事其他产业，对此，企业必须合理调整组织行为，不断提高自己的利润，降低经营风险，确保企业可以长足发展，最终实现可持续。

（3）政府规制给高速铁路企业行为带来的影响。

一般而言，这种影响集中在以下三方面：

第一，直接影响：企业的行为在一定程度上被政府一些微观规制所影响。比如，对价格的规制迫使企业做出一些价格行为；除此之外，由于存在直接规制，迫使企业必须在规定范围内进行某些活动，不得从事政府禁止的行为。

第二，间接影响：由于政府的宏观规制行为，产业结构发生变化，从而影响高速铁路企业行为。通常提到的规制为进入规制，政府会设定严格的市场准入条件，以保证产业内的企业数量一定，这也就出现了所谓的垄断结构，这种垄断会直接影响企业的行为。

第三，外部环境对高速铁路企业行为的影响：高速铁路企业存在于整个社会大环境中，这也就决定了外部环境或多或少将对企业行为产生影响。一般来说，外部环境包含宏观和产业环境，其中前者又包含政治、经济、地域以及法律等环境。随着外部环境的变化，高速铁路企业自身行为也会有所变化。

（三）高速铁路产业市场结构与企业行为的关系分析

对以上分析总结归纳，可以说市场结构确实会影响高铁企业的行为，但这并不是唯一的影响因素，二者的影响主要体现在市场行为上，一般来说，非市场行为受到的影响非常小。同时，市场结构和市场行为具有单向的影响关系，也就是市场结构对市场行为的影响反过来并不成立。这种影响完全是因为高速铁路企业自身的特殊性，同时具备公共基础设施和区域性双重属性，直接决定了政府行政力量会对市场结构产生影响，垄断性是由政府干预形成的，而非市场自发形成，因此，这种影响是单向的。

（四）高速铁路产业市场绩效分析

产业组织理论持有这样的观点，即市场绩效可以广泛用于衡量市场与资源配置合理性之间的关系。因此，在许多企业实践中都会采用资源配置效率、生产相对效率、技术进步和利润率水平等指标对市场绩效进行深入分析，生产相对效率和资源配置效率是最常用指标，其中前者主要是立足生产能力利用情况以及规模经济两大层面来对资源利用率展开分析；而后者主要是测试利用率。

高速铁路产业自身具有特殊性，作为交通基础设施建设，高铁产业不只追求利益最大化，在高铁建设中还需要更多地考虑社会效益。所以，单纯利用利润指标衡量高铁产业绩效是不合理的，偏差比较大。在具体评价分析时，需先考虑铁路的经营主体，并以此为基础逐渐展开对整个产业的分析，利用相对效率对产业绩效评估，有利于经营主体准确把握自身的绩效情况。本研究主要从实证角度展开，因此只是对相关关系展开分析。

我国高铁产业结构现阶段主要表现为垄断分割的极端寡占型，具有行政垄断、集中度高、进入壁垒高和区域分割等特点。也正是这样的特征，使得高速铁路企业自身行为受限，这种行为的变化最终直接影响产业绩效。

高速铁路旗下有很多铁路分局，区域分割性非常明显，这也使得铁路企业本身在自己所经营的范围内无人与其竞争；与此同时，高速铁路企业具有垄断性，有政府的全力支持，长此以往，只会让企业失去竞争意识，过于安逸，最终使内部机构臃肿，严重影响企业经营以及管理效率，最终使得市场绩效不乐观。

高速铁路产业遇到的壁垒主要有经济性和政策性两种，这些壁垒对企业绩效有着直接的影响，具体表现为以下两点：第一，政策性壁垒限制了很多企业进入高速铁路行业，这只会让企业缺乏市场竞争意识，久而久之，整个行业的市场绩效将明显下降；第二，经济性壁垒使一些企业难以退出高速铁路行业，高速铁路企业属于收费经营型企业，退出市场会受到很多因素影响，效率低的企业正常退出难度比较大，而且不利于资源转移，长此以往，整个产业的资源配置效率都会有所下降。高速铁路企业具有高度集中性，也因此使企业获得了高额利润，但即便如此，也并不等同于整个产业有着较高的绩效水平。

事实上，高速铁路行业的市场结构是从多方面对企业行为与绩效进行影响的，属于综合性影响结果，而不是取决于单一市场结构。市场结构中包含许多因素，它们相互影响、共同作用，从而影响企业的市场行为，最终以市场绩效的形式体现出来。在现阶段，我国高铁产业的发展可以利用 SCP 单向递归的关系进行解释。如果是收费型企业，不仅存在上述的单向影响，最终的市场业绩也会影响企业的行为，但不会影响市场结构。

二、基于模块化的高铁产业组织

（一）高铁产业组织的界定

高铁向用户供给的是运输服务，但运输服务的完成也需立足于实体运输产品才能实现。若将高铁视为一个完整的产品系统，那么系统中包含的内容大致可分为三大部分，即轨道以及其他附属装备、运营管理服务与动车组车辆。只有三部分彼此之间紧密协作，方可一同为乘客提供运输服务。高铁系统本身较为复杂，但我们可将其分为三大类，即工程建设、装备制造和运营管理。按照功能来划分与传统的按照工序、工艺进行划分完全不同。从产业经济学的角度来看，产业主要指具有一定相同属性的企业集合，从这个角度来评判，建筑业、制造业和交通运输业显然不是相同属性的经济活动，故我们不可以将高铁简单地当作一个产业，而应该将其视为在三大产业基础上形成的一种复杂系统，而且产业之间彼此紧密联系。

产业链主要是指产业之间的一种组织关系形态，它直接反映和突出了企业与其他相关产业间的关系。同时，产业链是一个复杂的系统，组成部分有供应商、分销商、制造商及消费者，存在反馈物流和信息流。而且产业链是一个活动过程，包括了生产的最终产品和服务价值之间的制造商、原材料、多个链接等材料运输、产品生产和最终消费等。如果把高铁工程建设、装备制造与运营管理当作相互独立的三个模块，那么它们可以构成不同的产业链。举例来说，装备制造业还包含零部件供应商及汽车制造商，建筑行业包括供应商、施工方、劳务及专业分包商。所以，我们认为这三个产业链都属于高铁的子产业链，并从传统的线性角度来理解。但是，当把高铁产业作为一个整体来理解时，三个子产业链彼此联系、渗透与影响，构成了一个网络产业链。

高铁建设包含的三大模块属于不同的经济过程以及生产阶段，但彼此之间有先后联系。从最终产品的角度来考虑的话，我们能够把这三个模块看成是运输服务的内部分工。如果这些分工涵盖了不同的企业或者说不同的地区和国家，模块化的特征会更加明显，至此，高速铁路产业的内部就出现了模块化产业组织的局面。由此可见，模块化产业组织这一组织形式是伴随产品内不断分工、分工逐渐深化而出现的。

（二）高铁产品的模块化

鲍德温（Baldwin，2017）等在研究中指出，现在的高铁行业已经进入了一个新的发展时期，逐渐实现了模块化设计、模块化生产和模块化消费等。青木昌彦（2003）等人指出，模块化与分工经济是相关的，属于新经济环境下的产业结构。通过以上分析可以发现，高铁相关产业之间的联系是在分工经济松散耦合的基础上实现的，因此组织模块化是产品分工与分化的最终结果。基于此，本书需要对高速铁路产品的模块化进行详细的分析，以探索高速铁路产业组织的整体模块化。

1. 高铁模块的可分性与可集成性

高铁企业所包括的三大模块彼此并不提供中间产品，本模块可以直接对自己的产品进行生产而不依赖其他模块。例如，高铁动车组有生产及指挥调度系统，但这种系统的研究开发随时可以进行，并不需要完全等到高铁轨道建设完成。三大模块之间存在公共联系规则，只要各模块都能遵循规则，那么就可以实现完美无缝对接。可以将三大模块各自比作一个黑箱，三者各自都能够开展独立的研发、设计和生产，而且不会对其他模块产生任何影响，也就是说，不管技术还是功能，三者都是可以分解的。

模块化通常分为两个步骤，第一步是分解，第二步是集中。模块化分解的主要目标是根据某种特定的结构和规则对复杂系统进行分解，并演化成更复杂的系统，即分解并且重新整合。高铁产业链可分解为工程建设、装备制造、运营管理等模块，充分发挥模块化优势，以核心资源完成技术创新，培育核心竞争力，使高铁项目的完成效率提升。

2. 高铁模块之间的联系规则

模块化集成及模块界的关联都对模块间的联系规则有所依赖。鲍德温等通过研究指出：模块间的联系可分为两类，一类是看得见的，另一类是看不见的、隐形的。"看得见的规则"为模块化系统共享，关乎系统的整体框架，有助于模块与模块间的沟通与整合，当系统刚刚构建完成后，就要确定这种规则，随着模块化的发展，要综合考虑实际情况，进行调整及优化。"隐形规则"更多指模块内部的规则，并不适用于其余模块，对于某个模块化系统来说，模块无法获悉，同样也无须获知其他模块的"隐形规则"。比如：在高铁工程中，无须注重动车组轮对与车体之间的关联性，只要掌握动车组轮对与轨距间的匹配性即可。

可见的联系规则主要涉及结构、界面及标准等类型，结构图是用来判定各个模块在系统当中所处的地位、发挥的作用及承担的功能；界面主要用来表述各个模块交互的具体细节，比如模块间的连接与沟通；标准主要用来测试所有模块和设置规则间的一致性，并且能够横向对比所有模块的性能信息。这些规则中最重要的是界面。

3. 高铁系统的联系界面

王峰等通过研究指出：高铁系统的核心在于接口技术的完善。王峰将每小时 300～350 公里的高铁运行系统作为实验例子进行研究，可识别的系统接口有 159 项。在这些接口当中，涉及模块与模块间可见的接口和模块内部隐藏的接口（对于科学研究而言，这些接口并非高铁系统的所有接口）。①

---

① 王峰，王澜，姚建伟. 高速铁路系统接口分析 [J]. 中国铁道科学，2013，34（3）：109－115.

高铁的模块化系统拥有典型的层次分布，即青木昌彦描述的一种"大盒套小盒"的结构。如图 5 - 1 所示，土建和安装是工程建设模块的两大类；装备制造模块包括动车组制造和"四电"（电力、信息、通信、信号）装备制造两类；同时，运营管理模块可以分为更多不同系统，包括调度指挥、运输服务及安全监控预警等系统。同时，部分子模块亦可以继续细分，转为更小的子模块，比如土建工程模块则可以分为线路、桥涵、隧道、轨道、路基、站场等子模块；动车组模块能划分成动力、车轴、转向架等模块。

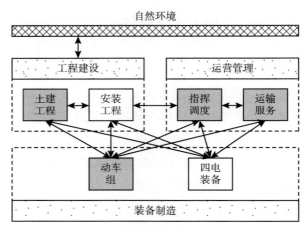

图 5 - 1　高铁系统的联系界面

资料来源：Begović B. The great convergence：Information technology and the new globalization by Richard Baldwin［J］. Panoeconomicus，2017，64（5）：645 - 655.

4. 高铁模块化设计生产的必要性

高铁建设项目中最基础的就是工程建设，施工当中遇到的隧道、轨道、涵洞、车站以及线路等都是建筑产品，这种产品表现出很强的多样性，但是彼此又相互统一，也就是说各种建筑产品根据自身的功能，拥有相应的尺寸与外观，不过具体的建筑产品却具有唯一性，能够经由其独特的特征将自身和其他产品区别开。高铁项目的施工的地质环境、地理气候、施工进度、技术标准等都有明显的特征，也就是说与其他的项目工程存在本质区别，所以高铁项目能够定制化，也就是说具有唯一性。

根据过去所采用的设计和建设办法，只有高铁项目启动以后才进行定制化，完成设计、建设还有生产等任务。虽然所有的高铁项目都能够划分为工程建设、装备制造及运营管理等模块，不过并不会提前明确所有模块间具体的联系规则，只有当接触到高铁项目以后，收集相关资料，进行现场调查，才能进行相关设计。受到时间因素的制约，模块与模块间能否顺利地对接与连接，直接决定着整个项目的效率与质量。除此之外，过去所沿用的设计方案，并没有提前明确联系规则，模块与模块之间的衔接问题只有在施工后才会慢慢地暴露，这给高铁项目带来了巨大的风险，使其存在很多的不确定性。

对于模块化的探索和分析，最常见的是以计算机制造业为例进行分析。电脑的硬盘、内存、CPU 都是按照供应商提供的图纸进行组合，可以在很短的时间内完成操作。根据以上生产模式，可以明显提高生产效率，大量的计算机模块供应商可以积极进行创新和改革，有利于促进计算机产品的更新换代。

现阶段，我国高铁项目更多地采用定制化设计和建设，哪怕是动车组也要提前对订单确定后才进行定制化生产，严重制约着整个项目的进度，与其他国家的高铁项目相比，劣势比较明显，缺乏核心竞争力。我国处于模块化发展的快速阶段，高铁等产业要凭借模块化的优势，实现快速发展。不过，类似于前面所提到的理论，高铁项目自身有着高度定制化的特征，所以在高铁项目中，引入模块化的设计与生产能否具备可行性？

5. 高铁产业链模块化设计生产的可行性

事实证明，高铁有两个层次的模块化设计和生产，可以完美地应用于高铁产业链中。第一，从工程建设、运营管理以及装备制造的角度出发，进行规模化生产；第二，从整体层次的角度出发，不同模块也具备形成一个完整的模块化系统的能力。对于图 5 - 1 中的层次，能够用定制化生产的仅有工程建设内的土建工程，并不适合于其他模块。对于土建工程来说，需综合考量本项目的线路走向、气候环境、地质条件、土地利用状况、经济技术方案等，当高铁项目发起后才可落实。土建项目工程和自然环境之间具备的相互联系及其规则不会对高铁模块化内部工程体系结构产生实质影响。简单而言，针对高铁项目构建模块化具有可行性。

通过前面的研究可知，模块化的优点在于严格遵照模块链的联系规则，所有的模块都能够独立完成设计与改造，通过这种措施来简化系统，会出现以下几点优势：第一，构筑出模块化系统后，依据"看得见"的规则，全部的模块都可以独自进行设计，实现创新，在较短的时间内就能够完成整个系统的操作，缩短工期，有效控制成本，而且能够有效避免长时间施工带来的各种不可控风险；第二，系统模块在进行设计与创新时，都严格按照整个系统的指导完成，模块与模块间不存在任何的衔接问题，即便是遇到问题也能够提前提出，进而采取最佳的解决办法，避免系统出现问题。如果情况特殊时，能够对这种规则进行适当的调整，进而提升整个系统的可靠性与安全性；第三，设计"看得见"的规则时，能综合考虑客户的需求，给出具有不同特点的运行方案，让客户来作出选择，提升客户的满意度；第四，高铁模块化工程实现后，受到共享联系规则等影响，整个高速铁路系统必定具有很强的整体性，也必然具有独特的竞争优势，无论是在国内高铁市场还是国际高铁市场，都有机会在众多竞争对手中脱颖而出，在最短时间内按照要求完成工程项目，克服自身的缺陷；第五，模块化具有高度的开放性。该系统本身具有很强的开放性，其他企业不违背政府制定的联系规则时，就能够参与项目，这种操作有利于资源的整合，能够切实提升资源的利用率。

模块化实际上就是在各个子模块内进行模块化处理。在建筑行业进行模块化设计与施工技术已经相对成熟，大多数工程中都已经引入了模块化的概念，取得了非常显著的成就。实际上，模块化最早就是出现在建筑行业，通过多年的完善与发展，才逐步融入其他行业。比如，项目进行土建时，车站、隧道、路基或者涵洞等，都能够交给各个专业领域的工队负责，进行项目的设计与施工。针对动车组的研发与生产制造，根据前面描述的理论可知，可以借鉴汽车制造行业相对成熟的操作办法。对于应用管理模块，该模块涉及各种硬件与软件系统的生产与设计，同时需要后期对其进行维护与保养。而计算机软件的制造与设计早已开始模块化，生产过程比较成熟，值得其他领域借鉴。对于铁路运输的服务组织与设备设施的维护，齐振法重点阐述了整个行业模块化的必要性与可行性，总结与归纳了各个部门间出现的交易界面①。

根据前面描述的理论，高铁系统具有一定的层次性，能够实现模块化的设计和生产。

（三）高铁产业组织的模块化

1. 产品模块化向组织模块化的演进

其实很早以前，一些专家和学者就提出了模块化理念，但在落后的经济发展时期，人们更倾向于规模化生产，因此模块化的方法并未应用于组织与设计中。而模块化最初只是产品的设计方法，后来被汽车和计算机等行业等用于辅助生产，提升工作效率。胡晓鹏的研究表明，模块化不仅可用于产品设计，也可用于管理和组织结构设计等，是一种综合性的工具②。徐宏玲的研究显示，随着技术标准化的不断发展，基础类技术将会逐渐地演变为功能标准化，使得功能接口具有较好的兼容性，从而达到预期的目标③。随着技术标准化的不断发展，将会逐渐地演变为功能标准化，使得功能接口具有较好的兼容性，从而达到预期的目标。郝斌等学者通过多年研究发现，要实现模块化就要严格按照"技术模块化—产品模块化—产业模块化—组织模块化"的线路，随着系统的逐渐演变，组织也同样能表现出模块化的特性④。根据上述理论，模块化演变的最高境界就是组织模块化，而我国的高铁项目也要紧扣发展主题，不断地演变与发展，提升自身的核心竞争力，走出国门，面向世界。

2. 组织模块化的内涵

模块化组织的研讨起初是由微观层面起始的，即围绕内部组织进行的，随后逐渐转向中观产业结构。徐宏玲在研究中认为，模块化组织实质是一种存在于市场及企业渗透地带的柔性组织，能够将市场与企业在生产协调方面的优势汇聚成一体的能力⑤，追溯其产生历史，与大企业纵向分

---

①　齐振法. 我国铁路运输业模块化重组研究 [D]. 北京：北京交通大学，2010：74–97.

②　胡晓鹏. 从分工到模块化：经济系统演进的思考 [J]. 中国工业经济，2004 (9)：5–11.

③⑤　徐宏玲. 模块化组织形成及运行机理研究 [D]. 成都：西南财经大学，2006：8.

④　郝斌，任浩. 组织模块化设计：基本原理与理论架构 [J]. 中国工业经济，2007 (6)：82–89.

解以及垂直一体化发展密切相关。闫星宇等认为模块化并非一蹴而就，是基于一体化框架产生的①。芮明杰等认为，与工业经济时代不同，知识经济背景下，任何生产企业都不能单独完成，而是得由组织中各成员共同完成，这种形式就被称为模块化组织②。芮明杰等认为模块化网络组织其实是一种新的社会生产组织，不同于市场，也不同于企业③，各组织模块之间并非独立存在，而是通过标准接口联系，共同协作发挥功能，极大地改善了组织整体的运行效率。模块化独有的特征被模块化网络产业组织完全包含了，即开放性、灵活性、强反应性以及松散耦合。芮明杰等指出，模块化组织价值报酬递增总体上是从产业层次出发来进行分析的，而不是企业层次。随着网络经济的不断发展，网络当中的各厂商自身价值的实现不只依靠经营状况，很大比例上被与该厂商密切相连的其余厂商经营状况所决定。高铁产业包含三大模块，虽然各模块独立设计研发，但任何一个模块的发展都与其他两个模块息息相关，因此也不能只利用某个模块的竞争力来直接反映高铁整体竞争力。不可否认的是，其中任意一个模块的竞争力得以提升，那么高铁行业整体竞争力也会得以提升，从这个角度来考虑，我们对高铁行业的研究不能只局限于某个模块，而要从更高层次来研讨其市场组织。

3. 中国高铁的产业组织现状

纵览中国高速铁路相关产业的发展历程，由最初的一体化设计生产逐渐发展为模块化设计生产。原铁道部同时具有政府和企业的职能，但并非真正的企业。仅从企业角度来看，原铁道部是一家综合性企业。随着制度的不断改革，政府的分离成为一种趋势。2000 年，中国铁路、铁路建设、铁路通信信号与原铁道部分离，为后续模块化的发展打下基础。同时，铁路车辆制造业务独立，成为中国南车和中国北车，2015 年正式并入中国中车。原铁道部于 2013 年正式改组为中国铁路总公司，主要负责我国铁路客运运营和管理，是建设中国铁路网的主要力量。上述重大的脱离、改组运

---

① 闫星宇，高觉民．模块化理论的再审视：局限及适用范围 [J]．中国工业经济，2007（4）：71 – 77.

② 芮明杰，张琰．模块化组织理论研究综述 [J]．当代财经，2008（3）：122 – 128.

③ 芮明杰，季丹．模块化网络状产业组织的演进：基于计算机行业的研究 [J]．经济与管理研究，2009（1）：81 – 86.

营举动，虽然不是为了模块化发展，但不得不承认的是经过多年发展，我国高铁相关产业逐渐出现模块化组织。随着模块化组织的不断形成与发展，企业彼此之间利用资源能力明显提高，彼此相互协作共同构成整体，而且有更强的能力适应市场环境变化。

4. 中国高铁的半模块化组织特征

纵览模块化的有关研究，整个学术界依然处在最初阶段，并未就模块化组织给出明确界定。即便如此，学者们基本已然对模块化组织的特征达成共识。本书认为的半模块化主要论述的是我国高铁产业虽然呈现模块化特质，但又不完全一致。具体表现为以下两点：

第一，形式上，不存在背靠背竞争特点，也没有建立起"淘汰赛"机制。产业整合后，中国铁路总公司和中国铁路建筑总公司成为工程建设领域的领头企业；中国中车公司成为动车组生产领域的领军企业；中国铁路总公司成为运营管理领域的领军企业。没有背靠背的竞争体制导致了建设的选择权处于劣势。然而认真分析上述所有国企的内部组成可以发现，确实存在背靠背竞争，有些情况下这种竞争还非常激烈。例如，建设行业有很多工程局、设计院，它们的职能、技术相似，且都是独立经营的。高铁市场只有一个，竞争者却无数，可见竞争关系十分激烈。近几年，其他建筑企业也逐渐进军铁路工设，这就意味着未来铁路工程的建设将面临一场激烈的竞争。原南车和北车集团是典型的车组制造企业，该公司研发的产品功能基本相同，但需要区别发展。此外，装备领域的背靠背竞争也十分激烈，如中国通号、电气化局、铁道科学研究所等的相互竞争。总的来说，从表面上看，我国的高铁行业并没有符合背靠背竞争的特征，可从行业内部看，普遍存在这种背靠背竞争，相同的淘汰赛所诞生的选择权价值亦存在。高铁企业主体众多，各自在自己所擅长的领域大展身手，从表面上来看，可能是浪费资源，但其实很好地提高了自身的竞争力，乃至整个高铁产业的市场竞争力。

第二，我国高铁相关企业同时具有双重身份，也就是模块供应商与系统集成商。普遍来说，模块化体系中包含的角色也就是这两种身份。就拿典型的计算机行业来举例，该行业有很多具体系统集成商，主要负责为消费者提供终端产品，换句话来讲，消费者对电脑产品进行购买之前，此行业的系统集成商就已然存在，而且是明确的。同时，其与模块供应商之间的界限非常清楚。高铁项目本身有其独特性，比如，定制化、单次性等，当某个高铁项目未正式立项前，系统集成商并不确定，但这并不包含国内市场，因为国内高铁市场系统集成商是提前确定的。集成商的任务主要是认真考虑用户需求，然后选择合适的工程建设、运营管理以及装备制造企业，共同组建成完整的高铁系统，为用户提供服务。因为集成商并不是提前确定的，因此，国际高铁市场用户也不可能单靠一个厂商就得到完整的产品。不同于其他项目，高铁项目耗资巨大，其未来的发展趋势必然是带资建设，再加上 PPP 等模式的快速发展，越来越多的模块供应商逐渐开始升级成系统集成商。从这个角度来讲，高铁产业所包含的三大模块中，任意一个模块都包含两重身份，即所谓的模块供应商以及系统供应商。

5. 中国高铁产业各企业间的关系耦合

青木昌彦等的研究将模块化系统的各种信息处理方式进行了分析，认为在模块化组织中，企业间存在的主要关系有三类，即硅谷型、丰田型和IBM 型。其中 IBM 型最典型的范本是 IBM 公司，它经"舵手"提前锁定了模块之间的联系规则，然后对模块进行严格的独立运作。模块和模块之间没有信息的交互，也不必将信息反馈给"舵手"。一旦系统环境发生变化，要求对联系规则进行修改时，只能由"舵手"进行负责；丰田型的典型代表是丰田的公司，"舵手"负责提前确定联系规则，不同之处在于，各模块与"舵手"之间频繁存在信息交流，正因如此，"舵手"若需修订联络规则，或多或少地受到不同模块的影响。以上两种都属于控制耦合的类型，而"舵手"则在整个系统中起着重要作用，占据了核心的地位。通常，现实市场上的"舵手"是优势显著的大企业，在整体系统中起着集成商作用，而从属模块则是小中型的，依附于优势的企业。硅谷式可解释为多个"舵手"，最开始的联系规则非常少，各模块独自开展活动，并且将信息及时反馈给系统，每一个"舵手"都可以对这些信息进行筛选、甄别以及整合，并且将最终结果反馈给系统，在这样一个过程中不断实现系统联系规则优化。由此可见，硅谷型企业彼此之间地位平等，因此又被我们描述为关系型耦合。

中国的高铁产业由三个模块组成。每个模块中的企业都是国有企业，在各自领域都有很强的实力和绝对的领导优势。即使他们在产业链中处于不同的位置，他们的地位也是平等的，他们没有控制权，他们也没有被控制，所以没有明显的核心企业。

（四）模块化高铁产业组织的协调

铁路体制改革之后，高铁三大模块间不再存在有产权联系，而是通过契约联系。契约主要有两种，即正式和非正式。前者大多属于交易型契约，通过书面或是强有力的合同来达成协议；后者主要指的是彼此间通过信用、规范、声誉等达成合作，形成一种非约束性力量，多为关系型契约。就我国目前高铁市场来看，正式契约主要发生在模块供应商以及铁路总公司，而模块各自供应商之间并不存在正式契约。在国际高铁市场中，如果模块供应商中的某个或者多个升级成了系统集成商，则它们相互间就会建立正式契约。因为国际高铁项目大多具有投资性，这就使得彼此之间不仅存在正式契约关系，而且还存在局部产权联系，即高铁项目公司之间。就高铁目前的三大模块来说，彼此之间更多的是非正式契约，他们正是以此为基础进行深入合作。事实上，从合作期限来看，我们可以将正式契约认为是短期的过程，相比较，非正式契约则是在长期合作过程中构建起来的，是一个长期的过程。

基于上述分析，我国高铁产业组织是由松散耦合关系联系起来的，其实就是所谓的关系契约，彼此之间合作完全是依靠软关系实现的，并非硬性条款，如信任、公平以及互惠等，这样的非正式契约在很大程度上避免了机会主义行为的出现，有助于克服正式契约的不完全性。如果模块化组织成员彼此之间可以相互信任，秉着公平互惠理念达成共识，就可以不断发展壮大产业组织。

第三节　高铁对其他相关产业的影响

一、高铁引起民航网络组织形态优化

最近几年，国内外的专家与学者就高铁对民航运输的影响问题展开了研究，从时间和距离者两大维度出发进行深层次的探索与研究。当然除了这两个主要因素以外，还有其他的因素，如航班的准点率、市场性质、旅客结构以及地面衔接等，这些因素也对民航和高铁竞争产生直接影响。根据中长期铁路网规划（2008 年调整），到 2020 年，中国已建成覆盖民航航线的"四纵四横"高铁网络。面对这种情况，民航需要迅速作出调整与优化，充分利用自身的优势，补强自己的短板，实现与高铁的相互补充，最终实现共同发展。

随着经济的发展与社会的进步，空域资源与机场时刻资源更加短缺，选择飞机时困难重重，而市场需求又比较集中化，在这种情况下，我国的航空航线整体为"蛛网式"结构，其他国家则表现出"枢纽—轮辐"结构，航线结构虽然不同，但是同样需要机场的时刻资源，为了应对市场的竞争，航空公司被迫作出选择，尽可能舍弃这种短途航线。

此外，由于旅客经济状况的改善，航空客运量飞速上涨，而空管系统、设备和技术比较落后，空域紧张程度更高，导致民航发展受到阻碍，最显著的表现是：重要机场持续进行流量控制，导致大批航班被迫推迟，给旅客造成极大不便。统计显示，2010 年首都机场平均每日始发航班 170 多班，占首都机场每日出港航班量的 1/4，始发航班正常率仅为 69.07%[①]。随着京津、京石等城际高铁陆续投入运营后，两地间的通行时间被压缩至半个小时，因此航空企业要最大化地利用高铁运输带来的便利，适当优化与调整航线网络，从根本上来解决资源短缺的难题，尽可能减少流量控制的频次，保证航班的正点率。

高铁运输快速发展，能够将大量的游客在最短的时间内运输到大型的枢纽机场。对于民航企业而言，要积极展开沟通与交流，将机场和高铁有效地连接起来，实现资源互补，追求共同发展，联合为社会主义市场经济的发展作出自己的贡献。由于航空运输技术的经济性能受到限制，通常在偏远地区，旅客在乘坐飞机的时候需要通过较长一段时间的地面通行才能到达。只有在尽可能缩短地面运行时间，才能体现航空优势，否则，游客就可能选择高铁。在这种情况下，民航公司要主动参与区域交通规划，对

---

① 资料来源：2011 年环球旅讯官方数据。

机场的布局进行规划，要综合考虑多个因素，缩短游客在地面上的通行时间。第一，实时掌握国内交通运输市场动态信息，在基础设施建设阶段，就要提高规划，打造一体性、综合化和高效的交通模式，要把公交巴士、高铁、出租车、地铁等有关运输工具的问题考虑在内，共同建设综合航空枢纽，从根本上解决这一问题；第二，加强与铁道、公路等交通枢纽之间的协调和前提规划，将各种运输模式相连接起来，打造一个有机运输的整体；第三，同时考虑轨道交通，把它作为重要的航空枢纽旅客支撑。国际知名航空枢纽，如法国戴高乐机场、德国法兰克福机场及英国希思罗机场等，都和出租车、高铁、公交及出租车等交通方式相匹配，而且正在逐渐完善航空与高速铁路的衔接。

高铁在运行时，地形会对其造成巨大的影响，尤其是与民航相比。民航的飞行路线均处在大气层，能够跨越的距离非常长，不仅遍布国内领空，还涵盖了多条国际航线。深入研究国际航线可知，民航拥有很大的运输空间，这点是其他交通工具所不具备的优势。随着经济的发展与社会的进步，出行人员数量不断攀升，高铁开始逐步向航空分流，对于民航企业而言，要把握机遇，不断优化航班的布局结构，提升游客的吞吐量；把短距离的运输转移给高铁，航空主要负责中长距离的运输，注重拓宽中远航线；不要仅仅局限于国内航线，要不断开拓国际航线与地区航线；改变传统的单线航线，切实提升航空机场的有效利用率与通达性。

二、高铁引起快递物流业组织形态优化

目前高铁已经逐渐开始形成网络，其具有的货运价值越来越明显。2013 年 6 月 15 日，中国铁路总局决定进行货运组织改革，改革最重要的工作就在于实现高铁快递、拓展中铁总公司货运业务。高铁快递货仓市场前景非常大，可以为用户提供颠覆性产品，这对于整个快递行业来说也是巨大的变革。利用高铁输送快递产品，既可以保证快递时效性，同时也有效缩减了成本。以往这一距离的产品多利用航空运输，虽然航班飞行时间仅 1 个小时，但前期准备就需要 2 个多小时，而且飞机落地大约两小时才可以进行货物再次运转，这样一来，时间大约在 5 个小时。但如果选择高

铁，前后根本不需要5个小时，而且价格几乎是航空的一半。2018年8月29日，中国铁路总公司旗下的公司中铁快运和顺丰控股的公司深圳顺丰泰森共同成立了中铁顺丰国际快运有限公司，于深圳揭牌，其经营范围设定为高铁快递运输等物流产品研发及销售、跨境电商平台设计创立。这一巨大的举措是2014年后中国铁路总公司和顺丰在快递市场的全面合作，意味着我国即将迈入高铁快递新的发展征程，未来前景不可限量。

铁路部门开始对运输供给侧结构进行改革，铁路货运结构持续优化。相应地出现了"高铁+快线"的运输新模式。这也奠定了快递行业发展的良好基础，突出了中国铁路对交通运输的重要作用。纵观快递业的发展历程，市场需求在不断增加，高铁快递模式可以充分满足这个需求。近几年，电子商业的快速发展极大地促进了快递业的发展，也对快递运输提出了更高的要求。传统的公路和航空运输已难以满足实际需要。有鉴于此，高铁快运实际上是快递行业的一项新创新，结合中国高铁的实际情况，完全有能力发展快递业务。尤其是中国高铁2021年底营运里程突破4万公里，稳居全球第一[①]，交通运输能力非常强。高铁营运网络将基本覆盖中国全省主要城市和拥有超过50万城市人口的大中城市，并逐步覆盖快递业务领域。此外，高速铁路运行稳定，不受天气影响，其优势明显高于航空运输。

三、高铁引起通勤模式的优化

随着高铁建设力度的不断增加，城市交通压力得到适当缓解，而且给社会经济带来巨大影响。近些年，随着城市的快速发展，通勤人数较以往有明显增长，特别是大都市，迫切需要考虑通勤优化问题。铁路是通勤最主要的方式，近些年，人们开始选择高铁通勤。通常情况下，人们居住在一个城市，上班在另一个城市，往返两个城市必须搭乘高铁，这样一群人的生活可以被描述为"双城记"。对于这类人群，双城生活是他们最好的

① 中国高铁稳居全球第一，运营里程突破4万公里，可绕赤道一圈［EB/OL］．腾讯网，2022-1-12.

选择，可以平衡事业和家庭。举例来讲，京沪高铁从上海到昆山只需要 18 分钟时间，所以很多人选择在昆山定居，然后在上海上班。高铁逐渐开始将两个城市连接在一起，相应地伴随出现"同城效应"，简单解释就是 1～3 小时的高铁生活，高铁对他们的生活发挥着巨大的作用。直至今天，我国高铁运营里程已经超出 2 万公里，基本上每天出行的动车组数量能够达到 4200 多列，运输旅客 450 多万人。①

我国高铁全部运营里程中排名第一位的是上海铁路局，基本上是同一路径同一站每 4 分钟就有一趟列车，就拿南京南站来说，每天停靠动车数在 430 趟②。对于长三角、珠三角以及环渤海等地区，高铁密度的增加让很多人感受到"公交化"的便利。随着高铁以及市郊铁路的不断增多，人们通勤距离逐渐被拉长，同样的现象在东京、纽约以及伦敦等地区非常常见。高铁成本虽然比较贵，但对于很多大都市，房租和房价居高不下，相比而言，高铁费用根本算不上什么，但却可以给人们带来便利，所以成为人们最经济的选择。我国很多区域的经济发展存在明显差异，人们总是向往大都市生活，特别是北京、广州以及上海等大城市，但大都市房价居高不下，对于"90 后"大学生来说，刚刚步入社会，在大都市购房基本是不敢想的。因此高铁的通行使得城市资源得到更合理配置，为人们生活提供了很多便利，很多人可以选择在大都市租房，然后靠高铁出行。

四、高铁引起旅游产业优化

随着改革开放的不断推进，我国旅游行业发展迅猛，主要体现在以下两方面：第一，旅游市场快速发展，市场整体格局实现区域均衡；第二，旅游的权利。改革开放初期，并非所有的人都有条件旅游，但现在，旅游已能够得到普及，这就意味着我们将进入一个大众旅游的时代。国家旅游局的数据显示，在我国 2017 年的总 GDP 中，旅游业的贡献高达 9.13 万亿元，占比为 11.04%；同时，旅游产业的发展提供了更多的就业岗位，就

---

① "打高铁"上班成为新时尚 [EB/OL]. 人民网，2016 – 9 – 11.
② 中国高铁迈入两万公里新时代 [EB/OL]. 浙江日报，2016 – 9 – 11.

业人口高达 7990 万人，其中 2825 万人为直接就业，占全国就业总数的 10.28%①。旅游产业的迅猛发展，完全是由于交通的不断便利，特别是高铁的快速发展。笔者通过对携程网数据的分析发现，大多数旅客乘高铁抵达目的地的平均时间为 3.3 个小时，而 35.3% 的旅客只需要花 1～2 个小时。毫不夸张地说，80% 的游客 4 个小时之内就可以到达自己的目的地，未来很长一段时间将出现高铁旅游新时代。

乘坐高铁，让越来越多的游客能够享受到从容惬意。高铁服务质量以及快速出行让很多本来犹豫是否出行的游客下定决心"说走就走"。高铁方便了人们的出行，极大地带动了我国旅游行业的发展，为旅游业研发更多深层次产品提供了可能。长此以往，市场信心明显增强，而且有助于加强企业决心，快速获得民众认可。由于高铁具有通达性，原来沿线本不为人知的优质旅游资源逐渐被人们挖掘，呈现在世人面前。随着高铁产业的不断壮大，给旅游经济带来的影响显著，特别是对旅游结构优化调整的影响。高铁现有优势有助于改善沿线城市交通流动性，使得高铁沿线周围城市的人力、资本、信息以及技术等资源得到更优配置。我国幅员辽阔，随着改革开放的不断深化，到 2018 年底，我国已建设成的铁路长度达 13 万千米，高铁长度约为 2.9 万千米，不论是高铁运营里程，还是城市轨道和高速公路，里程数全世界排名第一②。虽然这几年高铁产业取得了很大的成就，但我们仍应清楚地意识到，我国铁路密度依然比较低，缺乏较为完善的路网布局，特别是中西部地区，铁路发展速度非常慢，仍需不断扩大网络规模，引进先进技术。总体而言，我国铁路未来建设必须秉着不断升级的原则，清楚地认识到这项工作依然在进行中。

---

① 2017 年全国旅游业对 GDP 的综合贡献为 9.13 万亿元 ［EB/OL］. 中国经济网，2018 - 2 - 6.
② 2018 年运营里程突破 13 万公里　中国铁路又添新速度 ［EB/OL］. 国际在线，2019 - 1 - 10.

第六章

高铁产业的价值链分析

内容提要：

　　本章基于价值链理论及价值共创理论，对高速铁路纵向产业价值链、横向竞争对手价值链以及产业链价值共创问题进行了分析，把高速铁路价值链根据价值附加分为三个环节，并一步步延伸到高速铁路产业与其他产业的价值共创互动，以及对其他产业的波及效应。

第一节　价值链理论

一、价值链理论

　　1985 年，哈佛商学院教授波特首次创新性地提出价值链相关概念[①]，将公司日常生产经验管理活动视为一系列公司价值活动的有效整合，从那以后，价值链就开始深受各大企业的青睐，并被广泛应用于公司的经营管理中。波特认为，制造企业具体生产流程可以被概括为：产品设计、产品研发、产品生产、产品销售及售后服务等，这一整个流程可以看作公司层面的整体价值链，这一整个流程中的各具体流程也均能以部分价值链表示，并且整个价值链是一个增值的过程。

　　不同类型的企业价值链有所不同，但企业各环节价值活动联系密不可分，既是独立的部分，又互相作用，形成了企业整体价值链。每一独立价

---

　　① Porter Michael E. Competitive Advantage［M］. New York：The Free Press, 1985.

值链活动都会在一定程度上影响企业经营活动，因此多个价值链活动对企业的影响不可忽视。

波特的价值链理论虽然起到开创性的作用，但随着该理论不断发展，不难发现这一理论仍旧停留在企业内部层面，并未结合企业价值链上下游企业考虑，同样也未分析各方企业的合作与竞争。

跳出单个企业层面，我们重新考虑上下游企业形成的整个价值链系统，以制造行业为例，单个制造企业形成的价值链可以被视为整个制造业产业价值链系统的一小部分，该企业以外的剩余环节价值链，例如供应企业价值链、竞争企业价值链等，这些整体产业中的单个企业主体在整个价值链系统中相互协调，共同创造价值。

随着对价值链理论的认识逐渐深入，越来越多的人认为企业基于价值链理论管理的最终目的应该是为顾客创造最大的效用价值，即企业的核心竞争力在于发挥价值链的管理功能，即通过对价值链的管理决定减少成本支出的部分，使价值链系统中各企业具有高度差异化优势，最终提升企业自身的竞争优势。

在价值链系统的各个环节中，任何企业活动之间都高度相关，而且具有相互依存性，因此，如果某个价值链环节发生变化，就会导致其他价值链环节也会因此发生连带变化。

二、价值链理论核心

波特的价值链理论基于企业主体进行价值链分析，但价值链理论的核心是从产业角度出发的，将各企业之间活动视为整个价值链系统内部活动，而非只关注某个企业的价值活动。

从企业角度看，价值链理论中将企业作为一个整体，将这一企业整体细分为不同的价值活动，不是所有的活动都能创造较大价值，只有明显提高企业价值的环节，才是需要企业重点关注的价值活动。实际上，公司具有的价值是在持续增值状态下产生的，关键的价值活动是多种多样的，通常情况下会依据经济和技术的相对独立性来对其划分类别。企业在整个价值链系统内部的竞争活动决定了它在市场中的竞争力，企业各项价值活动形成的价值链反映了其发展、战略等行为对经济产生的影响。

从整个产业出发，价值存在于产业上中下游不同位置的各个生产活动环节，进而形成整个产业价值链。产业价值是贯穿整个产业链的各个企业主体，各个不同企业之间，如原材料供应商和加工制造商，都有各自的价值链活动。企业内部也有许多环节，如生产环节、销售环节等，各环节也有价值链。同一个产业中的不同企业价值链还是有差异的，尤其是竞争关系的企业，各企业主体间的价值链差异正是他们在产业中持续发展的关键点。

波特的价值链理论基于公司价值链来体现公司核心竞争力，这使其呈现更为深刻的意义，即公司间的竞争，亦是价值链的竞争。判断一个公司是否具备核心竞争力，就要着眼于该公司能否将某些环节的战略增值活动置于主导地位。

价值链理论除了分析企业内部价值链、行业价值链，也可以分析竞争对手价值链。当竞争对手财力雄厚但生产成本较高时，企业主体可以从成本上获取优势，即采用低成本的策略，这对中小企业也同样适用，能够实现生存和发展；当竞争对手企业成本较低，企业主体可以采取产品或服务差异化战略吸引顾客，例如提高产品或服务质量，从而赢取一定市场份额。依据这一手段，企业就能拥有竞争优势，不被吞并。

总而言之，如果将价值链看成是一个完整的结构，那么就显示不出内部某个环节所具备的优势，因此需要细致化地分析公司活动。在价值链中并非每一项经济活动都创造价值，往往是与公司某一战略环节有密切联系的价值活动，才更具备创造价值的能力。

三、价值共创理论

1993 年诺曼和拉斐尔（Normann & Ramírez）提出了价值共创概念，认为是企业与消费者之间的互动产生了价值共创[①]。自 2000 年以来，价值共

---

① Normann R. and Ramírez R. From value chain to value constellation: designing interactive strategy [J]. Harvard Business Review, 1993, 71 (4): 65.

创理论开始广为人知。奥兹坎和拉马斯瓦米（Ozcan & Ramaswamy，2000）将市场和消费者视作上下游的关系，并认为二者的合作共创可以为企业和消费者提供利益[1]，如企业与消费者沟通使用体验并改善产品与服务，会刺激产品研发和服务创新。

价值共创的理论起源于制造行业，其参与主体是生产厂商和客户。随着市场竞争的加剧，企业开始试图与供应链上下游企业联合共同创造价值，以稳固和提升自己的竞争力。互动双方主体不同，形成价值共创的过程和结果也不尽相同。

1. 企业与消费者价值共创

价值共创理论最早产生于企业与消费者之间，分为生产环节和消费环节。在生产环节中，企业鼓励消费者参与产品的研发，结合自己的需求，提出产品设计理念；在消费环节里，消费者通过与企业的频繁互动，向企业提供个性化的诉求，直接对企业价值创造过程产生作用，影响企业产品生产。在消费环节的价值共创过程中，消费者体验是重中之重。消费者根据自身需求，在产品的实际使用过程中，提供使用体验，随后企业根据消费者提供的使用体验对产品的功能和用途作相应的改变。消费者根据个人的知识和经验而对产品的使用方式作出改变，以满足其独特需求的过程中，创造了效用价值和情感价值。但事实上，这两个情况并没有明确的界定。价值共创不是一个静态过程，而是一个动态、变化的过程。

2. 企业与企业价值共创

企业间的价值共创是基于企业间的信任，企业之间可以通过频繁的互动，共享深化合作，共同创造价值，实现价值共赢。

在企业间进行价值共创的过程中，首先要明确实施计划，这对于后期价值共创过程起着重要作用。福斯特伦（Forsström，2005）通过案例分析研究，提出了企业之间应该怎样进行价值共创，他认为买卖双方是在稳定

---

① Ramaswamy V. and Ozcan K. Brand value co-creation in a digitalized world: An integrative framework and research implications [J]. International Journal of Research in Marketing, 2016, 33 (1): 93 – 106.

的基础上加强合作，从而实现价值共创①。张璟（2016）提出，需求方企业参与价值共创，主要依靠对供给方的企业进行知识分享，并进行信誉推荐，而需求方企业对供应方企业的信任和认同，将激励需求方企业参与价值共创。兰伯特和恩兹（Lambert & Enz，2015）认为企业与企业间的价值共创主要是在供应方和需求方的交互过程中发生的，其联合共创将会经历三个阶段：价值主张、价值实现和价值决定。孔鹏举等（2013）提出了企业参与的概念，即在客户企业消费的过程中，企业可以利用自身专业知识帮助客户企业对产品的使用，从而进行价值共创的相关管理模式。

根据上述分析可以发现，供给方企业与需求方企业的互动合作过程是价值共创的基础。

第二节　高铁产业价值链

结合价值链理论，可以将高铁产业价值链大体上分为两个部分：纵向产业价值链和横向竞争者价值链。

一、高铁纵向产业价值链分析

对高铁行业纵向价值链的分析，需要确定核心企业及其他企业在价值链中的定位，认识到与其他企业的价值连接点，并充分利用这一优势，实现更好的发展。

新兴的高铁产业是高新技术产业的一个重要组成部分，涉及的企业众多。直接与高铁产业相关的企业构成了一条纵向价值链，在这个过程中，不同的企业承担着不同的职能。传统的低成本竞争战略是，企业尽可能地降低产品成本，使自己的优势得到提高，从而导致供应商、生产商、分销商之间激烈的价格竞争。整个产业链的主体都想以低成本、高收入价格买

---

① Forsström B. Value Co – Creation in Industrial Buyer – Seller Partnerships – Creating and Exploiting Interdependencies ［D］. Åbo Akademi University，2005：23 – 54.

卖产品，而成本仅在上下游企业间相互游走。

纵向产业价值链中的企业相互关联、相辅相成，如生产商与原料供应商、产品销售商等。结合价值链理论分析高铁上下游企业的产品特征，有利于挖掘企业相关价值活动的连接点，降低核心企业、原料供应商企业以及销售商企业的成本，提高整体产业链竞争优势，同时也有助于实现价值共赢。

高速铁路和一般产品不同，在分析其价值链时首先需要理清高速铁路的特点。高速铁路这种复杂的铁路系统，可以把它看作是一种特别的"产品"，包含以线路建设、动车组装备制造为代表的硬件建设，也包括与之联系的运行控制系统、牵引系统这类软件开发。以产品的视角看待高速公路，只有经过线路规划和设计、与之相关的工程建设、产品研发还有动车组装备制造方可最终实现产品交付。

从技术角度出发，作为高新技术产业典型代表的高铁产业，同样也拥有着整条产业链较长、各企业主体间紧密联系等高新技术产业特征。高铁产业存在许多价值活动连接点，例如路网和机车之间存在某一部分研发高附加值环节的连接点。高铁的正常运行以很多高新技术为支撑，包括车辆牵引动力、控制系统以及轨道技术等，除此之外，还涉及多门学科知识的运用，比如电子信息、力学还有建筑。最不容忽视的是，作为一种面向公众提供的高速运输工具，高铁的列车安全必须摆在极其重要的位置。

从参与企业主体出发，因为高铁行业在技术、资金等方面进入壁垒较高，中国仅有中车拥有制造高速动车的实力；从高铁本身的性质来看，国民经济属性是高铁这类交通基础设施都具备的，在某些程度上体现了政府的公共政策。

具体来看，高铁的整个产业价值链活动包括技术研发、设计制造、销售服务等活动，由市场上参与制造高铁的企业主体共同参与，各环节均有价值增值出现，高铁纵向价值链由其共同构筑，伴随在高铁前期研发、中期建造实施以及后期运营维护的整个生命周期过程中。在这条价值链中，每个环节的劳动、资本和技术等聚集度不同，价值也存在较大的差异性。

由图 6-1 可以看出，高铁产业价值链中，存在高附加值环节与低附加值环节。其中高附加值环节集中在研发设计，属于价值链前端的资本与技术知识范畴，部分后端营销环节也有较高附加价值；低附加值环节集中在低端劳动投入较大的环节，例如，整车拼装和建造等部分，因此总体利润分布表现出中间薄两头厚的形状。

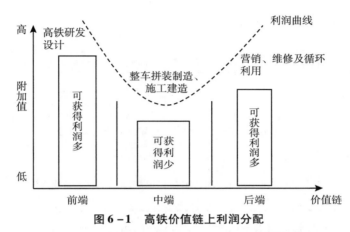

图 6-1　高铁价值链上利润分配

资料来源：马欢. 高速铁路全球价值链治理研究 [D]. 北京：北京交通大学，2017.

二、高铁价值链横向竞争对手分析

上文分析了纵向产业价值链构成、价值分配问题，本部分将分析中国高铁产业与其竞争对手。分析竞争对手价值链也是对企业自身价值链的一种分析，了解企业竞争对手价值链，再与自身产业价值链对比，总结双方优缺点，包括双方之间差异，吸取企业竞争对手的优点，可以有效地提升价值、找到有效措施解决已有问题等。

随着高铁技术和国际市场对高铁需求量的提升，世界越来越多的国家都开始关注高铁领域，希望能在国际高铁市场中占据一席之地。本书主要对比分析了国际上高铁制造生产规模最大的五家企业，分别是中国中车、德国西门子、法国阿尔斯通、日本川崎重工、加拿大庞巴迪，上述五家企业的基本信息简介如表 6-1 所示。

表 6-1 五家企业基本信息

企业	成立年份	业务概要	发展历史	高铁技术
中国中车（CRRC）	2015	铁路装备、城轨及城市基础设施、现代服务等	合并了中国南车、中国北车组建而成	CRH 技术
庞巴迪（Bombardier）	1902	商用及民用飞机、轨道交通装置、金融及资产管理服务等	2000 年收购德国戴姆勒 ADtrans 公司	LRC 技术
西门子（Siemens AG）	1847	能源、医疗、信息、交通、工业自动化等	2014 年收购英国信号公司英维斯；2018 年与阿尔斯通交通部门合并	ICE 技术
阿尔斯通（Alstom S. A.）	1989	电力传输装置、轨道交通装置	2000 年收购意大利菲亚特铁路公司 51% 股权；2015 年向美国通用公司出售能源业务；2018 年与西门子交通部门对等合并	TGV 技术
川崎重工（Kawasaki）	1878	船舶、航空航天、燃气轮机及机械、摩托车及发动机、精密机械	2017 年退出海工装备建造领域	新干线技术

资料来源：Osiris 全球上市公司数据库。

中国中车（CRRC）是中国南车、中国北车合并而成的，并在 2015 年于上海证券交易所以及香港联交所挂牌上市。铁路装备业务、城市轨道交通以及城市基础设施业务、现代服务业务等是中国中车的主营业务。铁路装备业是中国中车的一个极为重要的日常业务领域，占其营业收入的一半。中国中车不断创新研发产品，积极向世界各地输出，中车给大部分拥有铁路的国家都带去了便利，尤其是高铁装备制造类型产品世界闻名，其高铁技术走在世界高铁技术前沿。

加拿大庞巴迪（Bombardier）始建于 1942 年，1969 年在多伦多证券交易所上市。主营业务有：铁路机车、高铁机车、城市轨道交通设备、支线飞机等。庞巴迪员工遍布美洲、欧洲和亚太地区，其轨道设备集团位于德国。庞巴迪是欧洲最主要的高铁供应商，也是世界上数一数二的铁路和轨道交通设备制造商。

成立于 1847 年的德国西门子公司（Siemens AG）是当今全世界电子电气工程领域的头部企业，主营业务涉及信息通信、电力以及交通等六大业务，遍及世界近 200 个国家，在世界多地设立有工厂、研发中心和销售处。它不仅提供轨道交通相关业务，而且还为客户提供了各种涵盖信号系统和列控系统、牵引系统以及包括电气化的全面解决方案。

创建于 1989 年的法国阿尔斯通（Alstom S. A.）向全球供应交通工业市场部件，系统服务是其主营业务，作为全球交通运输以及电力基础设施领域的佼佼者，全球多个国家和地区都能找到它业务的踪迹。2015 年 11 月，通用电气收购了阿尔斯通的能源业务（发电和电网），阿尔斯通将完全集中于其轨道交通业务。

创建于 1878 年的日本川崎重工（Kawasaki）由造船业发家，于 1906 年开始涉及铁路车辆业务，主要业务包含航空制造、铁路车辆制造以及建造重机和船舶机械设备等。日本新干线大多数机车制造工程是由川崎重工承建的，同时向中国大陆、中国台湾地区和美国等地区进行对外输出，具有举足轻重的国际影响力以及竞争力。

三、高铁产业价值共创分析

我国当前的高速铁路主要以客运为主，快速、高频次的高铁列车开行为区域旅游发展提供了强大支撑，而旅游带来的出行需求也为高铁增添动力。

高铁的开通所带来的便利性使得更多人选择了高铁，从而使得客运量增加，而客运量的增加将会促使本地旅客的增长，消费随之开始增长，旅游、餐饮、住宿等服务型行业在消费刺激的带动下，逐渐开始发展起来；反过来，某一区域的房地产、交通运输、旅游及住宿餐饮等服务业格局越来越完善，发展逐步规范，游客能够在此处享受高品质服务，这将逐渐吸引更多游客，吸引游客能力越强，高铁带来的客运量越能逐步增加。上述高铁与地区的互动合作过程，可以总结为"高铁开通—带来客运量—服务业发展—客运量增加"的价值共创过程。

以旅游业为例，首先，是在高铁的拉动下，旅游业实现了加速发展。高铁的快速、高频次的特点使其运营效率极高，旅游目的地与客源地间直接通过高铁连通，可显著提高旅客出游的便利性，从而大大提高游客出行频次，使旅行时间显著缩短，游客的游玩时间在很大程度上增加了，使游客拥有了去更多、更远的地方游玩的可能。同时，民众周末出行可作的选择也更多了，进而极大地促进了旅游业的繁荣和振兴。

其次，旅游业也为高铁创造了更多的出行需求。高速动车组舒适、便捷，使整个旅游过程体验变得更好，也可吸引更多的游客乘坐高速动车组出游。2017 年，各铁路局依托本区域旅游资源优势，开发旅游市场，全年开行直通旅游列车 974 列，同比增长 15%；全路旅游列车发送旅客 146 万人次，占铁路全部旅客发送量的 0.05%，占国内全部旅游发送人次的 0.03% [1]。2018 年 7 月和 8 月，200 列直通旅游专列被中国铁路总公司组织与开行，同比增加 22 列 [2]。为在 7 月和 8 月客流高峰期使旅游客流需求得以满足，并且最大程度使运力投放与客流需求相匹配，铁路总公司实行了旅游专列"一日一图"。

各铁路局同时奋力提升热门方向的运输能力，根据旅游市场需求，不断优化旅游专列开行方案，二者共同创造价值，实现共赢。

① 中国旅游研究院. 中国国内旅游发展年度报告 2017 [R]. 2017.
② 佟明彪. 中国铁路总公司暑期组织开行直通旅游专列 200 列 [EB/OL]. 中国经济网, 2018 - 8 - 22.

第七章

高铁产业结构

内容提要：

　　本章在产业结构理论的基础上，对高速铁路与普通铁路的铁路市场结构关系，高速铁路与民航、公路、私家车等构成的交通运输市场结构，高速铁路与其他相关产业构成的产业关联结构进行了探析。

第一节　产业结构理论

一、产业结构概念

　　产业结构即产业之间的关系、产业之间的比例和各产业的构成。经济发展进程中，因为制造业分工的逐渐细化，涌现出许多种类的生产部门，不同生产部门会被各种因素影响及制约，在就业、经济增长率、经济总量比重以及促进经济增长的作用等方面具有很大不同。于是，当一个经济实体处于特定的经济发展节点或阶段，国民经济的产业结构构成是不同的。各产业结构的构成及其与比重的关系存在很大的差异，而且产业结构的构成对我国 GDP 增长的贡献亦不同。于是，本书将产业结构的特征，包括产业构成与产业之间的关系，归纳为产业结构。

　　三次产业分类法是对产业进行分类时通常采取的方法，也就是将产业按经济活动划分成第一、第二、第三产业。总的来说，第一产业包含：农业、畜牧业、林业和狩猎等；第二产业包含：煤气、电力、供水、采矿及制造和建筑等；第三产业包含：商业、运输业、服务及金融与保险、公益服务等。通常来说，第一产业是广义农业；第二产业指的是广义上的工业；第三产业意味着广义上的服务行业。

二、产业结构变动的影响因素

（一）需求结构的变化

需求层面的结构变化可以直接对产业结构的变化产生影响。产业结构的变化依赖于中间需求及最终需求之比例。中间需求所占越大份额，说明产业结构需要越多的生产原材料；最终需求所占份额越大，代表产业结构中所提供的产品越多。因此，中间需求和最终需求二者比例的变化会直接引起产业结构的变化。首先，产业结构演变的一个重要原因是最终需求的结构和规模的变化。其次，个人消费结构会受到人均收入水平变化的影响。当收入处在不能使所有阶层温饱得到满足的水平上时，最重要的目标是解决温饱，居民将会把收入使用在对生活必需品的购买上面，促使农业与纺织业迅猛发展。这既是工业化由轻工业起步的需求基础，亦为工业化的需求基础，因此为工业化能够在需求结构的基础上启动提供了保障。

同时，边际储蓄趋势与储蓄增量和收入增量的比值低，导致资本或技术密集型产业发展失败，资本不能用于全面的技术改造。在后续行动中，需求结构的关键由必需品转移至非必需品。与此同时，边际消费倾向提高了消费增量及收入增量的比例，居民能够把增加的收入分配至高端耐用品。类似地，提供资本货物的资产也是可用的。这就使工业得到了发展，农业和轻工业的生产力大大提高了，重工业有了资本和劳动力，产业结构也有了很大改善，耐用消费品和重工业设备在工业中处于领先地位。在人均收入较高的条件下，人们的物质享受得到了充分的满足，个人需求向多样化、个性化发展，必然致使多层次产业结构逐渐升级，加快了工业的现代化。随着产业的蓬勃发展，影响产业结构变化最重要的需求结构因素一是个人消费结构，二是消费和投资比重，消费及投资在最终需求中所占的比重直接决定了消费材料业和生产材料业的比重。为了使产业结构达到优化，政府时常制定或修改投资政策，将投资结构进行改变来达到预期目的。

（二）供给结构的变化

首先，供给各要素的生产与相对价格差别。劳动力是生产的最基本要素，产业结构演变的全过程都有劳动力活跃的身影。在其他条件不变的状况下，固定资产拥有足够的生产能力上限，而二次材料的供给可以确保一个新的或扩大的工业部门存在的劳动力越多，该部门就拥有越快的发展。除此之外，当其他因素发生变化时，如技术结构在现实经济生活中发生变化时，劳动力充足的产业间转移能力是工业部门的更替条件，而这又被劳动力的素质从根本上决定。资本供给状况经由资本总量及资本投资方向对产业结构的变化产生影响，当其他条件不变的情景下，一个工业部门的资金越充足，其发展速度就越快。随着技术创新和生产设备自动化程度的提高，如果没有充足的资金作为支撑，重工业与新兴产业的进展将会步履蹒跚。

其次，现有产业结构的存量结构变化将会被资本对于不同产业部门的投资偏好所引起，进而形成新的增量结构，也就是投资布局的变化会对产业结构的动态产生影响，进而对产业结构的发展产生影响。在社会资产的总分配方面，可以说资本供应总量与供给结构的变化是产业结构变化的直接原因。此外，产业结构优化的决定性因素是技术创新与技术结构的变化，技术结构反映的是一种针对不同技术的先进程度的层次关系，即技术结构是对同一产业内资源的组合以及产业间资源转化的反映。而推动技术结构变革的动力是技术创新，纵览历史，技术创新于产业内的转移及相关产业之间的扩散会驱使技术结构的合理化及升级，这就会直接对产业结构的合理化及升级产生影响。在过去，产业结构和产品结构的变化都是以技术创新及技术结构变化为导向，技术结构的变迁又是以技术创新产业化及转型为基础。传统产业要转型升级，需和产业结构、产品结构以及商品进出口结构的优化相适应。

最后，自然资源的差异会对不同国家及地区的农业、采掘业以及纺织业的发展产生不同的影响。举例来说，资源开发产业是不能在资源缺乏的国家或地区形成的，而应建立资源加工产业结构。如今，自然资源的所有权状态和工业部门的结构有关。受自然资源匮乏制约的国家或地区能够通过科技手段减缓和攻克自然资源作用在经济发展上的制约。

（三）国际贸易影响

立足对外开放条件。一个国家的产业结构不只受到国内市场需求结构以及供给结构的影响，亦受到国际贸易形势的影响，同时经由国际比较机制实现。在国际交换中，一个国家的出口通常是国际价值优于国内价值的产品，进口则相反。开放程度的高低和我国与他国产业结构的关联性有着密切的正向关系，这将在一定程度上改变国内产业之间的投入产出关系，使国内产业能够弥补其他国家产业发展的不足，或者依靠出口来约束国内产业。由此可见，产业结构是贸易结构的基础，决定着一个国家贸易结构的水平，能够对一个国家的产业结构进行反映，对一个国家产业结构的变化进行引导。

（四）制度安排影响

经济体制模式是产业结构的调整或转型机制的决定因素，经由国家与企业的关系将对产业结构的变化产生直接或间接影响。产业结构调整机制是指通过产业结构中各个产业部门之间的相互联系和相互作用，实现产业结构由失衡向协调、由低到高发展的手段与方法。现代经济史发现，产业结构调整机制对于任何国家的产业结构合理化与产业结构纵向升级都起着非常关键的作用，它的性质、功能与效率在很大意义上决定了产业结构演进的方式及其效果。依据制度因素，可以将产业结构调整机制分为以下两点：

第一，政府调控机制。它是政府立足宏观经济角度对产业结构进行的整体调整，主要是通过产业政策的设计和实施。具体而言，政府用政府法令或计划对产业结构进行直接调整，同时借助信息及协调关系的沟通，建立投资审批或许可制度及相应的机构，实施"有偿给企业供给原料国际联盟"与"劝说"。政府能够对经济资源产生强大的动员力量，它可以按照政策偏好集中投资，在短期内优先对一些重点产业进行发展。然而，如果过度或不适当地使用政府调控机制，将暴露其内在局限性：一是指令的下达形式为刚性调节，具有大的调节范围和小的灵活性，容易造成过度调节及结构波动。二是政府有从供给驱动的模式上误导产业结构调整的方向的可能，而如果决策传输系统是垂直封闭的，那么在结构失衡十分严重的情况下才有进行调整的可能，这是难以克服的效率低下问题。三是在政府调控机制下，各方利益是存在差异的，协调是困难的，容易致使调控目标扭曲，形成高度倾斜、重负荷的产业结构。

第二，市场调节机制。经济运行自身固有的自我调节能力能够推动产业结构的横向与纵向演化。对于市场经济体制，"利润差别"这种资源共享在不同行业中产生了不同效益，促进了资源转移至高效率、高生产率的产业，进而对资源的优化配置进行推动。然而，世界产业结构演化的实践说明，在产业结构优化和变化方面，市场调节机制是存在局限性的，包含盲目性、瓶颈产业调控失灵以及产业进入障碍和产业结构调整滞后等，出现市场信息不完整，甚者产业结构不健全的现象。

三、我国产业结构现状

（一）我国产业结构的特点

中国正处于经济转型发展的时期，经济发展和经济结构的调节、产业结构特征、运输能力、运输方式密切联系。20 世纪 80 年代以来，快速发展的中国经济和发展迅速的产业结构彼此推动，经济结构出现深刻的变化，包含就业结构、所有权结构及投资结构、产品结构、区域工业的分布等。但在逐渐升级、优化过程中，工业结构还不能使工业化中期需求结构的变化、技术系统升级以及快速城市化等客观需求得到满足，出现了重工业结构、区域工业结构趋向相同、就业结构放缓、服务业发展滞后、要素投入结构不一致、经济发展阶段较为突出等问题，调整与优化仍然是艰巨的任务。工业化后期，中国产业结构中经济结构的变化与其他发展中国家基本相同，其中一个重要的表现就是产业结构不断发生变化，要素的生产力持续增强。在经济转型进程中，产业结构拥有低服务业比重、高产业比重的特征。当前，产业结构调节的主要目标是积极推动产业结构的升级，大力开发低耗能、高效率的绿色产业，在技术进步的基础上，提高经济的综合性素质，以确保经济的持续发展。要适应结构需求变化，减少结构因

高铁产业经济学

素引起的波动，提高我国的发展能力和创造供求关系。这一关系的改变将会使经济发展从粗放式转化为集约式，大力推进中国具有特色的循环经济。

中国产业结构的主要特点为：（1）产业结构不平衡。在我国产业结构中，第一、第二产业比例高，第三产业比例低。我国第一产业产值构成和职工比例显著高于交通运输部门，这毫无疑问是运输与经济发展关系的主要问题。且内部水平低，低水平重复较多，第三产业产值构成以及就业比重不只远远低于发达国家，并且落后于世界平均水平以及总体发展水平国家。（2）我国产业结构调整将封闭式调整作为主体，大体是在我国主要产业比重协调的基础上，总体上依然停滞在产业结构水平上。（3）逐渐走向良性循环的是产业结构的整体演进。1949 年，我国的农业产值在社会总产值中占据 58.5%，其中工业仅为工农业总产值的 30%。三大产业结构在改革开放后有了巨大变化，第一产业比重大幅度下降，第二产业比重接连上升，第三产业在国内生产总值的贡献率总体高于 50%。①

（二）高铁发展与产业结构的主要关系

一个国家产业结构如何布局，是自然资源以及地理条件、经济技术水平和社会政治环境与长期交通条件的综合性作用。运输是企业与原料来源、消费市场相联系的必要条件。交通资源相对丰富的地区往往是现代经济的发展的起始，通过经济增长极的相互作用带动此区域和其他地区经济的可持续发展。中国的高速铁路紧随时代发展，成为高速、便捷、安全与可靠的新型交通运输方式，对涵盖第一、第二、第三的各个产业产生了巨大且深远的影响，尤其是对产业结构调整过程起到了决定性作用。

第二节 高铁产业链结构

高铁产业链涉及的产品较多，所以高铁产业具备长产业链条的特征。

---

① 新中国 50 年系列分析报告之二：结构大调整 经济高增长 [EB/OL]. 国家统计局官方网站，1999 – 9 – 14.

高铁产业和相关的行业间有着许多联系，有直接联系也有间接联系，他们彼此的供求关系共同对高铁产业链的形成产生影响，由此可得高铁产业的发展可以将多个相关产业的发展带动起来。本节从高铁产业链的视角出发进行分析，对主要涉及的相关产业进行分析，通过对高铁产业链的内涵、产业链中各环节的构成以及企业和产业链结构的分析，将高铁产业所涉及的相关产业领域进行定性的描述。

一、高铁产业行业构成

高铁产业链主要是由四个环节构成的，分别为：基础设施建设、车辆设备制造、运行系统与信息化及运营与维护环节。此四个环节彼此联系及影响，同时各环节对不同行业都有涉及，具体如下：

（1）基础设施建设环节：立足建设过程角度，大体包含桥梁隧道建设、轨道生产及铺设等。由所用材料来看，大体包含了工程机械、水泥以及建筑材料等。在建设过程中涉及的产业大体包含建筑业及钢铁业。

（2）车辆设备制造环节：高铁的整车制造主要涉及了机车以及车厢的生产、信号设备与相关零配件等。涉及的产业如轨道交通设备制造业、新材料制造业以及新能源业等。

（3）运行系统及信息化环节：此环节大体包含了信息系统、通信系统以及安检系统，涉及的产业如电子信息产业、精密仪器制造业以及通信设施制造业等。

（4）运营和维护环节：包含了具有规划、测试等职责的工程服务所在的工程服务业，维护服务业，营运服务业还有包含广告招商、销售在内的其余产业。立足产业分类，大体聚集在第三产业的某些服务性行业中。

大体上说，高铁产业链涉及了较多产品和相关产业。从环节来看，高速铁路产业所涉及的主要是建筑业、钢铁行业、新材料及信息产业及服务业等产业。作为特殊产业，高铁在发展自身的同时亦会带动相关产业的进步，这对当前经济的发展及产业结构调节会产生重要影响。

二、高铁产业链内涵

所有部门的产品均不能离开相关部门供给的中间产品,并且产生的产品还将在其他行业进行消费。于是,就产生了一条更为紧密的产业部门联系,进而形成一个产业链。作为一种环绕核心产品,产业链经各环节之间的需求关系构建成一种链条结构。

经过分析高铁产业链内涵与高铁产业的各环节可知,高铁产业链表现出如下三大特点:

(1)基础设施建设和机车制造是其中心,满足了企业供需关系,产生了产业链。

(2)高铁产业链拥有包含基础建设在内的四大环节。

(3)高铁产业链中,参与其中的上下游企业很多。

通过总结高速铁路产业链的特点,可以看出高速铁路产业链将轨道建设作为基础,并将生产高速列车以及列车客运服务当作中心,其组成行业有建筑业、钢铁业、新材料及新能源、信息技术和商务服务等,包含轨道工程的测度、建设、检验以及运行等。相关产品的生产以及其他环节之间的共同联系是高速铁路业的分工关系。

三、高铁产业链结构

至于高铁产业链的结构,学术界持不同的观点。一种观点立足于整个产业,将产业链结构总体上划为上、中、下游(见图7-1);另一种观点即立足最终产品,分为采购、生产以及销售和售后等环节。因为高铁运输行业本身是一种支柱产业,它主要包括高速轨道交通建设、机车车辆制造、运输物流服务等各个环节,因此,本书主要选用了第一种观点,从高铁整个行业出发,将其再细分成三个主要环节,即上游、中游、下游。一方面,高速铁路产业从高速铁路基础设施建设开始,形成了铺轨、工程测量、工程管理等建设链条;另一方面,由于高速铁路存在施工链,许多相关的产品制造链都是围绕着基本项目的建设而建立起来的,包含众多原辅材料、零部件以及轨道交通设备制造和信息系统、电力系统等相关产品制造。

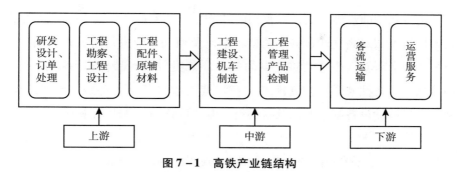

图 7 - 1　高铁产业链结构

资料来源：李亚春. 高铁产业的行业关联效应研究 ［D］. 昆明：云南大学，2016.

由此，本书把高铁产业链按图 7 - 1 的结构进行划分，其中，高铁产业链的上游主要环节涉及研发和设计、车辆订单处理、原辅材料采购；链条中游的主要环节包括工程建设、机车制造以及工程与生产和产品测试；链条下游的主要环节包括客运以及运营服务。

产业链涵盖了机械、电力、电子以及信息技术和材料等多个领域，具备投资规模大、建设周期长、技术要求高等特征。

高铁产业链分为 7 个环节，包含原材料、备件、基础设施、机械、配套设施、物流运营以及后期服务，覆盖了 180 多家上市公司。依据产业效益的顺序排列，可划为铁路基础设施相关领域为：铁路建设及施工机械、铁路生产企业和铁路机车设备以及铁路运营企业等。中国高速铁路产业链的七个环节如图 7 - 2 所示。

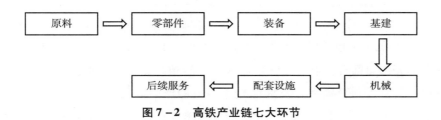

图 7 - 2　高铁产业链七大环节

四、高铁产业链中的核心企业及相关产业

由于高铁建设涉及大量且复杂的环节、产品和技术，表7-1仅根据高铁市场情况，对高铁产业链中的核心企业及相关产业进行了分析。通过分析核心企业可知，高速铁路建设的各个环节覆盖的产品种类和数量众多。而且从产业特性来看，与高铁产业有紧密关系的产业主要聚集在建筑业、钢铁业、运输设备制造业以及新材料、电子信息和一些服务业。

表7-1　　　　　我国高铁产业链中的核心企业及涉及的相关产业

核心企业	主要业务	归属环节
中国中铁、中国铁建、隧道股份、铁道第三勘察设计研究院、攀钢集团	主要提供高铁轨道、桥梁的实施勘测规划、工程建设以及技术服务等；提供钢压延产品、金属制品等材料	上游产业部门（基础设施建设环节），受益行业主要为建筑业、钢铁业
中国南车、中国北车、长春机车、北方创业	高铁机车整车研发设计和制造、工程机械和电子设备的制造和销售	中游产业部门（车辆制造环节），受益行业主要为铁路运输和城市轨道交通设备业、电子信息业
中国铁路通信信号、赛维职能、世纪瑞尔、辉煌科技、鼎汉技术、佳讯飞鸿	高铁轨道交通通信信号系统、调度通信系统、综合监控系统、铁路信号检测系统等高铁相关信息系统	中游产业部门（运营系统和信息化环节），受益行业主要为通信设备制造业、电子信息产业、电信及其他通信服务业
晋西车轴、太原重工、马钢股份、卧龙电气、晋亿实业、时代新材	车轴、零固件、减震元件、电气系统、防水卷材等零部件及材料供应	中游产业部门（基础设施建设、车辆制造环节），受益行业主要为装备制造业、钢铁业、新材料业
国恒铁路、铁龙物流、广深铁路、中航投资、广电运通、新北洋、同方股份	客流运输、客运服务、机车车辆维修等；客票打印、自助售票等营运服务支持	下游产业部门（运营和维护环节），受益行业主要是服务业

由此可以看出，高铁产业具有产业链长、影响大的特征，对国民经济中大部分产业都有影响。高铁行业涵盖了轨道建设的一系列生产活动，从工程、运营再到管理，涉及多种与之相关的产品和技术，技术含量较高。相应地，上下游企业数量也较大。很大程度上，高铁产业与国民经济的多数行业存在着供求关系。

五、高铁产业与相关产业的关联分析

（一）产业关联理论

产业关联效应分为两种，其一是前向的关联效应，其二是后向的关联效应。

（1）进口行业的发展会对不同因素的投资产生新的需求，进而促进相关产业的研发。后向关联论大体用于后向关联的产业。一个行业对相关行业产生需求的过程，是通过对相关行业提供需求，直接或间接作用到该行业的。例如，中国中车株洲机车制造厂生产以及供给的机车车辆给武广高铁的生产以及建设提供了原材料和钢料；为了维持高速铁路的正常运行，高速列车动车组的备件和消耗品由40000多个备件组成，有140多个独立的子系统，给这些设备进行维修的需求每年多达数百亿美元①。此种维护需求即机车制造业的后向关联产业。

（2）进入产业的经济活动即前向关联效应，即在能够减少现有成本的基础上，推进其后续产业发展，解决客观上导致的产业结构失衡。前向关联理论是指在具有正向联系的行业中发挥作用并促进正向联系的过程，它通过产业直接或间接的需求来影响产业的利益。高速铁路产业正向相关函数这一概念指的是高速铁路建设对第二产业的巨大需求。在高速铁路生产阶段，需要采购大量的铺轨、车站、桥隧施工、机车设备等与高铁运营有关的设备。目前，沿线产业处于投资需求高峰期，经过生产、使用需求较大的钢铁及水泥等建材，提高沿途产业的经济利益，促进有关产业的集聚和发展。会对高铁生产和建设产生影响的产业包括：工业及建筑、机车、车辆及电气信息信号设备和铁路枢纽重装设备以及计算机列车运行控制系统等有关设备的制造业。

（3）移入产业的发展即旁侧关联效应，将影响到整个社会，应促进建立一支技能娴熟、纪律严明的劳动力队伍，对处理法律问题以及市场关系的专业服务人员加强培训。总之，产业之间的联系在产业转移中起着重要

---

① 李亚春. 高铁产业的行业关联效应研究［D］. 昆明：云南大学，2016.

作用，对促进区域整体经济的发展起着至关重要的作用。

相关产业的后向关联效应是由高铁的间接投资需求所驱动的，而原料加工行业和部件制造行业的间接集中则由间接需要驱动。正相关的原因是高速铁路直接投入使用，通过把各企业所生产的部件组成高铁的中间产品，促进相关的制造和建筑行业的直接集中。

要充分发挥产业联动的作用，必须满足以下条件：

（1）技术配套。也就是说，技术进口行业所需的上、下游生产要素，应与行业技术水平相匹配。如果在技术水平上两者存在较大的差距，那么仅仅依靠进口来弥补差距，相关效应就会溢出。现代化和工业化发达国家的进口制成品对国际进口贸易依赖度较小，因为其进口国家与国际工业部门的合作关系密度较高，而且对制成品的国际进口贸易依赖度较小。但是在工业化初期，由于基本中间产品无法保持技术配套发展，短期内无法实现进口替代。为了最大限度地有效降低我国相关技术效应源的外溢，有必要对我国相关设备行业上下游的技术产品线和技术水平分别进行产业培育和技术支持。

（2）规模配套。技术匹配是指质量，规模匹配是指数量。在工业化进程中，国家扶持的产业和新兴产业在政策偏好和利益驱动下保持高速增长，这种快速增长必然会导致相关生产要素的需求迅速增加。如果上下游行业的生产能力不符合发展的要求，必然会造成相关效应的溢出。

（3）管理能力配套。产业结构的升级进程表明，整个行业在技术能力、市场营销能力、管理能力等方面日渐提高。然而，随着新产品不断出现，与新产品的营销能力、生产能力等相比，管理能力逐渐成为下游行业所急需的产品。

如果没有满足，或者不完全符合上述要求，引进新技术就会产生外溢。换句话说，这些产业将进入国际市场，寻求上、下游的产品来满足它们的需求。一方面，随着工业化产业效应的不断扩大，工业化国家也享受到工业化发展过程所带来的机遇，而我们就会错过好的发展机会。另一方面，新兴产业往往高度依赖外国。由于"技术缺口"和"规模缺口海盗"的存在，工业化所需的关键设备和核心技术的进口量居高不下，客观上会延缓技术和工业的本土化，进而影响到国内产业关联效应的形成和发展。

（二）高铁产业与相关产业的后向关联

根据 2012 年各行业投入和消耗的关系，基于对高铁产业与相关产业的后向关联分析可知，高铁产业主要的后向关联产业包括：金融货币等经济内容、与燃料相关的重工业产品、与铁路有关的所有资源货币和其他金融服务、精炼石油和核燃料加工产品、铁路运输和城市的生产供应、轧钢产品、电信及其他信息服务、建筑装饰和其他建筑服务业、保险业和商务服务业。高铁行业的发展对国民经济 139 个产业的发展起着不同的作用，但只对少数行业起到了显著的带动作用。

（三）高铁产业与相关产业的前向关联

从 2012 年各产业投入产出结构上看，通过分对高铁行业与有关产业之间的关系，可以看出，高铁行业的前沿相关行业是铁道运输和市内轨道交通行业，包括设备、保险、资本市场服务、精炼石油及核燃料产品、生态保护、环境保护、金属产品、机械、设备维修等服务。高铁产业与相关产业具有不同的正向关联强度，高铁产业产品是大多数产业的重要生产投入。高铁产业的发展对各产业的带动作用各不相同，但其正向关联中只有少数产业具有显著的带动作用。

（四）高铁产业对相关产业的波及效应

如表 7 - 2 和表 7 - 3 所示，从影响系数上看，计算机影响力系数最大，说明计算机在这些行业中的影响最大；其次是视听设备，铁路行业的影响力系数为 0.7831，影响因素是高铁行业对国民经济的影响，不超过部委平均水平，居于 139 个行业的首位。其中，16 个行业处于低水平，说明了高铁对各行业的促进作用较小。从感应度系数来看，电力、热力的生产和供应最敏感，需求压力最大；铁路运输行业的感应度系数为 0.7360，低于社会平均水平，在 139 个行业中排名 58 位，居于所有行业中的中上水平。国民经济其他行业的发展对高铁产业发展有很大的影响。同时可以发现，高铁产业的影响力率略高于感应度率，说明高铁业对其他国民经济的拉动作用大于感应度率。

表 7-2   2012 年 139 部门影响力系数排序

部门	计算机	视听设备	家用电器	其他交通运输设备	铁路运输业	社会保障
系数值	1.3332	1.3008	1.2810	1.2383	0.7831	0.5178
排序	1	2	3	4	116	139

资料来源：国家统计局国民经济核算司.2012 年中国投入产出表［M］.中国统计出版社，2015.

表 7-3   2012 年 139 部门感应度系数排序

部门	电力、热力的生产和供应	精炼石油和核燃料加工品	农产品	基础化学原料	铁路运输业	社会工作
系数值	5.5553	4.1760	4.0963	3.7294	0.7360	0.3219
排序	1	2	3	4	58	139

资料来源：国家统计局国民经济核算司.2012 年中国投入产出表［M］.中国统计出版社，2015.

对表 7-2 和表 7-3 中的系数进行分析可知，同一产业中，由于其前后的相关产业之间的关联度不同，其影响力和感应度一般都不同，高铁行业的影响和感应程度都在中等水平之下，还有较大的发展空间，所以大力开发高铁行业无疑对国民经济的发展具有重要带动性。

第三节　高铁相关市场结构变化

一、高铁引起运输市场结构的变化

（一）客运市场结构变化

各国的经验表明，高铁的引入对整个区域的客运市场产生了巨大的影响。一旦高速铁路进入客运市场，其客运量将大大增加。这些新的需求主要分为两部分，一是新的出行需要，它对应一些新的经济活动；二是从其他运输方式转移过来的原始需求，与市场上的一些航空客运和运输相对应。铁路、公路统一客运受到不同程度的影响。当高铁的影响力减弱时，它不再与其他运输方式竞争，而是倾向于与枢纽辐合，服务于整个区域的客运需求。

中国的高速铁路网建设始于 2004 年，2008 年 8 月，首条高速铁路线——京津城际铁路贯通。与欧洲及日本的高铁网相异，中国高速铁路的特点主要表现在：路网规模大，有着辽阔的覆盖地域；有着多变复杂的地理、地质、气候条件；社会经济发展在不同区域不均衡，有较高的客运需求；当今已建成不同速度的客运专线，如各地区快速、跨地区快速、地区快速、城际快铁等。

高速铁路客运量在铁路客运总量中的占比持续提高，交通运输部的数据显示，从 2008 年的 1% 左右增长到 2015 年的 38% 左右，动车组的客运增长速度比工业增长速度更快。2017 年 1 ~ 9 月，国家铁路动车组客运量同比增长了 18.7%，普通客车客运量基本持平，全国铁路客运总量增加了约 9.1%。① 动车组的客运增长中，除更换普通铁路客车外，还占据了一部分的短途航空客运和部分长途公路客运的市场份额。随着部分高铁线路的提速，预计高铁会进一步抢占短途空中客运市场。高铁改道对公路的影响不同。已建"四纵四横"线的东部受影响较小，新建"八纵八横"线的中西部受影响较大。高铁向公路客运的转移是有限的，因为高铁的提速往往伴随着停车站数量的减少和站间距离的延长，对运动灵活的短距离公路的客运量影响不大。

（二）民航市场结构的变化——结构诱变效应

旅客市场结构的诱变效应是指由于高速铁路对民航运输的替代效应，旅客更愿意在吸引力较强的较短路线上乘坐高速铁路，从而减少了航空运输中的旅客数量。比例的变化导致市场结构的变化，造成这个变化的原因是一些因素的改变，如成本的变化、出行便利的程度、旅客对于运输方式的偏好、旅客的收入水平差异等。航空公司的网络结构突变效应指的是为了适应高铁替代民用航空的需要，航空公司将取消或减少对替代航班影响更大的短程航班，根据市场需求变化，增加或开辟新的中长途航线，将飞

① 2017 年中国铁路运输行业发展概况分析［EB/OL］. 产业信息网，2017 – 12 – 22.

155

机运力转移到其他航线。

乘客的市场结构改变对于航空公司方来讲不是最主要的，只能属于外来的因素。对于航空公司而言，客运市场结构发生了变化，这是一种外部影响，对自身影响不大。航空公司网络结构的变化是由航空公司自身的主动调整引起的，是一个内生的变化因素。航空公司务必进行自我调整，针对高铁带来的旅客市场结构变化，作出相应的对策反应，要不然就会面临巨大的经济效益损失。航空公司应对高速铁路建设的规划、运营状况以及对市场结构的变化进行预测和动态观察，提前进行合理的预测，制定相应的改变方案，尽快将网络结构调整到合理的水平，从而使航空公司的航班安排合理。结构的突变总的来说是一个漫长的过程，主要是因为受到了替代、收入效应的影响。在高速铁路开通初期，市场结构和网络结构发生了巨大变化，伴随着高速铁路网的不断扩大以及国民收入水平的不断提高，旅客市场结构不断地发生着变化。针对这个问题，每个航空公司都应该针对自身以及外部影响及时调整，多收集相关信息，用来应对和满足旅客需要。

（三）高速铁路同其他交通方式的合作

高速铁路在成功地融入交通市场后，将与其他运输方式进行合作，提高地区的可达性，满足全区客运的需求。在中长期的客运市场上，高速铁路是最具竞争性的，这意味着在该地区由高速铁路和传统铁路组成的枢纽轮辐网络中，高速铁路占据主导地位，而普通铁路是被使用的角色，用于在小范围区域内的通勤旅行，如与邻近城市间通勤。同时，传统铁路仍然在区域货运和国内货运中扮演着重要角色。在飞机和高铁枢纽以及辐条网络的枢纽中，飞机成为更大区域的主要运输轴，高速铁路在连接次区域中起到辐射作用。

二、高速铁路与其他相关产业构成的产业关联结构

经过多年的技术创新和实际操作积累，我国高铁产业已进入快速发展阶段。对我国高速铁路产业链及其产业效应的研究，有助于我们更好地了

解我国高速铁路产业，对我国当前高速铁路产业及相关产业的发展具有重要意义。从产业联动角度看，通过建设高速铁路可以带动建筑、钢铁、装备制造等相关产业的发展。作为我国重要的支柱产业，高铁在实现自身发展的同时也创造了巨大的经济价值，并为其他相关产业提供了强有力的驱动作用。高铁的产业关联性除体现在自身特点和产业特征上，还对上下游产业的发展产生深远影响。其产业关联性主要体现在以下两个方面：第一，高铁通过为旅客提供服务，促进了第三产业发展意识的提升；第二，在整个产业体系中，高铁的建设、运营和维护环节都需要相关行业产品和服务的提供。

高速铁路产业对其他相关产业的带动作用主要体现在以下四个方面：

（1）为精炼石油、电力的生产和供应、建筑、钢压延产品、新材料等与高铁有关的第二产业提供更好的发展机会。每条高铁的建设都会相应地消耗一大批原材料、辅助材料和动力燃料，从而促进沿线城市的建筑材料、能源、钢铁等工业的重点开发；同时，在高铁生产和运输的整个过程中，也会相应地消耗很多零部件和装备，从而极大地促进了轨道交通的制造、各零部件的制造、通信设备的生产，以及相关制造业的发展。

（2）高铁产业的发展将会对商务服务、保险等第三产业的发展起到很大的推动作用，其中对服务业的影响最为显著。高铁沿线地区的第三产业，特别是服务行业、城市商业和保险行业，将直接受益。高铁覆盖范围缩短，使各地区间的空间面积大幅缩短，在具体地区，旅客花费的时间大幅缩短，从而使其能够从事更多生产贸易和社会工作，这将为沿线具有地区临近优势的城市提供先机，促使其通过增加旅客量来吸引投资，为服务行业的发展提供更大的机会。第三产业的发展也在壮大中，其自身的产业结构也会得到调整及优化。

（3）高铁产业对铁路运输业有着巨大的带动作用，通过对整个运输业的带动，能够推动相关产业的发展。高铁行业的发展对其他许多行业都有影响，特别是对铁道运输服务行业影响最大，主要通过建设高速铁路对客货运输能力、科技创新能力、服务质量提高等方面的提高，间接促进了铁路运输行业的发展。同时，通过释放运输能力，在带动铁道运输行业的发展过程中，也为沿线相关行业的发展创造了交通条件和市场需要，从而奠定了相关行业迅速发展的基础。

（4）随着高铁建设脚步的加快，高铁对货币金融及其他金融服务业的带动作用逐步提高。高铁行业是一种典型的资金密集型产业，必须有大量资金对其进行支持与发展，而金融活动几乎覆盖了整个行业链条中的所有环节。过去只依靠政府部门的投资在一定程度上限制了高铁行业的迅速发展，国家制定了相应的政策，鼓励相关社会资本进入高速铁路建设，实行各种投资方式，这将促进我国金融产业发展，形成一个新的发展点。

第八章

高铁产业布局

内容提要：

　　本章分析了影响高铁产业布局的主要因素，分析了高速铁路产业布局的规律，探讨了高速铁路影响产业发展的作用机制，认为高速铁路要更多地引导大都市区或大都市圈和城市群乃至城市群集团的发展，来有效提升高铁对产业布局的作用、效率及效益。

第一节　高铁产业布局的影响因素

　　交通运输是引领一个国家或地区经济与社会发展的先导性产业，是实现地区工业化、现代化的基础。一个国家所处的自然条件和政治环境、经济发展水平和社会经济需求、产业布局和地区城市化水平等因素，都会对高铁的线路走向、网络布局和站点确定产生直接或间接的影响。其中，地理状况、经济总量水平、产业分布与结构、人员密度以及其他运输方式的发展状况等是影响高铁线网区域分布的重要因素。

一、区域经济发展水平

　　高铁产业的空间分布与一国或地区的整体经济发展水平紧密相关。从世界范围来看，分布在西欧、北美、东欧地区的三大路网系统约占世界路网系统的2/3，剩余1/3主要分布在南非、南亚、日本、澳大利亚东南部地区以及中国中东部地区，而世界现代化工业也主要分布在北美、欧洲与日本。因此，从铁路网与世界现代工业的分布关系可以看出，世界铁路网集聚分布的地方基本上都是经济发达、工业化和城市化水平相对较高的国家或地区。经济发展的水平影响甚至决定了区域交通路网的分布和发展，经济较发达的大中城市与中心城镇，由于其一般也是本区域的政治文化中心、社会活动中心，城镇化、工业化、现代化水平较高，高新技术区较多，同时人口密集、消费水平较高，因此对乘车的需求较大，对乘车安全性、舒适性、准时性的要求也较高，所以该区域路网分布较为密集。

我国高铁"四纵四横"分布格局正是依托经济总量最大的几个区域，主要分布在东部经济发达地区和正在崛起的中部大中城市。高速铁路的建设必须考虑现有及潜在的客流量、沿线的经济发展程度、投资的来源、其他运输方式的供给，以及地理地位优势。目前，我国比较发达的城市已形成比较完备的路网体系，作为我国的政治中心，北京不仅运行着"四纵"中的京沪、京广、京哈等高铁线路，还有大量运行在北京与天津之间的京津城际列车，俨然已成为高铁网络的核心枢纽之一；作为国际大都市的上海不仅是我国的经济中心，同时也是国际航运中心，其经济区域内运行着京沪高铁以及沪杭、沪宁、沪昆、沪汉蓉"四横"线路，是长江流域深度参与国际贸易的海运中心，不仅能顺利完成陆海转港的运输，而且能够实现虹桥机场与虹桥站的连通，完成空铁联运。[①]

二、区域经济发展需要

我国政府自20世纪90年代以来，制定了一系列地区发展战略，如振兴东北和西部大开发，但效果并不明显，原因之一就是我国地区间、各区域的城市间、区域内的城市间缺少高效的运输，使我国中心城市"内卷式"的增长结构一直无法得到有效缓解与改善。目前，我国的空间增长模式是以北京、上海等中心城市为核心的"中心—周边"结构，从而中心城市容易出现交通拥堵、住房紧张、污染严重等问题。从系统上看，城市经

---

① 姚新胜，王清宇，徐杏. 我国交通运输业区域分布特性 [J]. 经济地理，2006（4）：4.

济增长是由需求和增长均衡发展产生的。封闭系统中的经济发展只能通过挖掘自身资源优点来实现，经济发展的空间也很有限。要使经济迅速发展，必须采用"负熵流"以减少系统无序性，增加系统经济发展的有序增长力量。交通在经济中的重要作用是通过提高对系统的开放程度，从而提高"负熵流"的水平来实现的。与其他交通方式相比，高铁对区域经济增长的作用是无法比拟的，2010 年铁道统计公报显示，铁道部吸引地方政府与社会资本达 1300 亿元，成立了合资铁路企业 35 家，显示了地方政府和公众对铁路发展的支持，体现了区域经济发展对铁路建设的需求。

三、区域人口分布密度

根据 2010 年第六次人口普查数据，在我国人口稠密区，包括沪、京、津、苏、鲁、豫、粤、浙、皖，平方公里人口多于 400 人，占全国总人口的 40.5%，而土地总面积仅占全国的 9.44%。长三角、珠三角和京津冀地区构成我国的三大经济圈，是我国最主要的三大城市群。研究预测，未来我国 50% 的人口将会集中到长三角、珠三角以及环渤海这三大地区，即在中国人口峰值为 16 亿人的条件下，有 8 亿人口集中于这三大地区，平均每个城市群大约居住 2 亿 ~ 3 亿人口；在我国人口密集地区，包括海南、河北、宁夏、陕西、重庆、辽宁、福建、江西、湖北、湖南、贵州、广西、山西、吉林、云南、四川等，平方公里人口达到 100 ~ 400 人，占全国总人口的 50.12%，而土地总面积为 300.92 万平方公里，仅占全国土地面积的 31.8%，大部分处于亚热带、热带丘陵山区，农业基础好，工业现代化水平高，人口密度远高于全国平均水平；在我国的人口稀少区，包括黑龙江、甘肃、内蒙古、新疆、青海、西藏等，平方公里人口在 100 人以下，人口仅占全国总人口的 9%，而这些地区土地辽阔，占地总面积 559 万平方公里，占全国土地总面积的 59%，因为这些地区的土地多以高原、荒漠为主，所以交通不便捷，居住人口较少。[①]

———————————

① 以"超级城市圈"看待两个"三角洲"发展 [EB/OL]. 和讯网，2019 – 11 – 14.

如果把中长期铁路网规划的"四纵四横"高速铁路布局与中国人口分布相比较，可看出两者之间的关联度。我国的中部和东部地区包含了近90%的人口，像长三角、珠三角以及环渤海的经济圈每平方公里人口密度超过500人，而中部的多数地区人口密度也约为400人／平方公里，这就为客运通道提供了需求。

四、区域自然地理环境

我国高速铁路呈现高标准、大规模、工程繁重、技术复杂的特点，尽管我国的高铁建设克服了一些地理环境的困难，如郑西高铁的湿陷性黄土、武广高铁的岩溶与哈大线的高寒等，但仍然受技术要求和施工成本的限制。高速铁路的建设必须充分考虑地理特征、自然环境、气候条件等因素。在我国，中东部地区多平原丘陵，地势平坦，而西南部地区多高原荒漠，中东部地区路网密度明显比西南部地区高，也说明了地理环境与路网建设之间存在一定的因果关系。

第二节　高铁产业布局的结构特点

受上述因素的影响限制，我国高铁产业的发展规划与布局呈现以下几种特点。

一、技术结构特点

我国的高速铁路网主要可分为三个部分：一是高速铁路骨架网，包括"四纵四横""八纵八横"等高速铁路骨架网。二是城际铁路，主要在环渤海、长三角、珠三角等经济发达地区与中原城市群、武汉城市圈、海峡两岸城镇群等人口密集地区建立的路网系统。三是快速铁路，结合新线建设和既有线改造，进一步强化地区客运通道（见表8-1）。

表 8 – 1　　　　　　　　　　　　我国高速铁路网骨架

客运专线		里程（公里）	总投资（亿元）	开工时间	完工时间
四纵	京沪	1318	2209	2009.1	2011.7
	京广	2116	2537	2005.6	2012
	京哈	1759	1662	2007.8	2012
	杭甬深	1674	1402	2004.12	2012
四横	杭长昆	2080	2778	2009	2013
	青太	872	716	2005	2008
	宁汉蓉	1364	1083	2005.7	2012
	徐兰	1366	1631	2005.8	2012
其他		4602	5669		
合计		17151	19768		

资料来源：笔者根据相关资料整理所得。

在高速铁路网三个组成部分中，高速铁路建设依据技术标准等级等技术结构要求，在建设布局上设定三个层次，分别为时速 300 ~ 350 公里线路；时速 200 ~ 250 公里线路；时速 200 公里及以下线路，跨区域干线和中西部的大部分铁路，按时速 200 公里以下标准建设。

二、路网结构特点

沿线是指高速铁路骨架网和部分城际铁路沿铁路的既有线建设，考虑新线布局与传统线路网结构、走向以及沿线资源配置与效率等。由于传统既有线路是根据国民经济发展总体布局、城市聚集格局、城乡协同战略需要发展起来的，其沿线通过地区大都是工业化、城市化水平相对较高的地区，或者是出于国家统一、民族团结和带动欠发达地区经济发展等政治考虑的公益性线路。由于传统既有线路客货运输繁忙紧张、能力不足，因此高速铁路尤其是高速铁路骨架中的多条线路与传统既有线平行并行就不可避免了，我国高速铁路网与既有线路的相互结合，丰富了路网结构，为旅客提供了更多出行选择。

沿海是指通过哈大线、京沈线、京沪、沪杭高铁，连接了中国东北到中国东南沿海地区，从南到北形成了一条完整的沿海通道。在"四纵四横"规划中，路网结构连接了长三角、珠三角等沿海地区，经过上海、宁波、深圳等地区，形成了完整的、直通的铁路线路。

沿江是指沪汉蓉快速铁路，该铁路全长 2000 余公里，东起上海，西至成都，是一条沿江铁路快速大通道，该铁路的建成将促进我国沿江经济的发展，连接我国东中西部的长江流域，形成了水路、公路、铁路复合交通方式，三种交通方式的相互融合，将完善沿江地区的交通带，优化沿江城市的布局，完善地区产业结构，促进经济带的快速发展。

三、综合交通运输结构特点

根据《中国交通运输发展战略与政策研究》提出的六大通道建设布局建议①，我国区域运输通道可以划分为六组：一是东北区对外通道（"外"指国内其他区域）；二是东部北方的横向通道；三是东部地区的南北向通道；四是东部南方地区的横向通道；五是西北地区对外通道；六是西南地区的对外通道。《中国城市竞争力报告 No. 2》提出，我国正在或已经建设形成九大都市区和九大经济区②，根据"十二五"规划，我国将建设八大经济圈和十大城市群，以城市群为基础促进国家化区域竞争和经济发展，目前我国已形成的城市群有京津冀城市群、珠三角城市群、长三角城市群、海峡西岸城市群等十余个城市群。

从"四纵四横"骨架网规划布局来看，"四纵"中，京沪高铁连接北京、天津、上海的京津冀城市圈与长三角沿海地区，京深高铁连接我国北、中、南部地区，京哈高铁、京大高铁连接我国的政治中心与东北部地区，沪杭甬、温福、厦深高铁连接我国长三角沿海地区、珠三角地区。"四横"中，青岛—石家庄—太原客运专线连接我国北部和东部地区，沪汉蓉客运专线连接我国西南地区和华东地区，徐州—郑州—兰州客运专线

---

① 张文尝. 运输通道系统分析 [J]. 交通运输系统工程与信息，2001，1（2）：134 – 139.

② 中国社会科学院. 中国城市竞争力报告 [M]. 北京：社会科学文献出版社，2004：11 – 16.

连接我国西北和华东地区，沪昆客运专线连接我国中部、东部和西南地区。这些规划和建设的铁路通道与"五纵五横"运输通道具有重叠的特点，与"五纵五横"综合交通网络相比，"四纵四横"铁路网规划在路网建设中具有非常重要的地位和作用。

2016年7月，国家发改委与中国铁路总公司联合发布了《中长期铁路网规划》，构建了"八纵八横"的路网规划，其中"八纵"包括：京港（台）通道、沿海道路、京沪通道、呼南通道、京昆通道、包（银）海通道、京哈－京港澳通道、兰（西）广通道，"八横"包括陆桥通道、沿江、绥满、京兰、厦渝、广昆、沪昆、青银等通道，根据规划，预计到2020年，我国的铁路里程将增加至3万公里，截至2018年12月25日，"八纵八横"中最北"一横"的重要组成部分哈牡高铁正式开通运营。

"八纵八横"的路网规划可以打造以京沪铁路为"八纵"，以沿江的铁路为"八横"，城际铁路为辅的高速铁路交通网，可以实现相邻大中城市间1~4小时交通圈，相邻城市群内0.5~2小时交通圈，"八纵八横"交通网的完成，可以完善我国的铁路网，扩大我国铁路覆盖面积，尤其是增加西北部地区的路网建设，优化我国整体路网布局，并且结合铁路客运的规划建设，结合其他交通方式，形成交通综合体，真正实现"零换乘"，促进我国高铁经济的发展，实现高铁经济新业态。

第三节　高铁产业布局的影响机制

一、高铁经济对产业布局的作用机制

高铁经济带指的是以高速铁路为核心，结合普通铁路、水路、公路、航空等其他交通方式形成的综合运输通道，加之相应的水、电、通信、能源等基础设施，形成了受高速铁路建设影响的城市或地区群体。即高铁经济带是在高速铁路建设的带动下，连接城市或地区的产业结构、技术结构、经济结构共同组成的带状区域经济体。

高速铁路以其独有的经济性质，从建设到运营期间，对沿线产业的发展产生相应的影响。一方面，高速铁路具有一般交通方式的性质，即占用土地进行开发建设，所以在建设初期，促进了地区土地的开发，同时带动土地沿线产业的开发，进而产生联动性，极大地影响了整个产业链；另一方面，高速铁路同时具备区别于一般交通方式的性质，高速铁路运行速度较快、运量大、舒适性强，所以与传统交通方式相比，高速铁路可以以更高的效率运送旅客和货物，提高了运营效率，同时，高速铁路的专业性强，需要专业水平更高的技术人员与管理人员，这不仅促进了我国高技术人员的培养与就业，也带动了我国高新技术的研究与发展。高速铁路的长期运营，将改变人们的生活方式与习惯，缩短地区之间的时空距离，对区域产业造成更加深远的影响，改变整个城市乃至国家的产业布局。

（一）高速铁路的产业集聚效应

随着社会分工的发展，产业出现集聚效应，产业的集聚效应指的是不同产业在地理空间上的分布不同，而一定的产业会表现出集中在某个地区的现象。产业集聚效应来源于经济上的规模效应、范围经济以及市场竞争。企业经营产业的目的是通过成本与收益获取利益，而产业的集中，可以实现资源共享，降低交易成本，所以企业在选址的时候，会从成本最小化的角度考虑，产生相关产业在地区内集中的现象。同时，产业集聚可以带来技术和知识的外溢，促进创新与发展。由于交通方式是地区产业沟通的桥梁，所以交通基础设施会对产业的集聚效应产生重大的影响。

高速铁路对产业集聚效应的影响表现在三个方面。第一，高速铁路的出现，节约了企业的运输成本，与传统的依靠航空运输相比较，高速铁路的出现，使得货物的运输更加便捷，运输成本降低。第二，高速铁路提高了地区的连通性。企业通过高速铁路运输能够实现地区之间的联通，方便原材料、货物等的运输，同时高速铁路建设位置贴近市场，有助于了解市场需求。第三，高速铁路的出现，缓解了普通铁路的运输压力，改善了铁路的运输结构，能够使普通铁路更专注地投入货物运输的经营中去，使得铁路沿线与各个站点能够布局更多的企业，以产业集聚带动地区经济发展。

（二）高速铁路的产业扩散效应

扩散效应指的是伴随着经济的发展，城市中心的产业会逐渐向周边地区扩散，带动周边经济的发展，缩小地区之间的发展差异。扩散效应是以要素的流动为基础，所以要素流动的深度和广度决定了扩散效应的影响程度。交通基础设施为产业扩散提供了传播路径，交通越发达的地区，要素流动越便利，经济联系越深，交通基础设施越能够为产业扩散提供更加良好的基础。

高速铁路对产业扩散效应的影响表现在三个方面。第一，高速铁路为要素流动提供了条件，高速铁路的建设，方便了资本、技术、人才、信息等在城市或地区之间的流动，在城市中心的相关技术可以更加便捷地流动至周边地区。第二，经济的快速发展使得大城市出现人口拥挤、成本过高、产业过度集中的现象，高速铁路的建设，带动产业转移至铁路沿线区域，分散了城市人口与产业，降低了企业经营成本。第三，便捷的交通条件可以方便周边企业进入中心地区，提高了沿线地区对企业的吸引力。[①]

二、高铁经济对城市发展的影响机制

我国经济地理学者陆大道提出，产业的集聚效应与扩散效应是沿着阻力最小的方向展开的，因此他提出了"点轴空间结构系统理论"。根据"点轴空间结构系统理论"，"点"指的是各区域的中心城市，是区域空间内产业和人口集中的地区，我国高铁建设的总体特征表现为以城市为枢纽的"圈层"结构，并随着高速铁路线的建设运营向周边延伸，形成"高铁－经济走廊"的经济带格局。

（一）高铁建设不同时期对城市发展的影响

（1）高铁运营初期："点—轴—带"城市产业集群在该地区形成。此时，高速铁路运输的存在使城市在该地区的联系更加快捷方便，地区人口

---

① 孙健韬. 高速铁路对区域经济的影响分析［D］. 北京：北京交通大学，2012.

和物品的流通增加，生产与运输成本降低，使人口与产业向高速铁路沿线地区集中，高速铁路成为空间的"轴"，沿线区域经济、社会的基础设施的集中对周边产业产生集聚效应，并同时将信息、技术、产品和资金等沿高速铁路的线路分散到附近地区，形成高铁产业经济带和产业群。南车、北车集团主要生产制造企业开始派出技术骨干进入运营单位，对投入运营的机车车辆设施设备进行驻局检测和售后技术服务，以便积累经验，提升产业技术与创新能力。[1]

（2）相邻城市之间的产业群会形成融合的趋势。随着整个高速铁路路网的建设与完善，我国各大城市之间的联系将会大大增强，如武广高铁的开通使得武汉到长沙的时间由原先的 4 个小时缩短至 1.3 个小时，长沙到广州的时间由原先的 8 个小时缩短至 2.43 个小时[2]。高速铁路的开通与路网的完善，不仅缩短了时间距离，也缩短了空间距离，促进了地区之间产业融合与协同，进一步完善产业分工，增加了产业集聚效应与扩散效应，降低了产业的流通成本。

（3）通过"轴—辐"的形式推动高铁沿线以及城市群内的相关产业，根据高速铁路、城际铁路与城市轨道交通的分布进行重组与完善。我国高速铁路的建设使得我国城市群内的时间距离缩短至 1 个小时之内（见表8-2），可以扩大城市群，在城市群内根据交通结构实现产业重组，使相邻城市之间的产业布局与产业结构发生变化。一方面，时间距离的缩短使城市群内的产业更好地融为一体；另一方面，使城市内部结构实现重组，促进大城市多中心结构的形成，与之相适应，城市群内不同产业之间以及产业自身结构也将发生重要变化，推动新兴产业的崛起和发展。

表8-2　　　　　高速铁路开通后长株潭城市群的时间距离　　　单位：小时

城市	长沙	株洲	湘潭	岳阳	常德	益阳	衡阳	娄底
长沙	—	0.230	0.425	0.530	1.083	0.530	0.570	0.970
株洲	0.230	—	0.150	0.800	1.370	0.814	0.430	0.680

---

① 赵庆国. 高速铁路产业发展政策研究［D］. 南昌：江西财经大学，2013.

② 资料来源：笔者通过查阅列车时刻表整理所得。

城市	长沙	株洲	湘潭	岳阳	常德	益阳	衡阳	娄底
湘潭	0.425	0.150	—	1.230	1.520	0.960	0.870	0.540
岳阳	0.530	0.800	1.230	—	1.740	1.400	1.130	1.900
常德	1.083	1.370	1.520	1.740	—	0.600	2.230	1.160
益阳	0.530	0.814	0.960	1.400	0.600	—	1.150	0.700
衡阳	0.570	0.430	0.870	1.130	2.230	1.550	—	1.600
娄底	0.970	0.680	0.540	1.900	1.160	0.700	1.600	—

资料来源：笔者根据列车时刻表整理所得。

（4）高铁产业拓展期。高铁建设有显著的时空收敛作用，随着高铁新线不断投入运营，我国城市空间结构将会重组变化，增强相邻城市之间的联系，使得中心城市的产业扩散得更远。在高铁技术持续创新和运营安全稳定、成熟可靠的前提下，随着投融资体制改革不断深入，今后高铁建设将会从东中部逐步向西部拓展，推动经济要素在大范围内的空间配置。在国家政策的引导下，我国的高速铁路建设带动相关产业将会从东中部地区向西部地区转移，高铁技术研发和制造企业将会融入新兴城市经济集合体中。

（二）大都市区与城市群的形成

城市群与交通的联系体现在城际交通的运行速度和便捷性上，传统城际交通运行时间较长，不仅不能为相邻城市之间提供旅客和货物的流动，同一城市的不同地区之间客、货的转移也不能快速实现，这阻碍了城市以及城市群的经济发展，而高速铁路不仅实现了城际间的客流和物流的快速转换，甚至能超过城市内客流和物流的传递速度，其现实意义是实现了不同城市之间的同城化，拉动较落后地区的经济发展，推动形成区域经济融合。

从国外城市群发展的结构特点来看，城市群形成的共性是具有发达的交通路网与地区基础设施建设。交通网络与信息技术的发展成为城市群发展的重要推动力，无论城市群呈现何种空间结构，都会存在一条较为发达的产业带通过发达的交通路网与其他地区联通。例如，伦敦大都市圈的轨道交通线路总长达 3500 公里，东京大都市圈的轨道交通线路总长达 3100 公里，依靠交通路网建设的国外城市群取得了良好的发展。

（三）高铁作用下的同城化

同城化效应指的是随着交通路网的建设，提高了城市之间的便捷程度，缩短了城市之间的时间距离与空间距离，使得城市的边界变得模糊，一个城市的基础设施与产业与其他城市与地区连通，城市之间人口、产品、技术的流动性越来越强，逐渐打破城市之间的界限，形成密切联系，形成一体化发展的城市群或大都市经济体。

交通运输设施是形成同城化的基础，不同城市之间的交通建设越完善，运输方式越发达，运输越便捷，要素流动就越频繁，就能实现更广泛的合作，则更容易产生城市群或都市圈。高速铁路作为一种安全、准时、快捷、方便并且运量大的交通方式，大大增加了城市之间的联系，提高了两地通勤的效率，方便城市之间人员资源的流动，实现城市的无缝对接，为同城化奠定基础。高速铁路的同城化效应表现在通勤就业、产业布局与文化娱乐三个方面。

通勤就业同城化：城市之间的通勤就业是实现同城化的重要表现。一方面，高速铁路的运行速度、运行频率以及乘坐体验等能够满足通勤人员在不同城市之间的运输需求，同时，高速铁路与城市内部交通网络的连接，满足了各地区的交通需求，提高了运输效率。另一方面，高速铁路扩展了城市空间，使得中心城市的产业更多更远地向周边地区扩散，推动了周边城市与地区的通勤就业。例如，京津城际的开通为在北京与天津之间通勤的人员提供了便利，将通行时间控制在半小时，可以实现完全的职住分离，吸引了在北京工作的人员前往天津与河北等地区居住，带动了周边地区的发展。

产业布局同城化：高速铁路的建设开通缩短了地区之间的时空距离，减少了商品流动的限制，使得不同规模、不同经济发展水平的产业能够在较高的层面来规划布局，实现产业的跨区域转移。大城市可以依托地理位置与资源的优势开发技术密集型的产业，中心城市可以结合自身特色开发产业，形成分工合理、运行高效的产业结构体系，推动地区经济发展。

　　文化娱乐同城化：高速铁路的建设开通缩短了地区之间的时空距离，提高了地区的通达性，可以方便人们的出行，有助于不同城市之间居民的联系交流，推动了不同城市地区之间文化的融合，为各种商业活动、旅游度假等提供了条件，高速铁路的出现改变了人们的生活方式和习惯，提供了更多生活选择，将形成新的时空概念。

第九章

高铁产业发展

内容提要：

本章分析了高速铁路发展历史、发展现状、发展趋势，从发展趋势性规律中，得出高速铁路在产业发展中的重要支撑和引导作用。

1964年10月1日，时速210公里的日本新干线高速铁路的开通，标志着铁路重回历史舞台，高速铁路的新时代由此拉开了帷幕。随后，法国、意大利、德国等欧洲国家也开始纷纷修建铁路，逐渐在欧洲形成了高速铁路网络。在高铁浪潮的大背景下，中国可谓顺势而为，后来居上，不断提升核心技术，成为高铁建设的翘楚。高铁产业以其迅猛的发展，带动了世界各国的经济增长。然而高速铁路的发展充满了争议，人们认为高铁的推介速度远远落后于高铁的发展速度，还有一些基本的问题要解决，例如，高铁是怎样诞生的、它经历了怎样的发展历程、中国高铁的崛起是偶然还是必然、能否经受时代的考验、未来会不会有新的突破等，这就涉及高铁产业的发展问题。本章将结合高速铁路产业的八大核心要素，即高铁产业创建、高铁产业发展、高铁产业创新、高铁产业治理、高铁产业规划、高铁产业战略、高铁产业投融资、高铁产业可持续，从高铁产业的发展历史、发展现状和未来的发展趋势对高铁产业进行介绍，全面深入剖析高铁产业在全球和中国的发展问题。

第一节 高铁产业发展历史

铁路的发展可追溯到第一次工业革命时期。1814年，英国科学家将蒸汽机车与铁轨相结合，铁路正式诞生。工业革命的大潮催生出了铁路，而铁路的诞生将工业革命推向了高潮。率先开始工业革命的英国尤为重视铁路的建设，而铁路的迅速发展推动了采矿业、地产业等产业的发展，并造就了"日不落帝国"的神话。随后，英国将铁路推广至世界各国，并最终导致了新的世界格局的形成。然而在第二次世界大战之后，随着高速公路和民航业的崛起，铁路逐渐走向没落，美国、英国等国家甚至开始拆除铁路。直到 1964 年 10 月 1 日，日本东海道新干线正式开通，向世人昭告高速铁路的诞生，世界各国再次掀起铁路建设的浪潮。

一、全球高铁产业发展历程

（一）1964 年：新干线的开通

新事物的诞生总是波折不断的，日本新干线的创始同样一波三折。第二次世界大战后，日本的铁路运输发生了多宗安全事件，"樱木町事故""洞爷丸事故""紫云丸事故""三河岛事故"相继发生，日本国铁三任总裁或死于非命或引咎辞职，日本国家铁路局一度处于水深火热之中。紧要时刻，71 岁的十河信二被当时的日本首相鸠山一郎任命为第四任国铁总裁，开启了日本铁路的改革史，或者说建设新干线史。在日本国家铁道局面临着一系列安全问题时，十河信二却提出了建设新干线，这是当时的国际形势决定的，当时美苏两国处于冷战中，为了与苏联社会主义阵营相制衡，美国想要得到一个东亚国家的支持，而日本是最好的选择。日本则可以借助美国的力量推动国民经济的发展，双方均可获益。朝鲜半岛战争爆发后，日本大量向美国出口军需装备物资，拉动了日本工业经济的发展，但与此同时，对于铁路的运输需求剧增，十河信二认为建设新干线是解决铁路运输瓶颈的不二选择。1956 年，日本国家铁路局成立了"东海道线增强委员会"，在增加东海道线铁路的方案中正式提出了建设一条时速 200公里的标准轨干线铁路，承担客运功能，也就是新干线。在 1957 年设立了由专家学者组成的"日本国有铁路干线调查会"，就方案进行调查和讨论，最终在 1958 年 7 月作出结论并向日本政府建议建设东海道新干线。

至此，新干线工程能否获得议会批准只剩下最后的门槛——资金。新干线建设最终的实际投资为 3800 亿日元，而国家铁道局最初预算为 3000 亿日元，即使如此也远远超过了日本的承受能力。为了新干线能够顺利通车，十河信二在提交给议会的预算方案中将所需资金减少到了 1972 亿日元，最终于 1959 年 3 月，东海道新干线预算案通过。新干线计划通过后于 1959 年 4 月开始施工，开工典礼拉开了世界上第一条高速铁路的建设序幕。但是资金筹措仍然是一个问题，日本国铁采用了发行铁路债券和向银行贷款的方式，但资金仍然短缺。最终，十河信二采用了向世界银行贷款的方式，将日本政府和新干线项目绑定，日本政府不得不为新干线的资金问题买单，发行了大量铁路债券。

　　1964 年 10 月 1 日，从东京中心到新大阪总长度为 515.4 千米的东海道新干线终于正式开通，这是世界历史上第一条真正意义的高铁线路，象征着日本高铁产业的正式创建。新干线最初的运行速度最大可达到 200 公里/小时。到 1965 年 11 月 1 日，新干线首次实现速度提高，最大时速可达 210 公里①。除速度外，新干线的传奇意义在于它是世界上最早进行旅客运输的高铁系统，新干线模式下的高铁在高铁线路上只运行高速客运列车，不允许跨越本线的任何其他列车运行。旅客若想乘坐跨越本线的列车则只能通过换乘来实现。这种系统意味着高速铁路有自己的专用轨道，可以提供更多高速旅客运输②。当然作为世界上第一条高速铁路，当时的新干线在建设方面也存在不少需要改进的地方，例如，造价很高（新干线建设投资了 3800 亿日元）、动力分散型动车组维护复杂、编组不够灵活、换乘麻烦、列车受电弓接触不良、列车舒适度不足等。但是总的来说新干线的建设与开通对日本的经济发展产生了深远的影响，新干线的建设过程需要多方面的技术开发，极大地促进了机械装备制造、金属冶炼、电子、土木工程以及其他相关的服务行业的发展。此外，新干线将日本的主要工商业城市在很短的时间内相互联系起来，生产要素的流动效率显著提升，促进了新干线周边地带产业的升级和改造。

　　随后，日本政府制定了多项政策以推动日本高铁产业的发展。1970

---

① 高铁见闻. 高铁风云录：首部世界高铁发展史 [M]. 湖南：湖南文艺出版社，2015：20 – 60.

② 喜来. 高速铁路的运营模式 [J]. 交通与运输，2007，23（6）：16.

年，日本政府颁布了《国家新干线铁路发展法》，高铁产业的发展目标发生了质的转变，由解决运力不足转变为通过高速铁路发展地区经济，促进区域协调发展。1982 年，在日本政府的政策引导下，日本开通了大宫至盛冈的东北新干线和大宫至新泻的上越新干线①。这些高速铁路的建设开通对日本的经济复苏发挥了至关重要的作用。但是高速铁路是前期需要大量资金投入的基础设施工程，新干线的兴建对推动日本经济起到了一定作用，但也造成日本国铁严重的财务赤字。为了解决这个问题，1985 年，日本政府决定对国家铁路公司进行裁员和债务重组，实施民营化改革。1987年，根据《国有铁道改革法》，铁路公司被拆分为七家运输公司和四家非运输公司，最终以税收和发行国债的方式偿还债务。日本完成国铁改革后，将更多的资金投入技术开发和铁路的建设维护中，使日本高铁稳步发展②。截至 2015 年 5 月 1 日，日本已建成 8 条新干线，为沿线各城市的生产资源、技术资源和市场间的优化调整提供了便利条件，带动了就业，促进了房地产、文化教育、旅游等相关产业的发展③。此外，日本出台的一系列国土规划政策，紧紧围绕建设城市圈、旅游开发地区和大型产业基地，与高速铁路网络的规划相得益彰，促使日本各地区经济得到均衡发展。

（二）1964～1981 年：TGV 的出现

新干线无论是在技术还是在商业上都取得了巨大的成功，无疑使欧洲各国的注意力转向了高速铁路。其中法国 TGV 的开通可谓一鸣惊人。法国在第二次世界大战之后可谓是铁路速度的领航者，早在 1955 年 3 月 29 日，法国就已经实现了的 335 公里/小时的铁路试验速度，这是当时最高的铁路运行速度。但是由于政治形势不稳定以及第一次石油危机爆发，法国 TGV 的建设进程一波三折。1965 年法国国铁北方局首次提出了建设法国高速铁

① 高津利次，甘霖. 日本高铁的历史与未来 [J]. 国际城市规划，2011，26（6）：6-15.
② 高铁见闻. 高铁风云录：首部世界高铁发展史 [M]. 湖南：湖南文艺出版社，2015：20-60.
③ 林晓言. 高速铁路与中国社会经济发展新格局 [M]. 北京：社会科学文献出版社，2017：121-205.

路的概念，1966 年成立了铁路高速化技术研究局，1967 年正式开始实施
TGV 计划。但由于高铁建设需要大量的资金，风险较大，再加上法国政府
领袖的多次调任，TGV 的建设被多次叫停。直到 1973 年第一次石油危机
爆发，对能源的依赖性使得法国对未来的经济发展产生了很大的危机感，
因而使用电力的高铁产业成为法国发展的目标产业。尽管历经重重困难，
TGV 项目最终还是在 1981 年 9 月 27 日建成通车，全长 275 公里，最高时
速可达 260 公里。TGV 不仅在速度上取得了重大突破，更重要的是它发展
出了一种新的高速铁路运营模式。法国高速铁路的模式提高了列车的兼容
性，列车既可以在高速轨道上高速行驶，也可以切换到普通铁路上按照普
通速度行驶，这使得 TGV 能够在进出市中心时使用普通线路，从而大大提
高了客运量和通行范围①。此外，它在服务上也进行了一系列的创新，如
提前订票制。此后，法国人又在 1900 年开通了 TGV 大西洋线，最高运营
速度为 300 公里/小时，大西洋线覆盖法国西部、西南部和大西洋的广大区
域，涉及 6 个大区，32 个省，正式确立了法国高速铁路世界霸主的地位。
随后法国建设了 TGV 北方线，该铁路是欧洲最重要的国际铁路，将法国、
英国、德国、比利时等欧洲国家联系起来，促进了欧洲各国经济文化的
交流。

　　TGV 的发展与法国政府的政策支持是不可分的。法国铁路公司到后期
遭遇了和日本国铁相似的问题，高速铁路的建设使其背负着巨额债务，公
司运营也难以为继。法国政府意识到高速铁路应该是国家提供的公共物
品，因此 1997 年法国政府改革铁路，实行铁路国营化，高速铁路的资金募
集模式发生了重大变化。1997 年以前，法国高铁建设主要由法国国营铁路
公司出资，辅以少量的公共补贴；1997 年以后，TGV 的融资渠道开始拓
宽，成立了新的国家事业单位法国公路网公司，由该公司出资，此外中央
政府、地方政府、欧盟以及其他受益者也都成为融资主体。首先，这种融
资方式的改革激发了地方政府的活力，解决了高铁建设融资难的问题。其
次，法国针对铁路公司的补贴政策也取得了良好的效果，法国的公共补贴
政策采用的是直接补贴和向铁路公司提供公共服务订单相结合的办法，两

---

① 喜来. 高速铁路的运营模式 ［J］. 交通与运输，2007，23（6）：16.

种政策的结合使铁路公司的运营资金不断流入，从而高铁产业发展的可持续性成为可能。最后，法国政府放松铁路运价权，票价灵活，同时为铁路公司提供了多项税收优惠，这些治理政策很大程度上促进了法国高铁产业的发展。[①]

（三）1981～2019 年：高速铁路服务遍及世界各地

受到日本和法国成功的鼓舞，许多欧洲国家开始通过研发新技术或者改进现有技术来建立新一代更具有竞争力的中长度距离客运铁路服务。意大利和德国（1988）、西班牙（1992）、比利时（1997）、英国（2003）和荷兰（2009）相继开始建设高速铁路。与此同时，其他国家和地区也纷纷加入了高铁俱乐部，例如，中国（2003）、韩国（2004）和土耳其（2009）等。2008 年 8 月，中国开通了 120 千米的北京—天津高速铁路线。截至 2018 年，中国高速铁路线总长度超过 2 万公里，列车数量超过 1200 辆。中国高速铁路的发展扩大了高铁产业的规模，并引领全球高铁产业向更广泛的战略规划迈进。跟随中国的步伐，许多国家和地区的新兴高速铁路系统正处在开发、建设或者刚刚开始运营阶段，例如摩洛哥、沙特阿拉伯、美国等（见图 9 - 1）。尽管各国地理条件、人口、气候、政治、经济和文化背景存在差异，但这并不影响高速铁路在世界范围内的建设和运营。

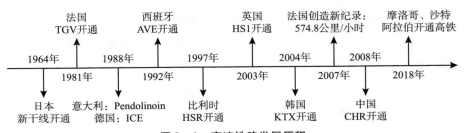

图 9 - 1　高速铁路发展历程

高速铁路服务能够迅速扩展到世界范围内，得益于各国的高铁产业规

---

① 张超，谭克虎. 法国政府对高速铁路支持政策研究及启示［J］. 铁道经济研究，2014（4）：36 - 42.

划政策。以欧洲为例，为了促进欧洲区域一体化的发展，欧洲各国相继发布并制定了一系列跨国高速铁路计划。欧洲从 20 世纪 90 年代开始规划和建设欧洲高速铁路网，1991 年欧洲会议批准了建立泛欧高速铁路网的计划。三年后，欧洲铁路联盟开始规划建设泛欧高速铁路网，计划于 2020 年实现。在政策的引导下，欧洲各国掀起了高铁热潮。在第一条 TGV 开通以后，法国先后开通了大西洋线、西南线和东线等，开始逐渐形成以巴黎为中心，向西南、北部和东部延伸以及围绕巴黎连接主干道的环线构成的放射状分布格局；德国的铁路技术一直处于世界先进水平，在成熟的技术基础下，高速铁路迅速扩张。截至 2013 年底，德国拥有运营里程 1352 公里、在建 466 公里和规划中的 324 公里高速铁路，已开通线路基本连接成网。西班牙是欧洲高速铁路里程最长的国家，其高铁产业的发展主要是通过引进法国和德国的先进技术。2000 年，西班牙政府制定了本国未来五年的交通基础设施发展政策，取得显著成果，西班牙高速铁路迅速发展成网络。随后意大利、瑞士、比利时、英国、荷兰和奥地利也相继开通高速铁路网络。在跨国铁路中，1994 年，法国通过英吉利海峡与英国相连，建设了第一条国际高速铁路连接线路。1997 年，英国伦敦、法国巴黎以及比利时布鲁塞尔之间的高速铁路正式开通。2007 年，法德高铁正式通车运营，法国高速铁路得以直达慕尼黑，时速达到 320 公里。德国城际快速列车也以同样的速度直抵巴黎，这条线路把法国、卢森堡、瑞士和德国四个国家连接起来，标志着欧洲高速铁路网络的成形[1]，这对于欧洲实现一体化的经济发展，加速不同国家之家生产要素的流动，促进区域协调发展有着里程碑式的意义。

二、我国高铁产业发展历程

随着党的十一届三中全会召开，中国进入了改革开放新阶段，引进了国外先进的高铁技术。尽管如此，高速铁路在中国的发展仍然几经坎坷。早在 1980 年，就有专家提出了京沪高铁建设的构想，而京沪高速铁路正式

---

[1] 王姣娥. 欧洲高速铁路网络发展历史 [N]. 中国社会科学报，2015 - 04 - 08（B07）.

动工是在 2008 年，虽然历经 18 年，但中国却因此形成了一套完备的高铁理论，为后来高铁的飞速发展打下了坚实的基础。总的来看，我国高铁产业发展过程可以划分为以下三个阶段。

（一）我国高铁产业创建[①]

创建高铁产业的大前提是要掌握技术，中国高铁以其先进的技术闻名于世，技术的引进固然重要，但更重要的创新能力来源于三次工程实践。第一次工程实践是对广深铁路的技术改造，这次改造的目标是将广深铁路提升为开行时速 160 公里的准高速铁路。这次改造计划在 1991 年正式实施，于 1994 年开通，成为中国第一条准高速铁路，并在 1998 年完成电气化改造。广深高速铁路是中国建设高速铁路的首次探索，对中国高铁产业发展有着深远的历史意义。第二次工程实践是从 1997 年开始实施的六大提速。1997 ~ 1998 年进行了前两次提速，均针对京沪、京哈和京广三条干线，这两次提速先后将列车最高速度提高至 140 公里/小时和 160 公里/小时。第三次和第四次提速分别在 2000 年和 2001 年，这两次提速进一步扩大了提速范围。第五次提速则发生在 2005 年，主要针对主要城市间的城际铁路线，最高时速达到 200 公里。而第六次提速发生在技术引进之后的 2007 年，这次提速使旅客列车的平均运营时速提高了 6.8% 六次大提速的工程实践对中国运输业而言是一次深刻的变革，不仅使我国的列车速度得到了前所未有的提高，而且为我国正式走入高铁时代奠定了基础。第三次工程实践是秦沈客运专线的建设。秦沈客运专线是我国在 2003 年开通的连接秦皇岛和沈阳的一条铁路，当时设定的行车速度为 160 公里/小时。秦沈客运专线的开通，一方面在技术、运输组织和管理等方面积累了不少经验，另一方面为我国后来高速铁路的建设提供了重要的发展平台，可以说，秦沈客运专线是我国高铁产业创建的第一块探路石。

三次工程实践奠定了我国高铁行业发展的基石。为了探索高速铁路技术，1990 年，我国铁道部组织了一项研究，即如何使广深铁路的旅客列车最高速度达到 160 公里/小时，并将该技术方案研究列入科技发展项目。同

[①] 任芳，刘诗平 . 新闻背景：中国六次铁路大提速［EB/OL］. 中国政府网，2007 – 4 – 13.

年，铁道部作出了攻克广深线准高速铁路科研难关的试验方案，广深铁路随后开始执行 15 项重点技术攻关研究计划，包括准高速机车车辆、线路工程、信号系统和速度分级控制等。随后的第二次和第三次工程实践的实施都离不开正确的政策指引，也正是这三次工程实践成就了我国高速铁路的先进技术，在这之后，我国的高铁凭借日益成熟的技术迅速崛起。

（二）我国高铁产业发展与创新[①]

高速铁路引进之初，中国的市场资源比较分散，竞争也比较激烈。为了防止国内机车制造商在技术引进谈判中处于被动状态，由铁道部领导的主管部门充分利用我国的制度优势，使国内高速铁路市场进行资源整合，一方面控制计划引进技术的厂家数量；另一方面制定了统一的招标合作标准。通过这些措施，国内高速铁路制造商形成了统一力量，避免不必要的恶性竞争，最终在中国市场的吸引和进入标准的压力下，国外高速铁路制造商以低价转移高速铁路核心技术，进入了中国市场。2004～2005 年，我国相继从日本、德国和法国等高铁发达国家引进高铁技术。技术引进之后，我国铁道部发挥主导作用，兼顾各个方面，统一铁路行业的资源配置，使高速铁路产业链分工明确、合作有序，促进我国高速铁路系统向良好的方向发展。此外，在引进国外技术的同时，中国集中铁道部、科技部和教育部三个部门，加大了对高速铁路的技术消化、吸收和改造力量，逐步形成了较强的产学研一体化模式。2009 年，京广高速铁路武广段成功试运行，时速可达 394 公里。武广高速铁路已成为世界上速度最快的高速铁路，也是中国第一条以 350 公里/小时的速度运行的高速铁路。中国用了五年的时间实现了高铁产业的创建与发展，武汉至广州高速铁路的成功运营是我国高速铁路技术后来居上的真正开端。

高铁产业的发展和创新过程集中体现了中国社会主义政治制度的优越性。高速铁路从最初的引进到技术创新和研发都离不开中央政府和铁道部的整体统筹规划。也正是在政府的统一的产业战略指引下，高速铁路发展

---

① 熊律，江伟，佟景泉. 中国铁路六次大提速概述［J］. 甘肃科技，2018，34（20）：88 - 89，138.

过程中往往会面临的投融资、铁路运营和土地规划等问题得到有效解决，使中国高铁产业快速发展。

（三）我国高铁产业走出国门

我国高铁出口最早发展于 2009 年，由于高速铁路技术成熟，我国开始积极承接外国高速铁路的建设工程，主要以周边国家为出口国。然而在"高铁外交"刚刚进入正轨的时候，发生了"7·23"动车特大铁路安全事故，中国高铁的安全性受到质疑，"高铁外交"也被推上了风口浪尖，与国外的合作项目也被叫停。直到 2013 年，中国高铁吸取了教训，在技术层面愈加成熟，再加上在国际层面的宣传，高铁出口迎来了高潮期。并且随着高速铁路技术的不断成熟，运营经验不断增加，中国的"高铁外交"不仅包括施工建设和资金投入，还包括先进的高铁技术和设备。例如，2015年由中国承担的雅万高速铁路项目完全采用中国技术、中国标准和中国设备，高铁外交的合作模式也趋于成熟。高速铁路成为中国与其他国家友好建交的亮丽"名片"。

高速铁路走出国门与我国的"一带一路"倡议有直接的关系，"一带一路"倡导与周边国家达成合作，共同进步，实现共赢。而高速铁路的出口扩大和稳固了我国与其他合作国家的经济政治合作，同时"一带一路"倡议带领我国高铁产业走向世界。

第二节　高铁产业发展现状

一、全球高铁产业发展现状

经过半个世纪的风风雨雨，高铁产业终于屹立在世界舞台之上，成为改变世界格局的新的利器。根据《2019~2025 年中国高铁市场深度调查分析及发展前景研究报告》，截至 2018 年底，全球已经列入规划的高铁项目超过 5 万公里，已经在建的达到 2 万多公里，每年平均投资金额超过 1 万亿元。随着全球高速铁路版图的扩展，高速铁路的相关技术水平也不断提升，目前全球高速铁路技术的代表主要为日本新干线、法国 TGV 和德国 ICE。作为全球高铁运营里程排名第一和第二的中国和西班牙也已建成了自己的高铁系统。截至 2018 年，拥有高铁建设能力的国家包括中国、日本、法国、德国和西班牙。

各个国家高速铁路的建设阶段并不相同。一些国家或地区，如比利时、荷兰和中国台湾地区，已经完全建立了高速铁路网络。一些国家正在发展当中但已经实现了其中的大部分，如西班牙、意大利、法国、德国和日本。一些国家仍在计划扩大规模，如英国、韩国和中国。而一些国家刚刚开始发展和实施高速铁路，如沙特阿拉伯、摩洛哥、美国和俄罗斯。还有一些国家例如几个东欧和亚洲国家计划在未来实施高速铁路。截至 2018 年，全球已有 18 个国家开通了高速铁路，总通车里程达 29750 公里。其中，中国和西班牙的通车里程数分别以 14955 公里和 3100 公里位列全球第一和全球第二。全球已通高铁国家主要集中在欧洲和亚洲，但非洲、北美洲、南美洲以及澳洲地区也有很大的建设高速铁路的潜力和空间。目前世界上正在建设高铁的国家有 15 个，在建里程达 27796 公里。其中，中国在建里程全球第一，为 15890 公里，占全球在建里程的 57.16%。[①]

二、我国高铁产业发展现状

2004 年，我国第一次正式提出《中长期铁路网规划》，对我国高速铁路网络如何规划、如何治理高铁产业、如何实现高铁产业的可持续发展等问题进行了回答。《中长期铁路网规划》是我国高铁产业向前发展的指向标，引导我国高速铁路事业取得丰硕的成果。

（一）我国高铁产业发展取得的成绩

1. 高铁网络建设快速推进

从高铁产业的规划和建设方面来看，我国的高速铁路网络已经由东部地区延伸到了中西部地区，并且在"一带一路"的指导下开始向周边国家

---

① 资料来源：笔者根据前瞻产业研究院资料整理。

扩展。2004 年提出的《中长期铁路网规划》指出，建设"四纵四横"高速铁路网势在必行，2017 年宝兰高铁的开通标志着该计划的完成。"四纵四横"高速铁路网的建设，意味着地区快速铁路的基本建成，高速铁路在全国主要地区形成网络。2016 年，我国新修订的中长期铁路网规划对我国高铁建设提出了新的指导意见，提出了"八纵八横"的铁路网规划。目前，我国正在建设"八纵八横"高速铁路网。截至 2018 年底，中国高铁营运里程已达 2.9 万多公里，占世界高铁里程的 2/3 以上，成为世界上高铁里程最长、运输密度最高、网络运营场景最复杂的国家。

高速铁路的建设是一项大型基础设施建设，从初期融资、中期施工到后期运营，涉及金融产业、铁路服务和城市轨道交通设备行业、钢铁行业、电力、热力生产和供应行业和电信等。高速铁路的投资建设极大地扩展了这些产业的业务范围和业务量，在很大程度上提高了相关联产业的经济收益。此外，高速铁路成网对于其所覆盖区域的生产要素流动和聚集也有积极影响，促进了相关地区旅游业、酒店业等第三产业的发展，加快了产业升级改造的步伐，推动了我国城镇化的进程。

2. 运输服务品质显著改善

第一，从高铁产业的治理来看，我国正在逐步提高高速铁路运输服务质量，并尝试扩展高速铁路的服务范围。高速铁路的购票系统逐渐简化，我国全面推广 12306 网络售票系统，建立和完善信息化的服务平台；同时在火车站增加设立自动售票机，尽可能减少乘客的售票和取票时间；目前我国高速铁路的票务工作已经开始推广无纸化，进一步精减乘客购票和取票的时间成本。此外，加强了乘客安全保护体系的建设，构建了包括设备安全、人员安全、环境安全、行车安全和事故处理五方面要素的安全保障体系，为乘客提供多方面、多层次、高技术的安全服务。

第二，我国铁路公司积极扩大高速铁路的服务范围，发展"快递＋高铁"的运营模式。以广铁集团为例，2017 年 11 月 11～20 日，伴随着阿里集团推出"双十一"购物狂欢节，为了提高快递在购物高潮时期的运输效率，广铁集团与京东、顺丰等电商及快递公司建立合作伙伴关系，共同开办了广州、深圳、长沙地区去往北京、上海、西安、昆明等方向的高铁快递业务，这种"高铁＋快递"的模式激发了我国现阶段物流市场的观念变革和市场活力,加快了我国建设现代化物流产业的步伐,在提升物流服务品质的同时降低了整个社会的物流费用。

3. 科技创新能力明显提高

从高铁产业创新方面来说,我国高速铁路的在技术革新方面取得了斐然的成就,我国已经在高速铁路的装备和建设方面形成了自主的知识产权技术系统,并开始推动我国的高铁技术向国外输出。以 2016 年获得国家科学技术进步奖特等奖的京沪高速铁路为例,京沪高速铁路在速度上首次超过了 350 公里/小时;轨道采用了 CRTS Ⅱ 无砟轨道技术,该技术从德国引入,但我国对其改进和创新使其优于德国;列车上的接触网平直度误差范围均保持在 0.05 毫米以内。这些都反映了我国高速铁路对技术的精益精神。除此之外,我国的列车控制技术、客站建设技术、运营维护技术和系统集成技术等都已经跻身世界前列,大大提高了我国的国际影响力。

4. "走出去"成为新亮点

从高铁产业发展来看,先进的技术和充实的建设经验都为我国高铁输出奠定了坚实的基础,我国高铁产业的发展已经不再局限于国内,而是成为"后来居上"的典型代表,高铁成为我国与他国建交的一把利器,也是积极响应"一带一路"倡议的重要基础设施项目。我国的高速铁路出口从最初只出口交通装备的货物贸易逐渐走向高铁系统的出口,即从机车装备到信号系统,再到建设工作,货物与服务同时出口,将我国高铁产业的市场范围由国家扩展到全世界,这对于我国而言既是经济实力的象征,更是政治地位提高的成果。如表 9 − 1 所示,中国高铁输出已经取得了可喜的成果。

表 9 − 1　　　　　　　　　中国"高铁外交"取得的成果

项目名称	项目内容
中俄	2014 年 10 月 13 日,中俄签署"莫斯科—喀山"高速铁路发展合作备忘录,以推动建设从北京到莫斯科的欧亚高速运输线
中美	2015 年 9 月,中国和美国组建成立合资公司,负责建设并经营美国西部快线高铁,全程 370 公里,这是中国在美建设的第一个高铁项目
中泰铁路	2015 年中泰两国达成《中泰铁路合作谅解备忘录》,决定采用中国铁路标准建设中泰铁路,全程 800 公里

项目名称	项目内容
雅万高铁	2015 年中国和印度尼西亚正式签署协议，双方将合作建设连接印度尼西亚首都雅加达和万隆的高速铁路，这是中国高铁成功"走出去"的第一单
匈塞铁路	2016 年 9 月，中国、塞尔维亚、匈牙利三方就"匈塞铁路"项目达成协议，由三国共同建设，铁路全程 350 公里
中国与马来西亚	2017 年 8 月，中国投资 130 亿美元建设马来西亚东海岸铁路线，全长 688 公里
肯尼亚蒙内高铁	蒙内高铁全长 480 公里，采用中国国铁一级标准进行设计施工，于 2017 年 5 月 31 日建成通车

资料来源：笔者根据王菲菲所著的《"一带一路"背景下中国高铁外交研究——以中印尼雅万高铁为例》整理。

5. 智能高铁发展战略提上日程

随着德国工业 4.0 和中国制造 2025 的相继提出，社会上各个产业尤其是制造业开始智能转型，这对高速铁路的未来发展提出了新的要求。2017 年，我国提出了"智能铁路"的战略目标和建设"CR1623"标志性工程，启动了"智能京张""智能京雄"等铁路建设工程，提出了智能高铁的发展目标[①]。2019 年，我国又提出智能高速铁路的概念，给出智能高铁的四个组成部分，即智能高铁大脑平台、智能建造平台、智能装配平台和智能运行平台，并提出了智能高铁未来的发展战略。智能高铁属于铁路的前沿发展领域，还需进一步探索。

(二) 我国高铁产业发展面临的问题

我国高铁产业飞速成长的同时也遇到了不少艰难险阻，主要表现在以下几个方面。

(1) 高铁网络的空间布局结构并不完善，东西部地区高铁发展呈现极不平衡的局面。截至 2020 年末，我国高速铁路网集中在中东部地区，而西部地区的路网建设范围仍需进一步扩张。

---

① 王同军. 中国智能高铁发展战略研究［J］. 中国铁路，2019（1）：9 – 14.

（2）当代物流行业发展中高铁的作用发挥不够充分。眼下我国高速铁路仍然以客运为主，高铁与物流行业的结合仍需进一步加强。

（3）城市综合交通枢纽发展能力欠缺，重点区域之间、主要发达城市群之间的快速通道通而不畅，部分跨区域通道能力还不足，高速铁路与城市交通衔接水平有待提升。

（4）从高铁外交方面来看，当前我国高铁对外输出存在两方面的问题：政治问题和竞争问题①。政治挑战一方面是高铁进口国国内政治不稳定，另一方面则是对于我国出口高铁的政治目的的怀疑，这两者都会导致高铁在出口过程中出现反复的情况。在竞争问题上，在国际高铁市场中不乏强有力的竞争者，如日本、法国、德国等国家，我们不可轻视这些老牌的高铁技术强国的竞争。

第三节　高铁产业发展趋势

一、全球高铁发展趋势

经过半个世纪的两次发展大潮，全球高速铁路里程在不断增长。回顾世界高铁发展史，我们发现：日本用半个世纪的时间实现了 2300 多公里的高铁里程运行，平均运营时速 243 公里；法国历时 40 余年建设了 1900 多公里的 TGV 高速路，平均运营时速 277 公里；德国历时 20 余年建设了近 1600 公里的 ICE 高速铁路，平均运营时速 232 公里。中国则只用不到 7 年的时间建设运营了 1.9 万公里高速铁路，超过世界其他国家高铁运营里程的总和②。从技术上讲，追求更快的速度一直是高速铁路的发展目标，而要突破现在的速度瓶颈，需要解决以下两个问题：一要突破传统轮轨列车的轮轨黏着极限和公网运行速度和波动速度的极限；二要解决列车运行高速度所带来的较大空气阻力的问题。基于这两点，磁悬浮技术的广泛应用

① 陈诚. 对高铁外交的理论与战略解读［D］. 上海：上海外国语大学，2018.
② 西南交通大学校长：中国高铁的全球战略价值［EB/OL］. 人民网－教育频道，2016－2－6.

将是高速铁路的未来发展重要方向。

二、我国高铁发展趋势

（一）我国高铁产业发展的形势要求

随着第四次工业革命的到来和我国小康社会建设决胜阶段的来临，高铁产业的发展将面临新的要求。

1. 强化高铁在区域协调发展中的支撑和引领作用

目前我国区域发展的总体策略是西部开发、东北复兴、中部崛起、东部领先。同时实施三大战略：建设"一带一路"、京津冀协同发展、长江经济带开发。归根结底，我国地区发展的根本任务是缩小区域之间的经济差距，促进区域经济协调和发展。要实现这个目标，就必须建设完善的交通系统，加快发达地区与不发达地区之间劳动力、资本等生产要素的流动。高速铁路具有运输效率高、时间成本低等特点，但是当前高速铁路网络主要聚集在东部地区，在促进东西部地区协调发展中没有充分发挥作用，因此要扩大高速铁路覆盖范围，向中西部延伸高铁网络。

2. 促进高速铁路的绿色生态发展

目前我国生态环境保护形势较为严峻，环境污染问题仍然比较严重，这就必然需要我们节约集约利用资源，优化交通运输结构，加倍重视施展高速铁路运量大、能耗少、排放低等长处，在技术层面追求建设绿色铁路，建立绿色通道、节能环保、节约用地，加快形成绿色高效交通运输发展模式。

3. 提升高速铁路的国际竞争能力

当前正值我国建设以"一带一路"建设为中心的新型综合开放模式，高速铁路是"一带一路"项目的核心出口商品。在"一带一路"倡议下，我国的"高速铁路外交"取得了实质性进展，如 2015 年签署中印高铁合作项目协议，但取得的成果比较零散，多边合作和多国项目建设没有重大突破。高速铁路作为国际合作的重要范畴，应将视野放至全球范围内，协调境内境外市场，加强与周边市场的相互联通，加快铁路向外输出的步伐，建设我国铁路先进技术、高质量设备、高水平标准等品牌，提升国际影响力和竞争力。

（二）我国高铁产业的发展前景

根据 2016 年颁布的《中长期铁路网规划》，我国高速铁路产业发展的总体目标是到 2020 年改善整体路网布局，提高铁路装备的适用范围，健全运输安全保障体系，进一步实现经营管理模式现代化，不断提高创新能力，提高整体运输能力和服务水平，加强市场竞争力和在国际上的知名度，顺应全面建设小康社会的潮流。到 2030 年，实现基本内外部互联互通，保证跨区域、多通道的通畅，高速铁路将与国家首都接轨，建立城市高铁，加快进入城市的速度。总的来说，在当前"一带一路"的背景下，我国高速铁路产业有着明确的发展目标和广阔的前景。

从建设目标上看，当前我国高速铁路建设的整体规划是 2016 年调整后的《中长期铁路网规划》。对于中长期高速铁路建设，该方案的目标是建设"八纵八横"铁路线，即建设纵横两向各八条高速铁路网络。目前，我国"八纵八横"目标刚刚突破约 3/5，未来仍有将近一半的路程。

从技术层面来看，首先速度更快是高铁技术人员永恒的追求；其次是高铁智能化，通过大数据、云计算、物联网等信息技术和现代通信技术的应用，实现对旅客的智能服务和智能运输；最后要建设绿色铁路，包括绿色通道、节能环保和节约用地三个方面[①]。

从铁路外交的角度看，高速铁路是中国"一带一路"的重要出口商品。在"一带一路"倡议的推动下，我国"高铁外交"已经取得了重大进展，例如，2015 年中印度尼西亚合作项目雅万高铁协议的签署，但是目前取得的成果只是零散和碎片化的发展，在多边合作与多国项目共建方面还没有很大突破，这将是我国高铁外交今后发展的一个重点方向[②]。中国高铁外交作为国家外交开展的重要手段，对国家的战略布局产生了深远影响，未来高铁外交将继续不断丰富我国外交的形式和内容，以构建人类命运共同体为目标，促进世界经济的发展。

---

① 卢春房. 中国高铁技术发展展望：更快、智能、绿色 [J]. 科技导报，2018，36（6）：1.
② 王菲菲. "一带一路"背景下中国高铁外交研究 [D]. 长春：吉林大学，2018.

第十章

高铁产业管理

内容提要：

本章从高铁产业管理体制入手，分析了网运一体、网运分离、混合模式等多种高铁产业重组与改革的管理体制，最终认为我国应当采取集团化模式来管理高速铁路网络。由于高速铁路提供的产品具有很高的市场化运作空间，笔者认为我国高速铁路企业性强而公益性相对较弱，建议在高速铁路价格调节、快件速递、空铁联运等方面，采取更加市场化的方式。

第一节　高铁产业管理体制概述

一、网运一体模式

网运一体是指铁路基础设施和路网建设、维护和铁路的运营管理等都由一个独立的实体进行经营管理的模式。对于高铁管理者来说，网运一体模式具有以下的特点：首先，高铁集团是以合资的形式共同组建形成，是一种可以体现政企分开的法人实体。其次，高铁集团不只需要承担高铁的基础设施和路网建设与维护的工作，还要承担整个路网运行的高铁客货运经营管理。最后，高铁集团与各地的铁路局之间存在商业合作，即高铁集团在日常运营中，可以在向各地区的铁路局支付一定费用的前提下，使用各地的铁路局下的相关设施，并且可以借用高铁站点的售票网络，这样可

189

以节约资金，提高运营效率。^①

网运一体模式不仅对铁路集团形成独立的经济实体有利，能够使高铁集团成为一个独立经营、自负盈亏的法人实体，而且还有利于整合高速铁路的业务，进行综合管理，减少不同部门管理之间的交易成本。但是，网运一体模式使得工程建设需要投入大量的资金，不利于控制成本，并且不利于形成竞争性市场等。

二、网运分离模式

网运分离模式指的是将铁路的基础设施及路网的建设、维护与客货运的经营管理分离的运营模式。铁路的网运分离模式是根据铁路路网的运营与管理模式的区别，将铁路整体经营运输所需要的设施设备、管理部门等分为两部分，分别是基础设施部分和铁路运营部分，基础设施部分包括运输所需的铁路轨道、信号灯、站点、桥涵、通信系统以及指挥系统等，运营部分包括车辆、客运与货运，其中将运营部分根据市场需求划分为客运和货运等分支部门，可以方便铁路的经营和管理，将铁路基础设施与经营分离之后将实现独立的组织生产、运营管理、财务统计、投资建设与发展等。^②

根据铁道改革中企业运营边界的不同，出现了更多的网运分离模式，其中有两个过渡模式，即"网运有限分离"和"纵向分离，横向一体化"模式。网运有限分离出现在日本铁路重组和我国铁路重组试点改革中，包括"客网合一、货运分离"和"货网合一、客运分离"，即在一个网运一体经营的铁路公司下，引进其他一个或多个经营主体，与已有企业竞争货运或客运服务和路网使用权。在瑞典、德国和法国铁路管理系统中均出现了"纵向分离，横向一体化"的模式，这种模式即是实现纵向分离，将铁道路网和经营部分开，一个国家的路网是由一家线路企业管理的，而客运与货运的经营则由另一家运输企业管理。由于线路管理企业与运输经营企

---

① 魏然. 我国高速铁路运营管理的两种模式 [J]. 综合运输，2004（10）：38－40.

② Gohberg I. , Lancaster P. and Rodman L. Matrix Polynomials [M]. New York：Academic Press，1982.

业的运营资金是相互补充的，所以这种模式会导致两家企业之间分配资金的地位的差异，缺乏市场激励，所以这种模式在实际的铁路改革中，通常只作为一种过渡。专业的网运分离指的是"纵向分离，横向竞争"模式，出现在英国的铁路改革中。这种方式通常将铁路行业按业务划分成若干个明确的市场，有助于在一定程度上形成专业化并实现规模经济，从而提高管理效率①。该模式旨在通过加强市场竞争来降低交易费用。在英国铁道改革实践中，这种市场交易成本太高，使得英国政府不得不建立一套相应的制度来鼓励铁道企业，从而促进铁道企业的运作。② 完全的网运分离指的是"网络分割，垂直分离"，因其交易成本较高，所以目前还未被一个国家采用。这种模式是将铁路网络划分为多个线路公司，并将业务分为多个运营公司的、最彻底的分割铁路组织的模式。③

对高铁的经营管理而言，网络分离模式有以下几个特点：第一，负责高铁基础设施建设的路网公司与负责道路运输的客运公司相互独立；第二，独立路网和客运公司将有各自的责任，路网公司将主要承担高速铁路的基础设施建设和维修，包括线路维修、通信设备的维修、电力供应，客运公司主要从事客运业务，包括火车运营、票务、市场发展和技术支持等。具体地说，高速铁路客运与铁路局是合作经营的，客运与铁路局需要支付地区铁道局代理出售车票的费用，而客运与铁路集团需支付线路用费。

网运分离模式真实反映出政府和企业之间的分离。但是，由于高铁建设需要大量的投资，考虑到高铁运输的公益性，政府会为高铁建设提供一些资金和政策支持，但除了这些，政府只发挥了宏观管理、行业管理等职能，只制定了行业发展规划和相关的政策规定，对运输市场的秩序进行规范，并不会干扰铁道企业生产的组织。网运分离也使铁道部门运输公司从拥有和经营铁路基础设施中分离出来，从而让这些公司可以参与公平市场

---

① 王燕. 逐步剥离：我国铁路重组合理组织边界的初步探讨［J］. 中国工业经济，2003（8）：64 - 69.

② 高宏伟. 铁路改革与激励约束机制［M］. 北京：经济科学出版社，2004.

③ 蒋媛媛，陈雯. "网运分离"模式在中国铁路的可行性研究［J］. 产业经济研究，2009（6）：73 - 79.

的竞争，这不但提高了铁路交通市场的营运效率，而且也可以带来更大的社会利益。但这种模式也对高铁运营、管理产生了不利的影响，主要表现在独立企业的融资能力和融资通道有限、工程建设资金短缺等问题。

三、混合模式

在网运一体模式与网运分离模式之间，也存在并未完全分离，但也不是一个完全的"上""下"的铁路运营形式，即混合模式。例如，美国、加拿大、阿根廷和新西兰的铁路系统主要用于货运，货运公司拥有路网权，不同货运公司能够越过其拥有的铁道运输，而客运公司则需要租路网；像日本铁路是以客运为主的，区域客运是拥有路网的公司，货运是要向客运公司交纳使用费的，这是一项使用该公司的费用。像瑞典一样，尽管其国家铁路公司在 1988 年采用了网运分离模式，但其竞争形势并未形成，作为运营公司的 SJ 公司在市场上拥有垄断的地位，仅支付部分费用作为其轨道使用费，并且保留了指挥行驶的权力[1]；像法国，虽然名义上实行网运分离模式，但是线路公司仅负责线路资产的管理，其他的线路维护、设备维护、指挥行车等则全部由原来的国铁管理[2]。

第二节　高铁产业管理体制应用

1949 年以前，我国铁路公司的运营管理模式与线路和运营由同一铁路公司管理的完全网运分离模式非常相似。当时，为了避免其他铁路公司进入市场产生竞争，一些铁路线路之间故意断开连接。因此，当时的铁路公司之间并没有越轨运输的行为，货物越轨运输最初要办理托运，后来发展为了联运的方式。现在，我国高铁行业由国铁集团、国家发展改革委员

---

① 荣朝和. 试论"网运分离"与铁路重组的关系 [J]. 北京交通大学学报，2000，24（3）：35－40.

② Ahn S. M. Stability of a Matrix Polymialin Discrete Systems [J]. IEEE Trans. Automatic Control，1982，27（5）：1122－1124.

会、科技部、工业部、信息化部等部门紧密合作，相关企业、高校和科研机构积极参与发展。在与跨国企业的竞争中，铁道部以高铁技术为引进者，将既代表政府又代表企业管理人员的两种身份结合在一起。在高铁建设工程中，铁道部代表政府筹集资金，管理财务，负责基础设施的招标、建设、竣工验收，负责站台线路的设计规划、技术标准，负责配属机车的购买、保管和登记。在高铁营运过程中，铁道部负责管理运营、统一调配、安全生产、提供运输服务等[①]。

第三节　高铁产业管理体制评价

一、网运一体模式的评价

网运一体模式有利于集中资源统筹安排，提高管理效率和运营效率，具体表现在以下几个方面：

（1）能够集合国内资源，实现"一致对外"。铁道部成立了统一、专业的技术引进谈判小组，分设了动车组、大功率交流传动动车核心技术和主要配套技术三个项目，以战略买家的身份统筹推进项目进程，并统一指挥中国相关方和几家跨国企业进行技术引进与谈判。以铁道部为主，协调国内高铁技术有关方，如南车、中车四方等，共同组成与外谈判小组，进行集中采购，加强了中方的议价能力，确立了中方的买家优势地位。

（2）能够依托政府的信用来增加高铁建设贷款，发行铁道建设券，吸纳地方政府、国有企业的资金以及来自民间的融资，铁道部和地方政府就合作达成了协议，确保了足够的建设资金。

（3）可以统一各方的技术力量，增强国内产业研究的凝聚力和创新力，研发自主技术，积累原始创新，促进铁路技术的实际应用和效果评估。在高铁技术的发展过程中，作为铁路运输行业管理者的铁道部，负责

---

① Xiao Yang, Unbehauen R. , Du Xiyu. Sufficient conditions for Hurwitz and Schur stability of interval matrix polynomials ［C］. Proc. of European Control Conference （ECC' 99）, Karlsruhe, Germany, Aug. 31 – Sept. 3, 1999.

国家科技政策的监督和执行，国资委、大型国有企业等政府主管部门都表现出强烈的主动性和积极性，推动高铁技术创新与自主研发进程顺利进行。在这些部门的推动和组织下，我国高铁技术的发展形成了高效且作用强大的创新支撑体系。

（4）加强国内生产企业的组织协调能力，引导机车车辆产品升级换代，引导相关企业开展对外经济技术合作和股份制改革。

（5）能够迅速组织基础设施建设和监理工作，掌握建设进度，督促完成投资计划，按时完成规划任务。[①]

同时网运一体的管理体制在高铁建设实践中也存在弊端，主要表现在以下几点：

（1）高铁线路的总体设计和规划并不准确科学合理，站房等配套基础设施建设和使用标准过高，浪费严重，超过了我国当前的实际使用需要，不符合实际国情，投入生产是不经济的。

（2）铁道部作为政企一体化部门，承担着融资贷款主体的责任。由于资本自身建设的繁重需要，很容易忽视偿还债务和还本付息的能力，从而导致债务危机和财务管理问题，很容易导致本应由政府承担的资本债务和利息偿还责任被不当转移到运输企业，影响其自身发展能力；很容易造成因建设资金不足影响施工企业的工资发放，增加其经济负担，增加财务风险，甚至导致建设投资方偷工减料，引发工程质量安全问题。

（3）铁道部集合多个角色进行集中统一管理，容易出现职责混淆和角色冲突，这将影响高铁这一技术水平高、投资渠道多、资金沉淀重、关联产业多、安全风险高的高新技术产业的战略管理，降低了管理效率，增加了管理成本，甚至最后不能对其进行有效的监督管理，滋生贪污腐败等。

二、网运分离模式的评价

铁路网运分离模式的特点是由国有资本全资拥有或控制的大型、统一、完整的路网公司，以及由各种资本组织的大量小型、精密、专业化的

---

① 赵庆国. 高速铁路产业发展政策研究［D］. 南昌：江西财经大学，2013.

运营公司组成，该模式有利于吸引社会资本，提高运输效率。

（1）网运分离有助于吸引社会资本投资。铁路投融资体制改革一直是铁路改革的关键点和难点。为什么社会资本不愿进入铁路部门呢？有两个原因：第一，社会资本没有合理的预期回报，所以"不愿进"。第二，铁路建设是资本密集型、回报周期长的行业，而我国的社会资本一般比较分散、规模较小，所以呈现小规模的社会资本"无法进"，但是网运分离的模式可以分离铁路建设所需资金，其中，由国有资本承担路网与基础设施建设等需要的大额资金，而小规模的资本可以通过租用线路与车辆等资金占用相对较少、回报周期短的形式参与铁路运营。可以看出，网运分离模式下，可以最大限度地吸引社会资本，尤其是方便分散、规模小的社会资本进入铁路部门参与运营。

（2）网运分离的管理模式对高速铁路的交通运输管理效率有利。由大型国有资本建立的铁路公司，在有效保障安全的基本前提下，可以大大提高中国铁路的日常运营管理效率。并且，由于我国疆土辽阔，地区经济发展不均衡，我国铁路呈现跨区域"直通运输"的特点。前铁道部为铁路局留下了较为严格的清算过程，为了自身利益，铁路局经常为了实现一些具体技术和经济指标，影响了铁路的运输效率。

（3）网运分离有利于加强运输市场竞争。由社会资本成立的多个小型专业化的运营公司，可以在保证安全准时的条件下，加强市场竞争。网运分离模式下，社会资本可以通过租用车辆、线路等方式运营铁路，由于该种方式所需资本相对较少，回收周期较短，所以可以存在较多的由社会资本成立的小型铁路运营公司，这将增强整个铁路市场的竞争，其中，只有运营效率较高、服务质量较高的企业才能在市场竞争中长存。[①]

但是，网络营运的行业分离经营方式也还是有很多弊端。第一，没有中央政府专项资金的大力支持，独立自主经营的中小企业融资资金能力和融资资金通道必然是有限的。第二，客运、路网运输公司和铁路局的工作关系错综复杂，实现完全的网运分离需要部门之间的配合，将这些部门完全结合起来，政府会面临难度较大的协调工作。

---

① 左大杰. 铁路网运分离的必要性与实施路径［J］. 综合运输，2013（7）：44－46.

第四节　我国高铁产业管理建议

一、集团化模式的概述

集团是以母公司的资产为基础，以合资、合作或是股权投资的形式，将三个或三个以上独立公司实体联合起来的集合。

集团化经营的理论基础：（1）企业边界理论。每个企业的边界不同，而不同企业间形成的交易，不仅要获得自身的收益，还要缴付一定的交易成本和税收，因此企业之间的交易可以使交易费最小化，集团化的运作就是扩大企业的边界。（2）规模效益理论。比如统一采购、结算、制造、营销等。（3）协同效益理论。一个集团的不同企业之间除了业务联系，还会产生一定的相互作用，集团统筹所有的子公司，对各子公司进行统筹，在集团内部实现生产要素的互动和协同，推动集团创新生产和发展，实现"1+1>2"，即协同效应。

集团企业模式管理是一种相互作用和相互支持的管理体系，该集团模式的具体定义及其过程主要包括以下三个基本方面：一是狭义的管理模式，也就是由集团总公司直接管理其集团下属的企业公司；二是广义的管控模式，该管控模式一方面主要包括狭义集团管理模式，另一方面还主要包含着如何建立一个集团企业治理管控体系的整个过程、组织结构，以及集团内部职责的划分；三是与管理方式有关的其他的因素，包括战略选择、人力资源管理与信息管理等。

二、集团化模式的适用性

（一）高铁产业管理集团化模式

高速铁路作为整个铁路运输业的重要组成部分，已纳入运输业的集中统一管理体系。因此，高速铁路行业的组织管理应与普通铁路衔接起来，以适应铁路行业发展需要。高速铁路的融资方式与普通铁路不同，包括中央政府债券融资、地方政府股权投资、银行贷款、国有投资和民间资本等多种经济，具有高质量的资产和高科技含量，但其大部分投资都是沉淀的，且产业链较长。因此，高铁产业政策应有其特殊的针对性和可操作性，应该采用现代企业体系进行设计、规范和运作。目前，铁路总公司是根据《全民所有制工业法》转变为国有企业的，受中央直接管理，在随后的资产评估、企业重组和产业布局调整中，政府与总公司在高铁这一重要领域，不仅应从建设、经营的角度，而且要从高铁行业的发展到整个高铁的资产管理的层面，提供政策指导，按照现代企业制度，对生产布局、组织结构、管理制度和商业模式进行设计和定位。

（二）目前我国高铁管理模式存在的问题

目前，铁路运输行业的职业管理机构、政府监管的功能机关，存在着政出多个部门的管理问题，铁路业的监管机关和监管功能分布在众多独立政府机关中，存在权力分散、责任划分不清、政企不分的弊端。自20世纪80年代以来，铁路改革与发展的实际运作主要涉及四种重要关系：中央政府与铁道部的关系，铁道部与铁路企业的关系，铁路企业之间的关系以及铁路企业与市场之间的关系。

从国家与政府及铁路行业的关系来看，铁道部长期履行政府监管、国有资产代表、行业管理三大职能，但其权限并不完备。运输企业参与市场竞争的核心权是定价权，但定价权是国家发改委批准的。同时，发改委还拥有铁路项目的审批权和建设规划权。《中长期铁路网规划（2008年调整）》于2008年10月获得发改委批复，地方政府负责对本地区铁路企业的经营管理进行监督。这种行业管理机制让铁道部陷入十分尴尬的境地，一方面，要代表国家和政府的利益，对铁路行业进行监管，干涉国有铁路企业的自主权；另一方面，又要争取铁路运输企业在国家职能部门中的市场权利，实现较高的市场效益，这使得国家职能部门和行政机关争夺市场支配权和运输企业市场经济利益的矛盾在一定程度上聚集到铁道部。铁路产权关系扭曲的根本原因在于中央政府与铁道部的关系没有理顺，铁道部与下属铁路局的关系不仅涉及政企关系，还涉及铁路运输业务的组织设计问题。铁路管制中政府与企业权利边界的合理界定是铁路产权改革最关键的内容。高速铁路投资建设中的诸多问题正是这一矛盾的集中反映。无论是从国家综合交通运输体系建设还是铁路行业长远发展来看，铁路中长期发展规划都应纳入国家战略发展规划体系，并由有关部门协调负责。但发改委在批复铁道部《中长期铁路网规划》和高铁建设工程时，并没有与财政部及相关职能部门协调，也没有组织相关协调部门对项目实施进行统一管理。铁道部的投资审计、建设资源和去向以及建设资金主要由铁道部自己负责。由铁道部行业管理部门负责具体组织管理工作本无可厚非，但由于没有相应的财政政策，铁道部只能一边倡议政企分开，同时又控制住国有铁路运输收入，实现自主建设资金。铁道部为支持企业的技术开发和路网建设，通过基金、债券发行、商业银行贷款等方式筹集资金，并负责偿还本息，在运输企业投资渠道差、经营困难的情况下，只能把铁路运输企业的经营收入作为偿还本息的重要渠道。事实上，国内学术界对铁路行业"行政垄断"的批评，正反映了这一制度设计上的缺陷。

三、构建集团化模式管理

构建高铁产业管理集团化模式，要充分考虑以下几点。

（一）高铁产业政策要和铁路体制改革和产业属性定位相适应

（1）铁路运输行业在我国国民经济生活中的基础性地位和其在国计民生、公益运输、国防安全等方面的重要作用，以及其具有的规模与范围经济性、网络密度经济性、国有铁路的所有权性质等方面，无疑会凸显铁路行业的自然垄断特性，因此铁路行业无法自发地形成自由竞争市场。与普通工商业企业相比，国家和政府有必要对铁路行业进行宏观调控，例如保留一些公益线路、国家重点物资的运输，以及军运、专运等特殊运输。铁路是国家的命脉，具有重要的基础设施地位，能满足国防、军事、抗灾救灾等特殊需要，因此铁路的长干线、重要桥梁、隧道及其主要枢纽和辐射区域是国家安全的重点保护区域。高铁具有重要的经济、社会价值和国防性，且高速铁路的自主创新技术成果受到国家知识产权的保护，这就决定了高速铁路的产业组织和管理体制必须满足铁路行业的相关要求，必须接受国家交通网络的统一规划与管理。

（2）基于以政企分离为核心的政府管理体制改革要求，对包括高铁在内的铁路建设与运营进行宏观调控和行业监管是存在限制和有条件的。政府应该放开能够通过市场手段实现运输企业资源最优配置并高效运营的环节，交由其独立负责，而政府的行政管理和行业监管职责应局限于满足国家和社会经济发展的总体需求、保障运输市场秩序的公平公正制度环境以及市场失灵领域。大部制改革必须明确交通运输部和所属国家铁道局之间、交通运输部和发改委之间的经济关系以及和运输企业的管理关系，形成一个科学、有效、合理的工业组织结构。在界定政府的管理职能和企业的经营权的边界时，应严格规定政府的职责，确立铁道运输企业的自主经营和自我开发的市场主体责任。高铁行业的可持续发展，从根本上依赖于该体制的建立与有效率的运行。

（3）按照现代企业制度的要求，逐步理顺并重塑中国铁路总公司与所属18个铁路局、专业性公司和上市公司之间的经济联系和管理关系，在资产核算和产权确认的基础上，对国有铁路系统进行重组和改革，确保多元投资主体的投资权益，吸引更多的社会资本，根据《中华人民共和国公司法》有关规定，组建企业，将资产与经营结合，但目前新建客运专线的债务由铁路业全部负担，没有体现"谁建谁受益，谁借谁还贷"原则，这个问题必须通过企业制改造加以解决。

（4）高度重视铁路行业的对外开放，引入外部竞争。在优化和调整行业组织系统的过程，应该充分考虑非国有铁路运输企业、科研机构以及铁路外运输企业之间的联系，勇于打破封闭系统，按照市场经济的要求，建设一个开放的、充满活力的社会铁路产业组织体系和有利于高速铁路、普通铁路建设和运营的微观基础。

（5）我国是一个人口大国，铁路依靠其运行时间、票价的优势成为我国日常出行的普遍选择，但我国铁路行业却没有经过充分市场竞争与发展，因此，打破行业垄断，实现有效竞争，需要处理更多的矛盾，面临着更多的不确定性，必须从实际出发，做好改革，实现稳定发展。铁路行业引入竞争机制，将提高铁路运营效率，提高服务质量，增加社会福利。但是，如果改革政策缺乏对铁路运输公司的相应保护机制，一旦原有法规被破坏，又没有新的法规出台，就会对国民经济的发展产生负面影响。

（二）高铁产业的优化设计要充分遵循铁路运输生产组织规律及特点

我国铁路产业组织不同于国外的铁路模式，日本的新干线主要以客运为主，美国的铁路主要以货运为主，但我国主要是客运与货运混合型的，在铁路和站线的共享性和统一性上存在组织问题。铁路运输企业也不同于一般工业企业，因此，其产业组织政策必须从铁路运输的组织规律和生产特点出发，提出具体的操作方案。特别要注意以下几点：

（1）铁路运输行业具有规模经济性和网络经济性。首先，铁路行业具有网络型特征，具有覆盖范围广、向四面八方延伸的完整统一的铁路运输网络。铁路网络系统的完整性和畅通性是铁路运输的优势和功能基础。其次，铁路产业具有明显的规模经济特征。庞大的固定投资成本和较低的可变成本使得运输产品的边际成本较低，平均成本高于边际成本。最后，铁路行业的资产具有很强的专用性，资产一旦投入铁路行业，很难改变用途。

（2）运输组织的统一调配和统一指挥。调度指挥权具有高效统一路网安排管理的特殊作用，也是实现我国铁路行业的规模效应、网络效应的前提，世界上各国铁路企业均有自己的线路运营指挥权，而其他铁路企业则享有运营权。即使存在其他企业的车辆在其线路行驶，也需要服从该线路所有者的调度指挥。

（3）维持运输产品的完整性。运输产品的完整性是指旅客和货物在运输过程中必须能够顺利通过各种服务节点，在最短的时间内到达目的地。理论界对铁路并购有不同的解释，包括节约交易成本、产生规模经济、扩大市场份额等，然而无论我国铁路产业组织如何优化和调整，相关政策都必须支持并提供整个过程的服务，使其能够完整、统一地运输产品，以实现最佳效益和满足铁路资源的高效率利用。

（三）高铁产业管理要遵循铁路市场化经营

我国高速铁路发展的时间并不长，却已具有明显的优势。高速铁路不但速度快，运载量大，而且耗电量相对较小，舒适度较高，基于这些优点，高速铁路现已成为人们旅行的第一选择。实践证明，高速铁路与航空公司在中长期内相比较，具有较明显的优势，且高速铁路公益性较弱，因此，高铁企业在运营过程中，应充分考虑运输市场，加强对市场的调研，加强对运行距离、票价的调整和空铁的联运。例如，根据旅客流量大小安排列车、优化资源分配，不仅提高了工作效率，而且节约了成本；增加购票方式，除了传统车站的售票方式外，还可利用在线网络售票，满足不同的客户需求；实行阶梯票价，根据座位的不同、舒适度和运行时间的不同而区分票价，乘客可以根据自身状况，自主选择乘坐的座位类别和运行时间，增加高铁运输企业的效益，提高资源利用效率。

第十一章

高铁产业政策

内容提要：

　　本章在分析国际上其他国家和地区高铁产业发展政策的基础上，认为高速铁路基础设施建设投资具有很强的公共物品、外部性、公益性特征，需要国家中央政府和地方政府给予必要的产业发展政策支持。同时，需要从国土规划政策、投融资政策、技术发展政策、公益性补贴政策、产业规制政策等方面给予必要的助力。

第一节　高铁产业政策作用

　　长期以来，铁路运输业的发展面临着公共服务与经济效益之间的矛盾、市场的基本功能与铁路市场化程度之间的矛盾、市场信息的迅速变化与集中统一交通指挥之间的矛盾、铁路运输骨干建设与公路建设之间的矛盾，以及民航综合运输系统之间的矛盾等，这些矛盾阻碍着高速铁路向前发展。面临投资成本高、建设规模大、综合效益好、市场潜力大的局面，铁路公司不仅依靠自身积累的资金，而且需要国家政策的支持。产业发展政策是指以产业发展为中心，力求实现特定的产业成长目标，利用多种手段所拟定的一系列具体政策的总和。在第九章我们提到，未来高铁产业发展的趋势是进一步扩大高铁产业网络，追求技术的绿色化和智能化以及推动"高铁外交"发展的步伐。在市场经济的条件下，由于存在市场失灵现象，要实现这些发展目标面临重重困难，这就需要政府调控，有针对性地制定高铁产业发展政策，合理调配市场资源，力求实现社会的帕累托最优，促进高铁经济的发展。因此，高铁产业的发展有着强烈的政策需求。而高速铁路在投资建设、运营管理等方面都有其自身独特的特点，因此有针对性地研究高速铁路的政策选择，对于合理安排铁路网络，发挥不同线路的各自优势，建设综合性的交通系统，推动高铁产业对其他产业的联动作用有积极影响。

高速铁路行业的建设前期需要投入巨额资金，进入门槛较高，因此该行业具有垄断性，但同时也具有公共物品的特性，属于比较典型的自然垄断行业，不论是前期的资金筹募还是后期的经营管理，往往需要政府提供相应的政策支持。但是政府应该如何选择政策，政策又会发挥怎样的作用，还值得我们深入研究。

杨杰等（2009）研究建立了京沪高速铁路的技术经济评价模型，将净现值（NPV）、内部收益率和投资回收期作为评价指标，为政府干预高铁产业经济奠定了相应的理论基础。冯华、薛鹏（2011）指出高铁的建设和运营都需要有效的政府政策支持，且我国西部地区对于政策支持的需求更大。针对政府应该选择怎样的政策，他们建议应该增加中央和地方政府的补贴，加大科研教育力度，同时对融资模式进行创新。张梦龙（2014）基于公共物品的视角提出铁路作为一种基础产业，具有公共物品属性、天然垄断性和资本密集性，因此我们要同时发挥政府"看得见的手"和市场"看不见的手"的双重作用，对铁路事业的公共性和私人性进行区分，根据相应的职能对铁路进行改革。另外，还有学者对高速铁路的经济和社会效益进行了分析。总的来说，国内大多数学者对于政府是否应该干预高速铁路行业持肯定意见，对于高速铁路政策实施效果如何，也有大量学者对此作了研究。

在高速铁路政策对经济的影响方面，闫枫（2016）以京津高速铁路为例，分析了城际高速铁路的综合效益，通过实证研究指出高速铁路提高了关联产业的经济效益，提高了社会就业率，促进了高速铁路所在城市的发展。姚毅（2018）探讨了高铁经济对区域经济发展的影响，研究表明高速铁路在速度方面的优势大大缩短了时空距离，有利于促成新的商业模式。此外，高铁枢纽的创立有助于催生出新的产业集群格局。

在高速铁路政策对地域规划的影响上，叶斌、汤晋（2010）从公共政策的角度阐述了欧洲高速铁路规划体系的政策导向，从中得到对我国高速铁路网络规划的启示，例如，在规划高铁线路时要强调国土空间的协调发展，注重高铁站点周围土地的综合开发和利用，利用高速铁路的辐射作用构建大都市圈等。侯明明（2008）对世界上主要的高速铁路体系以及高铁综合交通枢纽进行了分析，得出了高速铁路综合交通枢纽和地区经济发展之间存在相辅相成的关系，二者相互催化相互带动的结论。对我国来说，积极发展高速铁路交通枢纽至关重要，政府应该积极推动产业发展与高铁建设相结合的战略，促进区域可持续发展。王兰（2011）分别从高铁站点周边、区域和城市三个空间层面研究了高速铁路对城市空间的影响，提出了高铁发展对城市空间结构影响的分析框架。并且结合对北京—上海段高速铁路的实证分析，提出了站点地区规划的政策性原则：要确立站点地区合理的规划和正确的功能定位，就需要对多个要素进行评估，包括站点与现有建成区的关系、站点与城市中心的距离、高速铁路与其他交通工具连接的便捷程度等多个方面，在站点周边的规划设计中要推进混合的土地使用开发，提升地区的人气和活力，需要明确适合城市自身发展阶段的特点并以此进行高速铁路站点地区的定位。

第二节　高铁产业政策目标

一、高速铁路发展的经济政策目标

高速铁路建设的经济效益可以从方方面面反映出来。从技术上看，高速铁路的投资建设减少了时间成本，提高了客运和货运效率，从而带来了更多的经济增长；从区域经济来看，高速铁路的建设有利于沿线地区城镇化的发展，促进站点周围城市经济增长，也有利于建立跨区域的城市圈，推动区域一体化的进程等；从国土规划的角度来看，高速铁路的建设在很大程度上改变了土地的规划和职能，进一步推进了我国整体的国土规划。因此，高速铁路发展的经济政策目标不能仅局限于节约时间成本带来的经济效益，更重要的是其对于区域经济协调发展和国土规划的推动。

（一）经济效益目标

1. 直接的经济效益目标

直接经济效益分为两部分，一方面，是指高速铁路作为一项大型交通基础设施，其建设需要大量资金投入。例如，我国最有名的京沪高铁全长1300多公里，总花费超过2200亿元，广深段高铁平均每公里花费2亿元人民币，而堪称中国建设成本最高的香港高铁，每一百米的成本达到了2.8亿元人民币。另一方面，如此高额的投资建设对经济增长的作用也非常明显。以京沪高铁为例，京沪高铁占全国铁路总里程的2.8%，但负担全国铁路客运总量的14%和货运总量的10%，每年收入超过200亿元。①在高速铁路对于时间成本的节约方面，无论是从微观个体的角度还是从宏观角度，高速铁路的建设都使其单位时间内创造的经济效益取得了跃迁式的提升。

2. 给沿线城市带来经济效益的目标

高速铁路发展政策的经济目标还包括促进沿线地区城市化的进程。首先，高速铁路的建设改变了沿线地区土地的利用模式，以长江三角洲地区为例，南京、杭州、苏州等地区均建设了高铁新城，将旧的农村用地转变为商业用地和住宅用地，促进相关地区人口聚集，同时商业区的建立为当地提供了大量就业岗位。其次，高铁站点对其周边地区的辐射作用亦很明显，具体体现在四个方面，分别是集聚效应、同城效应、扩散效应和池差效应，集聚效应推动了城市服务体系的建立，同城效应减小了人口流动的摩擦力，扩散效应提升了城市的能级，池差效应促进了产业的分工。因此，高速铁路的发展政策也旨在通过其点轴效应促进我国的城市化发展。

3. 增加相关产业的经济效益目标

与高速铁路建设发展相关联的产业范围很广。高速铁路建设涉及的产

---

① 京沪高铁概况［EB/OL］.国家铁路局官方网站，2014－1－8.

业包括建设、机械、钢铁、电子、电气甚至人工智能等行业。例如，高铁牵引变电二次设备制造的竞争企业中，国电南自、许继电气等公司均大有收获，国电南自 2010 年的轨道交通业务量为 17824.48 万元，实现营业收入 16910.17 万元；许继电气在 2010 年实现营业收入 38.56 亿元，相较 2009 年提高了 26.84%[①]。高速铁路的发展无疑催生出一条相当庞大的产业链条，促进了一系列相关企业的经济效益的提升。

此外，使高速铁路服务于旅游、文化及房地产产业也是高铁发展的政策目标之一。对于旅游业，高速铁路的开通提高了城市之间的通达性，压缩了旅客的行程时间成本，高铁沿线城市对于旅客的吸引力随之增加。随着高速铁路的开通，以城市命名的高铁车站往往会起到一定的宣传效果，辅以列车上的广告，城市将被更多人熟知，从而推动当地旅游经济的发展，进而增加了对餐饮、住宿等行业的需求，促进了当地第三产业的发展。以南广高速铁路为例，南广高速铁路于 2014 年 12 月开通，广州直通南宁仅需 3 个小时。到 2015 年，南宁接待国内游客 815.91 亿人次，比上年增长 18.16%，国内旅游收入 729.93 亿元，增长 21.91%。游客数量的增加也推动了当地旅游房地产、酒店等产业经济收益的增长，2015 年，南宁星级酒店达到 51 家。[②] 高速铁路也影响着文化产业的发展。随着高速铁路的建设，人们的出行越来越方便。一方面，人们对外出游玩的需求有所增加，这有利于每个城市的文化扩散和宣传，从而促进各城市文化经济的发展。另一方面，每个城市的人口流动有利于城市间文化的相互融合和竞争。在房地产业方面，许多城市以高速铁路站区的综合发展为载体，大力发展车站区域经济，促进高速铁路新城、新区的建设。车站建成的商务区已成为一种重要的新的发展模式，车站区域经济的发展将使所在地新区的价值不断增加，从而促进房地产业的发展。以郑州东站为例，该站于 2009 年开始建设，2012 年 9 月正式通车。郑州东站正式开通之前，很多人已经把注意力集中在这个地方。2010 年，该区域的商业土地交易量达到前一年的两倍。随着商业及相关配套设施的逐步进入，住宅市场规模不断扩大。

---

① 高铁牵引供电产业链图谱 [EB/OL]. 中国传动网，2011-7-27.
② 胡建华. 南宁经济发展报告（2016）[M]. 北京：社会科学文献出版社，2016.

2011 年住宅用地交易量大幅增长，2012 年交易量达到历史最高水平。[①] 可见，高速铁路的建设对房地产价值增值具有重要意义。

（二）国土规划目标

1. 高铁枢纽与城市群发展目标

高铁建设会给城市带来劳动力和资本的流入，这是提高经济增长速度的根本要素。特别是对于三线城市来说，如果可以成为高铁枢纽城市，那么升级为二线城市的道路可以说成功了一半。高铁枢纽的建立将激发第三产业的快速发展，加快城市产业结构升级，降低企业在生产经营过程中的流通成本，使城市的区位优势不断加强，资源配置更加合理化。因此建立高铁枢纽对于城市而言有着巨大的商机和吸引力，也是高铁发展政策的重要经济目标之一。

高铁枢纽的崛起意味着其周围的发展趋势将更加集中化，吸引房地产业、工商业和其他设施的会聚，功能聚集的同时也会相应带来交通运输量的增加。可达性的增强引起地皮价格上涨，从而开发强度就会提高，形成功能完善的城市结构，进一步集聚人流、物流、资金流，产生规模经济效应。因此在高铁枢纽下，城市发展将由单一城市的发展转变为"经济圈"或者"都市圈"，充分发挥城市之间的联动效应。

2. 高铁沿线枢纽对区域规划的发展目标

林晓言（2017）指出交通建设与地区经济增长之间存在密切互动关系[②]。一方面，交通基础设施的建立大大缩减了出行的时间成本，提高了地区之间的可达性，使不同区域之间生产要素的流动更为容易，进而引起人口和产业地区分布的改变，土地利用发展形态、空间结构也随之改变。另一方面，人口和产业发展、土地利用等区域发展形态的改变会导致交通需求增长和分布的变化，进而促进交通建设，一个双向互动的关系就此形成。因此，高速铁路的综合规划与周边地区的土地规划紧密牵连，对于沿线地区的经济增长有重要的积极影响。

---

① 2012 年郑州土地成交 745.1 万平　东区地块成主力［EB/OL］. 新浪地产网，2013 - 1 - 30.
② 林晓言. 高速铁路与中国社会经济发展新格局［M］. 北京：社会科学文献出版社，2017：121 - 205.

高铁产业经济学

高速铁路建设运营的经济政策目标在于为提高经济效益和国土规划服务。其自身作为基础设施建设投资既可以取得巨大的直接经济收益、为人们的生产生活提供便利的交通，还可以为沿线城市和相关产业带来收益。同时，高速铁路促进了大都市商业聚集和人口流动以及区域发展的平衡。

二、高速铁路发展的社会政策目标

高速铁路是我国交通基础设施的一个重要组成部分，不仅带来了巨大的经济效益，而且对社会发展产生了积极影响。高速铁路的社会效益体现在：其一，高速铁路的发展提升了客运服务水平，发展了网络客运能力，满足了人民不断增长的生活需求；其二，有利于缩小东西部地域差异，有助于区域和谐发展，实现共同富裕；其三，有利于优化铁路干线布局，完善铁路设施网络，建立综合性的交通运输体系。

（一）改善铁路运输服务

高速铁路的发展提高了客运服务水平，高铁网络的不断扩大使铁路运输服务的多样性、选择性、舒适性和便捷性不断增强。同时不断优化售票组织和服务，进一步完善 12306 网络售票，并逐渐推行无纸化售票，尽可能节约旅客的时间成本，为旅客带来更好的出行体验。另外，随着高铁货运的推广，铁路的货运市场得到拓展，高速铁路快捷高效的特点大大提高了货物运输效率，高铁快运的出现是对铁路运输组织模式的创新与提高，有助于培育一批竞争力强的现代铁路物流企业。

（二）促进区域协调发展

我国铁路网络的布局呈现出由东部地区向中西部地区扩展的局面，高铁产业的逐渐扩展带动沿线地区产业的升级和改造，通过点轴辐射作用推进工业企业由东部地区向中西部地区迁移，从而为中西部经济发展增添活力，实现东中西部的协调发展。以湖北省为例，武广高速铁路将湖北省的九江、岳阳、黄石等重要城市联系起来，这些城市之间人员、资金的流动、文化的沟通等变得更加容易。各市由此可以充分施展自身优势，建立区域合作，实现产业的转移和升级。此外，高速铁路也将武汉和沿海城市相连接，通过与沿海地区的沟通，将先进的技术和企业管理观念引入中部地区，充分利用中部地区丰富的人力资源和优惠的创业政策，扩大武汉都市圈的影响力。

（三）优化交通运输布局

首先，我国在全面贯通"四纵四横"高速铁路主骨架的基础上，推进"八纵八横"主通道建设，进一步完善高铁网络的构建，大大缩减了区域间的时空距离。其次，干线铁路网络布局逐渐优化，城际高速铁路网的覆盖面逐渐扩大，推进了城镇化发展的道路，为城市群的建造奠定了坚实的基础，城际铁路与公路、航运、公交等相配合，满足不同层次乘客和货物的运输需求，建立健全综合性的交通运输体系。

三、高速铁路发展的政治政策目标

高速铁路的发展与我国的政治格局息息相关，反映了我国的政治实力。第一，其政治意义主要表现在推动了我国"一带一路"倡议的实施，高速铁路成为国际合作的重要领域和优先方向。第二，我国高铁技术的进步使得高速铁路成为我国外交工作中一张崭新亮丽的"名片"，推进高铁"走出去"将提升我国的国际竞争力和国际地位。第三，高速铁路在我国的崛起是社会主义制度优越性的集中体现。

（一）构建"一带一路"倡议

"一带一路"建设部署的贯彻落实要求持续推进在中西部地区的铁路建设，进一步完善覆盖广泛的运输网络。"一带一路"倡议的实施就是要与沿线国家建立合作关系，共同创造政治、经济和文化相互融合，彼此信任的利益共同体。

实施"一带一路"倡议，要求铁路工程继续以中西部地区为重点，加快高速铁路同道建设，进一步扩大全国高速铁路网。"一带一路"倡议的实施是与沿线国家建立经济合作关系，与沿线各国共同创造利益共同体。

而高速铁路的建设则有利于稳固我国与周边国家的连通纽带，例如我国近几年来承建的土耳其安伊高速铁路、雅万高铁和中老、匈塞等铁路，一方面打出了我国高速铁路的名号，另一方面加强了国际合作，共同推进对外骨干铁路通道建设，构建连接国内外、安全通畅的综合交通运输网络，有力地推进了我国的"一带一路"倡议。

（二）推动高铁"走出去"

高铁"走出去"实质上是我国"一带一路"倡议的主要内容之一。根据《铁路十三五发展规划》，提高高速铁路的输出量要求综合运用海内海外两个市场及生产资源，拓宽我国高铁产业的对外合作，例如技术咨询、建设施工、装备制造、运输管理、人才培训及技术标准等，使我国铁路处于全球产业链、价值链的高端。高铁的外交意义不仅在于将高速铁路推向世界，还在于多层面、多方式地宣传和推介中国标准，提升中国铁路标准国际影响力，从而通过高速铁路这一"名片"与世界各国加强合作，实现共赢。

（三）集中体现社会主义制度优越性

20 世纪 90 年代，绿皮车还是中国铁路客运的主体，其运行速度最高可以达到 160 公里/小时；2007 年开通了"和谐号"，我国铁路运行速度达到 200 公里/小时以上。到 2018 年，我国的高速铁路发展已经达到世界领先水平。我国高速铁路的发展堪称世界奇迹，其成果是我国社会主义政治制度优越性的集中体现。在社会主义制度下，中央和地方政府的积极性可以被充分调动起来，此外，我国地方政府采取的锦标赛制度也对地方政府起到了明显的激励作用，使我国能够集中财力物力人力建设高铁项目，与西方资本主义国家 20 世纪后铁路建设的停滞状态形成鲜明对比。

四、高速铁路发展的环境政策目标

当前我国的整体环境形势比较严峻：资源存量难以满足可持续发展的需求，环境负担较大，生态系统功能退化等。其中，自然资源尤其是不可再生资源短缺问题相对严重，这对我们在资源方面加强集约节约利用提出了更高的要求。在交通运输领域，国家需要进一步优化运输结构，发挥高速铁路运输低能耗、低排放的比较优势，从而促进绿色高效的交通运输方式的推广和使用。高速铁路发展的环境政策总体目标是按照生态文明建设的需要，将生态环保理念贯穿高速铁路规划、建设、经营和维护各个方面，采用先进技术提高资源重复利用率，尽可能减少污染排放量。

（一）发挥高速铁路比较优势

高速铁路是典型的节能环保型交通工具。铁路交通在环境保护方面具有绿色低碳、能源消耗低、废物排放少的特征。中国铁路太原局集团有限公司党委书记、董事长程先东在题为《发挥铁路比较优势在交通运输绿色低碳发展中当好先行》的主题演讲中提道，铁路多承担一份运量，就能够多节约一份资源、减少一份污染。因此高速铁路发展很大程度上改变了人们的交通消费方式，进一步提倡绿色出游，更好地发挥铁路在交通中的作用，引导不同的出行方式，制定合理的分工，相互借鉴，优化交通方式结构，加快构建以绿色铁路为主干的节能型交通运输系统。

（二）加强生态环境保护

铁路的规划建设涉及土地的利用、线位和通道的设计以及站点及周边土地的综合立体开发利用等，这些项目的实施直接影响生态环境。高速铁路的发展逐渐取代旧铁路，首先，在新的高速铁路建设中对于生态环境的考量比重逐渐增加，包括开展铁路建设的区域路网规划和环境影响评估，加强水土保持规划预审，事前对于环境影响评估等；其次，进一步加强高速铁路生态环境管理，构建和完善相关的环保技术标准、考核评价体系和产品认证制度，这些都对良好的生态建设有重要意义。另外，高速铁路的发展进一步促进新环保技术、新材料和新工艺的应用，提高环境保护投资力度，改造现有的环境保护设施，并采用综合措施有效防止铁路产生的噪声，从而加强铁路绿色通道建设。

（三）加大节能减排力度

高速铁路属于电气化铁路，本身的污染排放量小，且其在建设过程中广泛地使用了节能型的新技术、新装备、新材料，推广智能化节能管控，因此高速铁路的发展提高了能源的资源利用率，进一步优化了运输组织，提高了运输效率，减少了铁路运输能源消耗量。扩大高速铁路网络建设，有利于生态环保工程的推进。

五、高速铁路发展的科技政策目标

我国的高铁技术发展经历了引进—消化—吸收—再创新的过程，创新驱动发展战略和《中国制造2025》指出，我国要继续加强科技研发和自主创新，通过大量使用智能、绿色、高端的机械装备实现铁路现代化。因此高速铁路发展的科技政策目标体现在两个方面，一是要提升技术装备水平，二是要推进智能化和现代化。

（一）提升技术装备水平

1. 推进机车车辆装备升级

高速铁路网的范围正在逐渐扩大。近年来，我国对路网建设规划提出了新的要求，同时市场上的运输需求也在不断提升，这推动了我国智能动车组的研发。首先，《铁路十三五发展规划》中明确指出，我国要"建设高铁技术创新研究所，加快开发和应用一系列具有自主知识产权的中国标准动车组"。其次，高速铁路的建设规划是铁路建设由郊区扩展至城际和市域（郊），这促使中国发展先进且适用范围广的绿色智能安全机车及车辆装备，开发适合城际铁路的新型动车组，从而优化普客车型结构。

2. 发展先进列车控制系统

首先，高速铁路的快速发展，促进了通信信号设备的升级换代，即朝着小型化、集成化的高新技术导向发展。其次，为了满足运输需求、提高高速铁路运输服务质量，要求列车加强系统集成，自主开发高速铁路列车运行控制系统，在核心技术水平和运输安全保障两个方面取得突破式进展。最后，高速铁路技术的发展促进了基于列车运行控制系统的自动驾驶功能（ATO）的开发和下一代列车运行控制系统的研究，逐步形成了规范完整的技术标准体系。

3. 强化监控检测保障能力

2011 年 7 月 23 日，浙江省温州市发生了一起动车追尾事故，事故造成 40 人死亡、172 人受伤，并直接造成 1.9 亿元以上的经济损失[①]。这是我国高铁历史上的一次重大事故，一度引发社会舆论的质疑，也正是因为这次事故，我国对高速铁路的检测保障提出了更高的要求，完善高速铁路检验、监测和维修技术装备体系，提高检验和维修机械设备水平，全面提升基础保障能力。随着科技的创新与进步，我国提出了建立基于卫星定位的全路干线测控网络，并推进高速铁路路基沉降及轨道变形监测体系、综合视频监控系统、编组站计算机联锁系统和综合自动化系统建设，加强供电综合自动化和远程监控诊断系统建设，建设供电综合监控系统，强化维护能力，全面提升智能化水平。

（二）推进智能化现代化

随着"工业4.0"和"中国制造2025"的提出，人工智能、大数据、物联网等正式登上历史舞台，将新兴信息技术与高速铁路相结合，成为未来发展的新方向。

1. 加强信息化智能化建设

我国的《铁路十三五发展规划》指出，尽快推进北斗系统与铁路的结合和应用，健全铁路客运和货运服务的智能信息系统，建立集成信息交换平台，促进和其他运输方式的信息交换以及与气象、环境、媒体、物流等平台之间的信息分享，为公众提供渠道多样化、涉及面广泛的信息服务，促进铁路建设智能化、信息化、数字化。以京张高铁为例，我国首次提出了"精品工程，智能京张"的示范，深入研究高层智能铁路技术的框架和关键技术，并建立信息化智能总控平台，汇集了应用查询、云计算等功能和高铁物联网时代的"四电"施工技术创新的最新成果和管理观念，为创建智能高铁奠定了坚实的基础。

2. 提升安全监控自动化水平

随着信息时代的到来，物联网、移动互联网、智能传感等技术开始应

---

① 国家安监总局公布温州动车事故调查报告［EB/OL］. 搜狐新闻，2011 - 12 - 28.

用于高速铁路的安全监控。并在此基础之上通过建立集生产监控与信息管理融合为一体的安全生产监控企业信息管理系统,实时对全国动态生产和安全信息进行分析监测。加快交通安全防灾体系建设,在防灾预警和应急救援中大力推广使用 GPS、大数据分析等先进技术,提高自然灾害预警监测水平。

3. 推进信息综合集成应用

在信息时代,大数据正在发挥日益重要的作用,在铁路行业,一方面,信息技术的发展推动我国成立满足铁路需求的现代化绿色数据中心,以平台的形式实现数据资源的共享。这不仅更加有利于信息资源的管理,同时也能提高信息服务水平。另一方面,铁路行业的云计算数据中心和灾难恢复中心也应该逐步建立起来,着手开展网络安全技术研究,促进铁路网络和互联网之间的连通,加强安全风险管控,保障网络和信息安全。

第三节　我国高铁产业政策

一、国土规划政策

国土规划是指在一定时期内合理开发利用土地和自然资源的规划。国土规划会根据国民经济发展的总体战略目标和局部地区经济发展的实际情况,对土地及自然资源进行合理安排和综合利用,并不断改进已利用的部分,挖掘新的发展空间。交通基础设施即为国土规划的重要环节之一。高速铁路的国土规划政策即政府机构根据高速铁路的经济技术特性、国情、国力状况和各类地区的综合条件,对其空间分布和土地利用进行科学引导和合理调整的意图及其相关政策措施。对高速铁路网络的规划需要考虑的因素包括我国整体以及各地区的经济发展水平、区域经济发展水平、不同地区的人口密度状况和自然环境等。目前,我国高速铁路国土规划政策发展已趋近完善,高速铁路网络开始从国内扩散至国外。

(一) 高铁产业国土规划政策的发展

从高速铁路网的空间布局来看,我国在 2004 年首次提出了《中长期铁路网规划》，该规划勾勒出了"四纵四横"的高铁网络，首先在中东部，包括东北和东南沿海地区等经济较发达的地区进行高速铁路建设规划。2008年，随着我国高速铁路的迅速发展，之前的规划已经不能满足社会发展的要求，因此国家发改委调整了《中长期铁路网规划》，将高速铁路的范围扩大到西南、西北地区。2016年，"四纵四横"铁路网建设进入决胜阶段，新的运输需求对我国铁路网的水平提出了更高的要求。因此国务院决定建设以"八纵八横"主通道为基本框架，以区域交通干线和城际铁路为主线的高速铁路网，旨在实现打通重点城市之间的高速通道和提高地区之间的可达性的目标。至此，我国高速铁路网络空间分布进入了一个全新的阶段。"八纵八横"高速铁路网络规划基本上实现了我国内陆地区高速铁路的覆盖，随后我国政府将目光转向了港澳台地区和周边国家，并在2017年发布了《"十三五"现代综合交通运输体系发展规划》，提出通过高速铁路将北京、上海等大陆地区和香港、澳门等地区连接起来，进一步加强大陆地区与港澳台地区的交通联系。同时，积极响应"一带一路"倡议，着力打造丝绸之路国际通道经济走廊，积极推进与周边国家的铁路基础设施建设合作项目。

国土规划政策还包括对高速铁路站点及周围地皮的规划开发和综合利用。我国政府对此也进行了一系列的规划，2013年《国务院办公厅关于支持铁路建设实施土地综合开发的意见》明确提出，鼓励铁路企业对铁路站点和周围地区进行土地开发，一方面是为了发挥铁路站点的辐射作用，促进周围地区经济的发展，另一方面希望通过开发新的地皮吸引更多的投资商，提高铁路项目的募资能力。2017年，国务院在再次强调要推进交通空间全方位开发利用，并给出具体的方案：首先，交通基础设施的土地规划要与城市总体规划相结合，要在原基础上提高土地利用率，充分利用地上地下空间；其次，要扩大交通设施站点区域的服务功能，包括商务、商业、休闲等；最后，利用好交通枢纽带来的连锁经济效应，依托交通枢纽建造产业综合区和城市综合体，综合开发高铁等轨道交通站场、停车场以及周边区域。

总体来看，我国高速铁路网络已经基本实现全国覆盖，并开始在"一带一路"倡议的引导下通向周边国家。高铁网络分布整体呈现出沿线、沿江和沿海的特征，充分利用区位优势，减少高铁建设阻力和成本。高速铁路的建设和土地规划政策始终本着促进周边地区经济发展的原则，充分发挥高铁产业的正外部性。

（二）高铁产业国土规划政策存在的问题

2004 年实施《中长期铁路网规划》以来，我国高速铁路发展硕果累累，高速铁路空间布局迅速扩展，对经济发展和人民生活质量的提高发挥了重要作用。但高铁网络国土规划仍存在需要改进之处。

一是高铁产业空间布局不均衡，高速铁路网基本集中在东部地区，西部地区线路很少。高铁产业布局的不均衡是区域经济增长不协调的结果。但要实现区域协调发展，高速铁路的空间上的合理分布亦是关键所在。因此，在进行长期规划时，要进一步扩大西部高速铁路网络覆盖范围，保证不同地域之间和谐发展。

二是高铁产业布局与公路、民航存在重叠现象。这种重叠现象造成了社会资源的浪费。尤其在局部地区，无论是铁路、水路、公路还是民航，只要交通资源相对充足，就应该站在建设统一有效的综合运输体系的水平上，优化交通布局，实现合理分工。

二、投融资政策

高速铁路是资本、技术、资源密集型产业，要保证其建设和发展就必须要有充足的资金。随着高速铁路在世界各个国家快速成长为当今社会重点关注的基础设施建设对象，其投融资模式也迅速发展，我国铁路投融资政策也在逐渐引进新兴集资模式，向多元化的方向发展。我国的投融资政策可以分为两个阶段（见图 11-1）：2004 年以前，中国对高速铁路的投资通常采用直接投资模式。铁道部为投资提供了资金，地方行政当局负责执行该项目；自 2004 年以来，大多数项目都采用了股权融资模式。在这种模式下，中国铁路公司通过其子公司，如中国铁路投资公司或地方铁路公司与地方政府（通常是省政府）组建合资企业，有时会有第三方参与。项目资金通常来自合资伙伴的 50% 股权和国内银行（如中国开发银行）的 50% 的贷款。[①]

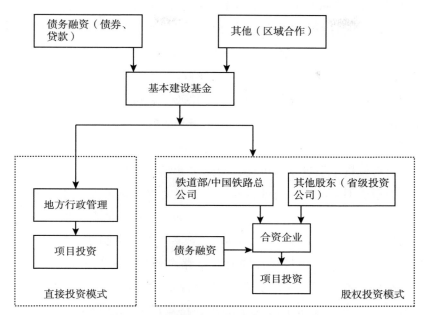

图 11 - 1　直接投资模式和股权融资模式

资料来源：笔者根据相关资料自行绘制所得。

　　1984 年，我国发布了《关于发展地方铁路的几项政策建议》，指出地方铁路建设的资金来源和运营管理者主要是地方政府和企业，而非铁道部。1986 年，铁路产业首次进行革新，开始突破以前的集权模式，将计划、财务、劳资、物资、人事等方面的权力移交给地方路局，同时地方路局要承担相应的经济责任。随后，铁道部深化改革，将铁路完全交给地方路局，要求地方路局利用铁路收益建设新的铁路，同时负责铁路的经营和养护，这种制度也叫作全路经济承包责任制。全路经济承包责任制在我国铁路史上实行了六年终被叫停，这种由地方铁路局各自经营的方式导致了严重的安全问题。我国政府吸取经验教训，在 1992 年下发了《关于发展中央和地方合资建设铁路意见的通知》，中央和地方合资建设铁路具体来说是由中央政府进行前期的统筹规划，中后期的资金募集、工厂建设要同

---

① 赵洪武. 中国铁路产融资本融合研究［D］. 北京：北京交通大学，2010.

时发挥中央和地方政府以及企业的力量，在利益划分方面，各投资主体按照其投资比重，多投多得，少投少得。这种方式打破了我国传统的铁路建设管理体制，同时地方政府的加入使投融资渠道更加宽泛。合伙建设铁路取得了不小的成就，到 2007 年，正在建和计划建设的合资铁路项目共 64 项，占路网建设大中型项目的比重达到将近 1/2。

随着中国所有权体制的转型和市场化改革的进行，非公有制经济的比重在逐渐上升，为满足不断增长的铁路资金需求，2005 年 7 月，铁道部发布了《关于鼓励和引导非公有制经济参与铁路建设经营的实施意见》，开始把非公有制资本引进铁路市场，构建多元投资的主体，拓宽了铁路的建设投资渠道。但是我国高速铁路的快速发展对交通运输设施建设投融资提出了更高的要求，我国政府意识到要真正满足大规模的资金需求，就需要对体制进行改革。因此铁道部于 2006 年改革了投融资制度，具体内容包括继续扩大合资铁路建设规模，同时对铁路企业进行股份制改革并挂牌上市，并利用债券、基金、融资租赁和银行贷款等金融工具募集资金。随后，2013 年国务院发布了《关于加快铁路建设的铁路投融资体制改革意见》，进一步强调铁路投融资制度的改革，要采取多种途径为铁路建设融资。为了拓宽铁路建设的融资渠道，国务院向地方政府和社会资本彻底开放了铁路建设市场，并授予地方政府和社会资本经营权，确保投资方得到合理的回报。此外，国务院对于铁路基金设立和债券发行等作出了明确指示，以中央财政性资金为引导，吸引社会资本投入，设立铁路发展基金，创新铁路债券发行品种和方式。

我国金融业的发展带动了交通投融资改革，2017 年国务院与时俱进，对交通投融资改革作出新的指示，要求中央与地方合作，建立中央与地方投资联动机制。并尝试将政府和民间资本合作（PPP）模式应用于交通领域。在 PPP 模式下，民间资本可通过特许经营参与铁路的建设、运营和维护。此外，国务院继续扩大金融工具在铁路建设中的运用，支持从政策性和开发性的金融机构进行贷款来扩大资金规模，同时也支持保险资金通过债权、股权等多种方式参与铁路建设，另外要积极利用亚洲基础设施投资银行、丝路基金等平台。

总的来看，高速铁路投融资政策的发展趋势主要表现为：一是政府起主导作用并承担主要的出资责任；二是重视融资渠道的多元化；三是鼓励私人资本参与。我国政府在铁路投融资政策方面始终与时俱进，保证政策的发展紧跟时代变化和金融改革的步伐，为我国高铁产业的建设提供了重要的物质基础。

三、技术发展政策

产业技术政策是针对产业技术发展方向和重点保障而制定的法律、章程、措施、规划、纲领、指南、索引、管理办法等。铁路产业技术政策是铁路技术发展的纲要文件和技术指南，由于高速铁路自主创新具有战略性、前瞻性、基础性和公共性特点，因此政府根据科技产业的内在规律特点，制定有助于高铁产业发展的技术政策就显得极为重要。从一定意义讲，技术政策决定着高铁产业发展的兴衰趋势和创新成效。

高铁在我国的问世兴起和迅速形成产业链，与高铁产业技术政策支持密切相关。铁路产业主要技术政策的不断改善、国家技术创新政策的宏观指导、国外铁路发展趋势和我国高铁建设实践探索等诸多因素，推动了高铁产业技术政策的形成与发展，并对铁路现代化建设特别是技术创新进步产生了深远影响。铁路产业发展技术政策与其运输专业特点密切相关。在新中国成立初期和高铁发展起步之前，我国铁路产业发展的技术方向主要是以电气化铁路为主并将重点放在挖潜提效。从中央制定《1956 至 1967年科学技术发展远景规划纲要（草案）》，到 1979 年 2 月铁道部第一个《铁路科学技术发展的主要政策》出台都体现了这一技术政策方向。改革开放以来，铁道部于 1983 年 5 月、1988 年 7 月、1993 年 12 月、2000 年 8月和 2004 年初先后颁布修订和实施了五个铁路产业主要技术政策文件，体现了各个阶段铁路技术政策的发展变化，集中反映在以下几个主要技术领域的政策调整：

一是在技术发展方向和发展重点方面，铁道部于 1983 年修订的技术政策提出，路网建设采取新线建设与旧线改造并举的方针，并通过提高载货列车的载重量和扩大载客列车编组的方式来提高运输效率；1988 年，铁道部提出不仅仅要增加列车重量，同时也要加大行车密度并将行车速度在合理范围内提升；我国经济增长速度的加快和运输需求规模的扩大对我国铁路的运输能力提出了更高的要求，为了使我国的铁路运输能力和经济发展的步伐相一致，在1993年提出了客货分离政策，即主要在交通比较繁忙的干线修建另一条线路，提高铁路运输效率；2000年，在我国发布的铁路技术政策中，提高速度成为铁路技术进步的主要矛盾；到2004年，我国的铁路技术已经迈向成熟，铁道部开始提出要建立各方面、多层次技术并存的中国特色的技术体系，提出了提高旅客运输速度，增加货物运输重量和效率，建立信息化管理平台和系统化安全保障体系的技术发展方向。

二是在机车牵引力方面，从1983年开始，我国提出了"内电并举以电力为主"的方针。1988年，提出了在20世纪末实现以电力牵引为主导的目标。1993年，将"牵引力"扩展到"牵引动力与供电"。到了2004年，更是提出了大力改进电力机车牵引技术，并在高速快速铁路等线路均采取电力牵引的提议。

三是在信息化建设方面，我国在2000年正式提出了"铁路信息化"的发展目标，这是我国建设现代化铁路迈出的至关重要的一步。铁路信息化的提出与计算机和互联网在我国的进步密切相关。随着互联网的普及，对信息资源的管理模式也不断创新。铁路信息化即指利用电脑和互联网，构建铁路数据库，对铁路运营数据进行采集、储存和管理。

具体到高速铁路，其技术政策度过了近30年的发展历程，先后经历了引进、消化、吸收、再创新四个阶段，虽历经风风雨雨，但却为我国高速铁路的发展铺就了坚实的技术基石。早在"八五""九五"和"十五"期间，我国就开始引进国外的高铁技术，并进行高速铁路技术试验。2000年8月，为了适应市场需求，铁道部对我国的技术政策进行了修订，着重强调了速度的重要性，为高速铁路的建设拉开帷幕，决定了我国要建设高速铁路的发展重点和方向。2006年我国颁布了《国家中长期科学和技术发展规划纲要（2006—2020年）》，其中专门针对高速轨道交通系统提出要着重开发高铁轨道交通控制与速度调控系统、车辆制造、线路开通与系统一体化等关键技术，形成一整套系统技术。同时进行工程试验，掌握了运行控制技术、线路建设技术和系统集成技术。我国高速铁路技术迈入了消化吸收阶段。2008年2月26日，为了加快高铁技术研发，我国科技部和铁道部强强联手推动我国高铁列车自主创新行动计划，带领我国高铁技术迈进再创新阶段。此次行动计划主要为建设速度为 350 公里/小时的京沪高速铁路做准备工作，同时，建立健全时速 350 公里以上、具有自主知识产权和国际竞争力的高铁技术体系，加快实现引领世界高铁技术发展的目标；构建具有中国特色的高铁技术产学研体系，保证我国高铁技术的可持续性。随后在 2014 年 4 月，我国科技部提出了在"十二五"期间高铁技术发展的方向，包括高速铁路系统安全技术、高速列车装备频谱技术、高速铁路运量维持技术、高速铁路可持续性技术工作四个方面。工业 4.0 的到来对信息化和智能化水平提出了更高的要求。2017 年，《铁路信息化总体规划》发布，提出要全力推进中国铁路信息化 CR1623 标志性工程建设，建设中国标准的指挥铁路信息系统，高铁智能化的发展战略被提上日程。2018 年 4 月 23 日，中国铁路总公司发布了京张高速铁路建设阶段性成果及相关技术研发成果。标志着研制工作取得新进展。"智能化"动车组列车于 2018 年底完成组装，调试和测试验证于 2019 年上半年完成，并于 2019 年投入使用。

四、公益性补贴政策

长期以来，我国铁路事业一直处于政府管制之下，铁路兼具盈利性和公益性，所谓公益性主要表现在具有慈善性质的运输服务上，即铁路公司为社会提供特定铁路运输服务时，其价格不足以补偿其成本，例如，针对学生、伤残军人以及公益性铁路的服务。这种公益性运输服务的提供无疑会使铁路公司产生经济成本，打击铁路公司的经营积极性。为了解决此问题，需要制定相应的公益补贴政策，建立健全核算制度，形成合理的补贴制度。

当前，我国推行的公益性补贴制度为交叉补贴和亏损补贴的结合体。交叉补贴简单来说即指铁路公司将其盈余部分用于弥补公益性运输业务带来的亏损。2013 年，国务院颁布了《关于加快铁路建设的铁路投融资体制改革意见》，指出要建立公益性、政策性的运输补助体制，为社会资本进入铁路创造条件。此外，中央财政在 2013 年、2014 年和 2015 年对铁路总公司实施过渡性亏损补贴。因此可以认为我国现行的公益性补贴制度为交叉补贴和亏损补贴相结合。

我国当前实行的公益性补贴制度存在很大的弊端，具体来说分为以下几点：（1）公益性运输业务带来的亏损从本质上来讲，其真正的责任主体不应该是企业，公益性运输服务从经济学来讲是一种公共物品，更具体地说，铁路公司提供该服务的成本远大于社会成本，这种服务应该由政府来提供。将责任主体划分为铁路公司只会打击铁路公司生产经营的积极性。（2）在现行的公益性补贴制度下，铁路公司的财务边界不清晰，一旦出现亏损现象，铁路公司很有可能将亏损原因加之于公益性运输业务，加大政府对铁路公司监督的难度，同时也不利于其长期发展。（3）交叉补贴制度常常以盈补亏，不利于铁道企业总收益率的提高，难以给其他投资主体带来足够的吸引力。

针对目前制度的问题，国内学者对此提出了一些政策建议。张银雁和佟琼（2018）运用博弈论分析了公益性运输补贴政策，结果显示，我国现行的交叉补贴与亏损补贴方案存在低效问题，基于此，他们提议我国铁路公益性运输可以在短期内采取绩效补贴，即政府通过铁路公司公益性运输服务的提供量来考核铁路公司的业绩，再通过其业绩完成情况发给对应的补贴。在中期，铁路总公司应该建立一套全新的企业成本管理核算制度，分别核算铁路公司的各项运输业务的成本和收益，从而实现不同类型业务成本之间的分离，政府便可以有针对性地进行补贴。从长期来看，将竞争机制引入铁路运输行业，实行公益性运输最低补贴招标，使众多铁路运输企业参与专营权招标，从而在最低的交易费用下实现效率和公平。

五、产业规制政策

产业发展规制政策起源于市场失灵，是指当市场机制出现失灵时，政府采取的相应措施。市场失灵主要原因包括垄断尤其是国有资本的自然垄断性、具有非竞争性和非排他性的公共物品、外部性。其中自然垄断性是导致政府实施产业规制的最重要原因。

（一）铁路定价权

我国铁路定价经历了从政府调控到市场调控的过程。2014 年以前，铁路运价管理是根据《中华人民共和国价格法》和《政府定价目录》，由国务院价格部门和铁路主管部门管控，实行政府定价或者政府指导价。定价过程将考虑铁路正常运营和建设需求、社会承受能力、多种运输方式协调发展等因素。其中，铁路旅客运输基本票价调整按照规定执行。铁路运价的定价原则是简单的再生产，利润比较低。在政府管制下，可以避免出现运输价格过高造成社会经济不平稳的现象，但是也忽略了市场实际供求状况、价格水平波动等因素。

我国最早铁路的定价由政府统一制定。直到 2014 年 3 月 13 日，国家发改委对包神铁路和准池铁路的货物运输价格进行了调整，将包神铁路的货物运输价格从政府统一定价改为政府指导价。并规定自 2014 年 4 月 1 日起，铁路运输企业可以在政府指导价格上浮不超过 10%、下浮不限的范围内，在市场调节下自主决定实际的运输价格。[①] 准池铁路亦如此，不同之处在于其定价权拥有者包括铁路企业、用户和投资方三个主体。这是我国首次将铁路的定价权由国家发改委下放到铁路企业。自此之后，我国不断调整铁路的运价权主体，在 2014 年 12 月 23 日开始放松对铁路的运输产品价格的管制，在这次改革中具体实行价格放开的铁路产品包括零散货物快运、包裹运输和社会资本注资控股建设的铁路货运和客运，这些运输产品均由铁路运输企业结合铁路的运营情况和市场供需进行定价。2015 年，我国进一步对铁路货运价格机制进行了调整，建立价格浮动制度，允许货运价格在一定范围内随市场变化。2015 年 10 月 15 日公布的《中共中央国务院关于推进价格机制改革的若干意见》也强调了逐步建立交通运输领域的浮动价格机制。同年 12 月 23 日，国家发展改革委针对高速铁路的票价政策进行了改革，改革内容一方面包括放开对社会资本投资控股的高铁一等座和二等座的票价管制，赋予铁路运输企业一定的自主定价权；另一方面，商务座、特等座、动卧以及社会资本投资控股新建铁路客运专线旅客

---

① 2014 年我国铁路货运改革再获新突破 [EB/OL]. 中研网，2014 - 4 - 2.

票价则继续实行市场调节，其价格由铁路运输企业根据市场供求和竞争状况等因素自主制定。

（二）市场进入和退出机制

从市场准入方面来看，企业要进入高速铁路市场或者更广泛地说是铁路市场，将面临很多限制和不公平的竞争。我国的铁路公司基本上可以说是垄断企业，例如，高铁的机车市场由南车和北车集团所垄断。当前铁路市场的垄断性是由铁路自身的特性所决定的，我国铁路本身兼具公共物品的性质和市场盈利性。一方面，铁路之所以可以被看作是公共物品，是因为它可以实现社会公益性运输、铁路安全和国家安全等社会性目标，如若没有市场进入壁垒，铁路的社会性目标将很难实现，不利于社会的稳定运行；另一方面，铁路提供的货运和客运服务均具有替代性，垄断必然会造成效率低下和资源浪费等后果。近几年，我国不断出台推行政策，鼓励和支持非公有制资本企业进军高速铁路，但民间资本仍然保持高度观望谨慎态度，如何在这二者之间进行权衡取舍，找到政府干预铁路市场的合理方式和程度，是我们现在需要思考的问题。

从市场退出机制来看，我国铁路市场当前并不存在完善的市场退出机制，这也是民间资本对铁路事业参与积极性不高的原因之一。社会资本参与铁路投资面临的问题包括投资额大、回收周期长、难以获得收益，以及收益难以清算等。民营企业在铁路行业的投资并不顺利，2005年，浙江的光宇集团以34%的股权入股衢常铁路进行投资建设，但在一年后，浙江铁路公司也对该项目注资，面对强大的国有资本，光宇集团的股份严重缩水并最终在2007年将股权转让后退出铁路建设。石太客运专线的建设也采取了国有资本和民间资本合作的融资模式，但客运建成后始终无法实现盈利，民营资本不得不为这项投资付出代价。高速铁路要实现盈利需要同时满足若干条件，包括乘客数量大、人群收入高等，不是每条铁路都能实现这些条件。即使铁路运营实现了盈利，利润的计算方式同样备受争议。因为部分的铁路线路，必须与国家路网联运才能发挥效益，而当下的铁路系统资金清算方式很难将合资运营的线路分离出来进行单独核算。在这种情况下，如果不能营造出良好的政策环境，并完善投资回报和市场退出机制，则很难对民间资本的进入产生足够的吸引力。完善市场退出机制，即需要统筹考虑企业登记、企业清算、企业破产和企业信用监管等各方面制度的改革，也要求以有效保护债权人正当权益和社会公共利益为前提，着力提高企业市场退出效率，从而进一步激发铁路市场的活力。

第十二章

高铁产业经济国内案例

内容提要：

    本章从京沪高铁、武广高铁、渝万高铁、杭长高铁等典型的高速铁路项目入手，基于根据高速铁路产业经济元素和分析高速铁路产业影响的若干维度，对高铁产业经济国内案例进行了剖析。

第一节　高铁建设对区域经济的影响

案例一：高铁经济给苏北发展带来的机遇与挑战①

    从目前规划建设的铁路来看，在"十三五"时期，江苏中部和北部将成为江苏重点建设区域。"十三五"末，江苏北部"两纵一横"高速铁路网已初步建成。到 2020 年，苏北路网总里程将近 2000 公里，全省占比由 35% 提升至 45%，其中高速铁路达 863 公里，全省占比由 6.5% 提升至 41.6%，苏北路网密度达 381 公里/万平方公里。作为江苏省北部第一条高速铁路，连淮扬镇铁路是江苏省的"脊梁骨"，而徐宿淮铁路则是江苏省北部的"金缕带"。

    高铁的开通对江苏北部地区有很大的影响。第一，产生集聚效应。高速铁路进一步提高了城市的功能，使高科技行业和高端服务产业从发达的地区迁往苏北，进一步加强了地区协调发展的工作。第二，产

---

① 蒋红奇. 放大高铁经济效应　拓展苏北发展空间 [J]. 群众，2019（2）：37 – 38.

生共振作用。高速铁路既快又便捷，从而缩短时空距离，加快人流、物流、信息流、资金流的流动，使邻近城市的联动和互动增加，提高效率。第三，形成产业效应。江苏北部的高速铁路竣工后，将带来各种消费需要，提供大批量的就业机会，促进展览、旅游、房地产、餐饮、公共娱乐等行业，以及金融、商务等行业进一步发展，成为江苏省经济的新增长点。

高铁的开通建设不仅提高了华东区域的交通可达性，缩短了两地时间和区域空间之间的地理距离，促进了区域经济的快速发展，更是华东地区实体经济社会发展的新驱动力量、新经济引擎，在推动区域实体经济的高速增长中必将得到巨大发展。与此同时，必须清楚地认识到，高速铁路本身并不是绝对的经济"增长引擎"。由于江苏铁路运输长期发展不平衡，特别是高速铁路资源开发不平衡，江苏北部高速铁路网建设将面临以下挑战。一是过境效应的形成。即人员、物资、资金和信息的流动只通过当地地区，但对当地地区没有任何影响。假如我们在建设高铁的同时，不能加快速度去打造一个满足消费者需求的优美的旅游环境、富有效率的市场环境以及舒适高档的购物环境，那么高铁促进经济增长的积极效应就不会得到发挥，只会使得江苏省的消费和游客加速流入其他地区。二是虹吸效应的形成。即资源、人才等要素向条件和环境更好的地区聚集。高速铁路的开通，缩短了城市之间的时空距离，会使得苏北地区经济要素向周边发达地区流动，反而不利于苏北的发展。三是冲击效应的形成。高速铁路是一种便于高效运输的交通工具，必然对公路、铁路，特别是航空运输等行业产生影响。四是错配效应的形成。所谓不匹配，主要原因是不同类别之间的边际产值不一致。高速铁路是苏北地区的一种新运输方式，原来的城市规划、交通布局等都没有考虑高铁建设，这会导致不一致的边际生产率，从而产生资源和要素的错配问题。

案例二：高铁经济对海南岛经济发展的影响

海南国际旅游岛的发展和建设与发达的交通网络，特别是高铁网有很大的关系。2010 年末，海南岛的东环高铁首次运行。东环高速铁路北起海口市，沿东岸直通三亚市。东环铁路建成开通之后在很大程度上改善了国际旅游岛的旅游业，进而促进国民经济的快速健康发展。

（一）促进岛内人们生活方式的改变

高铁首先会使人们的生活方式改变。高铁的开通很大程度上缩短了东部6个城镇的空间距离。从海口到三亚的旅程已经从4个多小时缩短到1.5个小时。商业、旅游、探亲，甚至在高速列车上工作，正成为高速列车沿线人们生活中不可或缺的一部分。据统计，东环高速铁路近30%的客流量是在同一天进出高速动车组的。人们充分享受高铁带来的舒适与便利，与此同时，他们的生活方式也发生了变化：更多的旅行方式、更短的旅行时间和更紧密的联系。①

（二）海南旅游岛新型城镇化建设步伐加快

新型城镇化建设的实质是"以人为本"。交通堵塞直接影响人们的生活质量。发展高速铁路在很大程度上能缓解交通不便利以及由此引发的各种问题。修建高速铁路应该成为城镇化的重要组成部分，充分发挥其高速、大运量和低成本的优势，从而形成一种更加方便、快捷、舒适的交通出行体系，促进城市发展。

海南省发展改革委披露，2020年全省常住人口城镇化率达60.27%，较2015年提高5.17个百分点，全省城镇人口607.6万人，较2010年增加176.7万人，城镇化迈上新台阶②。东环高铁的开工和运行，为沿途城市、县村等地提供了开发的机遇。利用东环高铁带来的各种优势，沿线的城镇、县城都在逐渐发展绿色经济，提高城市化程度，推动地区经济走向高速发展阶段。

（三）促进区域经济联动发展

我们过去依靠高速公路连接城市，但由于城市之间的经济集聚能力不足，或者是它们之间距离过远，这些城市几乎不会对周围地区产生辐射，根本不可能使高速公路沿线地区的经济密度相等。但是高速铁路不同，它可以使沿线的经济集聚能力显著增强，城市之间的辐射区相互连接、交

---

① 余雪姣，李忠. 高铁经济对海南国际旅游岛的影响 [J]. 当代经济，2015（1）：6 - 7.
② 海南省"十三五"时期新型城镇化取得明显成效 [EB/OL]. 三亚市发展和改革委员会官方网站，2021 - 12 - 10.

错，形成高速铁路经济带和高速铁路经济网，或称为高速铁路实体网络。当东线高速铁路经济网络区域辐射带动力增加，东环高速铁路经济密度达到均匀状态时，海南整个区域经济将会得到相应的发展。

东环高铁有利于加强沿线城市与地区之间的相互联系。东环高铁促进了海南岛整体发展，高铁经济网的形成极大地改变了国际旅游岛的交通格局。更重要的是，它重新界定了海南地区的地位优势，重塑了区域竞争形势，重新确定了主导产业。各县市甚至各省逐渐跳出自己的行政边界，重新认识新格局下的区域经济。这不仅有助于各地区重新审视自己，发现自身发展的优势和劣势，抓住新的发展机遇，通过新的分工合作方式形成自己的区域经济，也有利于各个市县从整体大局出发，找到自己的位置，辩证地看待地区之间的合作与竞争，使沿线的县市之间的联系更加紧密，使它们成为一个有机整体。

自"和谐号"动车组以海南第一速度疾驰通过海南岛以来，沿着主干道聚集了许多的人口和资源，动车组将这些"营养物质"运送到各个地区。可以看出，东环铁路给沿线发展带来了新机遇。

（四）积极推动旅游产业发展

海南岛旅游文化资源十分丰富，气候宜人，环境优美，地理优势独特，是世界著名的热带海滨旅游胜地。于是，沿东海岸建设了东环高铁，沿途风景秀丽，景色宜人，海口东寨港、文昌高隆湾、东郊椰林、琼海万泉河、博鳌水城及亚龙湾等都成为风景名胜。目前，东部高速铁路沿线旅游景点数量占国际旅游岛旅游景区总数的78%，每年接待游客人数占总数的90%以上。据统计，东环高速铁路每年运送旅客近952.8万人次，平均每天运送26000人次（见表12-1）。

表12-1　　　　　　　　2009~2013年海南旅游过夜人数及总收入

年份	旅游过夜人数（万人次）	同比增长率（%）	旅游总收入（亿元）	同比增长率（%）
2009	2250.3	9.24	211.72	10.27
2010	2587.3	14.98	257.63	21.68
2011	3001.3	16.00	324.04	25.80

续表

年份	旅游过夜人数 （万人次）	同比增长率 （%）	旅游总收入 （亿元）	同比增长率 （%）
2012	3320.4	10.60	379.12	17.00
2013	3672.5	10.60	428.56	13.04

资料来源：余雪姣，李忠. 高铁经济对海南国际旅游岛的影响 [J]. 当代经济，2015（1）：6–7.

（五）对房地产业的影响

业内专家认为，东环高速铁路和在建的西环高速铁路将改变海南的房地产模式，同时会变成海南房地产行业发展的一次重要机会。目前，东环高铁经过 15 个市县，这 15 个市县均位于海南岛海岸东侧。未来，西线高速铁路建设也将在促进西线城市房地产产业发展方面发挥积极作用。

（六）对环境的影响

海南是中国第一个生态省份，生态就是资本，因此，建立绿色交通是一个必须要完成的目标。在东环高速铁路中，桥梁和隧道被广泛用于取代农业用地。东环高速铁路属于电气化铁路、电动牵引动车组和高科技无缝铁轨。与普通列车相比，动车组是一个典型的"绿色通道"，它占用较少的土地，容量大，并且环保节能。

据估计，东环铁路在土地利用、运输能力、环境保护、节能等方面具有无可比拟的优势。双轨高速铁路只覆盖有 16 条车道的高速公路的 1/8，其承载能力相当强。它每单位运输量的能源消耗是公共汽车的 3/5、私家车的 1/6。与公路相比，高速铁路可以显著减少车辆的废气排放。一组机动车辆一次可载客 645 人，相当于 22 辆载客 30 人的公共汽车，一次行驶相当于减少 22 辆汽车的废气排放。据估计，高速铁路每年可减少约 1 万吨的污染物排放，占污染总量的 97.8%。[1]

案例三：高铁经济促进珠三角区域协调发展

珠江三角洲地区由于经济因素集中度高，城市化程度快速提高，已成

---

[1]　余雪姣，李忠. 高铁经济对海南国际旅游岛的影响 [J]. 当代经济，2015（1）：6–7.

为我国三大城市群之一。改革开放 40 年来，珠江三角洲充分发挥了"试验田"的作用，带动广东省由落后的农业省向中国最大的经济省转变。其总体经济表现已超过新加坡、中国香港地区和中国台湾地区，已成为我国一流的生产基地，在改革开放中已初具规模。

　　1994 年，广州到深圳首次开通高速列车。2009 年起，武汉至广州、梅州至广州高铁先后开通。同时，深茂铁路、梅汕铁路等也在全省规划建设中。目前，广东省全省高铁里程在全国排名第一，21 个城市中有 16 个与高铁连接，2021 年 12 月赣深高铁开通，广东省实现了市市通高铁的目标。广州、深圳、佛山、东莞、中山等城市的轨道交通都已建成、在建或在规划中。经过近 20 年的发展，形成了以广州、深圳为核心，东连海峡西岸，沟通长三角，西连广西、贵州、辐射西南，北达湘赣、连接中原地区，南接港澳的珠三角高速网络。在此基础上，以广州—深圳、广州—珠海、广州、深圳、佛山、东莞地铁为补充，构建了立体一体化的轨道交通体系，珠江三角洲进入了高速发展的新时代。随着珠江三角洲和泛珠三角高速网络的不断扩大，以及区域协调的深化，城市之间的人才、资本、物流、信息和技术流动加速，高速铁路日益增多。高铁经济对沿线城市及相关地区的影响日益明显。

　　高铁产业对珠三角地区协调发展的重要影响体现在以下几个方面。

（一）大大改善区域交通状况

　　高运量、高强度、实现城市间通勤的高速列车是珠江三角洲各城市之间、珠江三角洲与泛珠三角之间的重要纽带。高铁提高了城市和地区之间的可达性，显著提高了客货运载能力和速度。目前，珠江三角洲已建成武汉—广州、南广、贵广、深圳—厦门、广州—深圳等高速铁路。预计珠江三角洲规划的城际高速铁路网建成后，日平均旅客周转量将达到 500 多万人次，占客运量的 38%；到 2030 年，城市轨道交通年旅客周转量约为 19 亿人次，将成为珠江三角洲最大的客运系统[①]。高速网络的建成也将使原北京—广州、北京—九龙等地的货运能力增加一倍以上，将对区域经济发

---

　　① 董同彬. 高铁经济对珠三角区域协调发展的影响与对策［J］. 产业与科技论坛，2017（12）：23－26.

展发挥重要作用。

（二）对区域经济发展的作用

珠江三角洲高铁建设对珠江三角洲和广东省的经济影响是多方面的、多层次的、革命性的。珠江三角洲和广东省的运输物流条件将得到很大的改善，促进综合发展，加快南部经济区域一体化，进一步提高珠江三角洲在国家区域经济结构中的地位，为珠江三角洲地区经济发展带来巨大的机遇。

1. 增加投资与消费，带动产业发展

加快运输体制供给侧结构性改革，促进铁路特别是高速铁路的发展，不仅是稳定经济增长和促进结构调整的重要因素，也是进一步提高经济增长水平的重要措施。有效投资和消费的增加，有助于提高铁路的有效供应，全面提高支持运输服务的相关能力。铁路建设是缓解经济下行压力、促进城市发展和各行各业发展的有效措施。快速轨道交通具有技术复杂、相关性强的特点，可以带动上游和下游产业的发展。2008～2010年，珠江三角洲城际轨道交通对屏蔽门、电力、通信等8类设备和材料进行了采购。从招标公司的区域分布来看，供应商集中在广东省，14家材料供应商中有12家是珠江三角洲地区的公司。显然，铁路运输在珠江三角洲相关产业的技术升级中的作用是非常明显的。根据珠三角城际轨道交通网络规划，到2030年，珠三角地区将有21条线路、3条联络线，总里程2008公里。①

2. 形成新的增长极

高铁加快了要素流动，创造经济活动的集聚扩散效应，促进高铁沿线地区产业布局优化。根据佩鲁的增长极理论，经济是不可能平衡发展的。为了减少城市交通压力，高速火车站通常不设在市中心，而是设在郊区或新郊。高铁为高铁车站沿线城市开辟了经济发展机遇，促进了大城市由一个中心向多个中心的发展。日本的浦佐町和法国的里尔都是建立在新干线和欧洲之星等高速铁路的基础上，借助高铁发展的优势顺势发展自身特色产业，增强了城市整体实力。很多节点城市将大力优化发展环境，如发展

---

① 张泓. 论轨道交通对珠三角区域经济一体化的促进作用 [J]. 城市轨道交通研究，2012，15（1）：8-11.

新兴产业布局、完善基础设施、提高产业综合支撑能力、改善生活条件等。自 2009 年以来，湖南南部已承接了 3000 多个产业转移项目，主要来自珠江三角洲，已发展成为连接湖南、广东、香港地区、澳门地区经济交流合作中的"桥头堡"。据武汉市商务局初步统计，自 2015 年起，深圳的投资企业正在大幅度增加，包括 TCL、格力、中兴、华为、大华基因等高科技企业。一年之内，超过 700 亿元的国内资本被引入武汉，其中约 1/3 来自珠三角地区。

3. 同城化效应

同城化的一个重要的特征是基础设施和公共设施，如交通打破了传统行政边界，建立紧密的行政边界关系，实现行政边界一体化。高铁的发展大大缩短了城市之间的时空距离，促进了城市群中产业、就业、人口、公共设施和城市空间结构调整，并且也促进了城市一小时生活圈和交通圈的形成。广州和佛山作为地理位置相近、文化同源性强、互补性强的两个城市，已经开始实施资源共享利用和转移发展，以交通基础设施一体化为突破口，积极持续发展城市规划协调、基础设施建设与利用、产业合作共赢的一体化模式、发展和协作公共事务管理。在教育、卫生、社会管理等方面相互合作，电信收费、市政服务、信息、能源和口岸通关等基础设施也将实现互联互通。

4. 珠三角及"泛珠三角"区域融合速度加快

高速铁路的发展，形成了多层次、梯度发展、分工合理、产业结构合理的产业集群。随着高速铁路的发展，广州、佛山等传统一体化已迅速扩展到包括珠江三角洲和泛珠三角洲，范围更广，影响更广泛。深厦高铁连接珠三角和长三角两大经济带，他们是中国最具活力的经济带，使之与道路西岸的经济带有机结合。武广、南广、贵广等高铁将珠三角与粤北、粤西、湖南、贵州、四川、广西等地区连接起来，形成泛珠三角经济圈。武汉—广州高速线的连续作用使广东和香港经济向北扩展，并显著促进了沿武汉—广州线的珠江三角洲、长株潭和武汉三大都市圈的繁荣，"武汉—广州经济区"的轮廓越来越清晰。总的来说，高速铁路将华南地区的省份紧紧联系在一起，形成了面积更大、地域更广的区域经济新版图，将对区域协调发展和"一带一路"建设发挥更加重要的作用。

（三）对珠三角社会发展的效应

1. 推动区域均衡发展

五大发展理念中的共享、协调，是全面建设小康社会的重要组成部分。在此过程中，高铁为沿线各地开辟了难得的发展机遇，促进了我国区域发展，实现了动态平衡。传统的发展导致了珠江三角洲与广东省东、西、北地区经济发展的重大差异。现代高铁立体运输网络必将推动经济增长极理论向均衡发展理论转变。换言之，珠江三角洲建立高速网络将有助于缩小区域发展差距，实现均衡发展。高速网络具有跨时空的性质，该性质可能导致不同地区的中心城市之间的联系越来越紧密，并且促进经济交流、人员流动和产业多元化，在一定程度上促进落后地区的发展与进步。珠三角高速铁路产业的发展必然会导致传统的资本、技术、人才和信息的逆向发展，即将珠三角作为辐射扩张的核心，向周边地区、粤东、粤西、粤北乃至泛珠三角地区扩散。

2. 加快小型城镇化和房地产市场的健康发展和人口流动

人口密度急剧上升，珠江三角洲的主要城市，尤其是广州、深圳和其他一流城市，房地产价格出现了大幅上升，城市病愈演愈烈。高速铁路的发展促进了珠三角地区的一体化，促进了城市由单极到多极的发展，从而在很大程度上解决了住宅短缺、交通拥挤等问题。它不仅促进了珠三角周边地区以及广东省东部、西部和北部地区的经济发展和产业转型，还促进了该地区合理的人口流动、城市化和房地产市场的发展。随着高铁与地铁的发展，大批广州、深圳人来到佛山、中山、东莞、惠州等地买房居住，减轻了人口压力。一小时生活圈已经允许香港地区的一些公司将他们的物流部门迁移到珠江三角洲的主要城市，也吸引内地企业在香港落户，鼓励内地与香港之间的互惠流动。

3. 促进多方面得到共享发展

高铁为城市群内和城市群间教育、文化、卫生、医疗资源共享提供了条件。在"广佛同城化"等高铁产业的支持下，位于珠三角地区的城市在教育、医疗、社会管理等领域开展了合作，资源的共享已经成为现实。泛珠三角各省市也通过高铁经济促进了地区的协调发展，在科技、文化、教育等方面进行合作。2016 年 3 月，佛山南海与广西大学、贵州大学、桂林理工大学达成了合作协议，以引进和培养创新型和高层次人才为目标，共同建立研究生科研与实践基地。

（四）促进旅游业的发展

旅游城市、风景区由于拥有高速火车，旅游资源被合理利用，扩大旅客群体范围，提高服务质量，改善旅游行业的困境。旅游行业的经济利益和社会利益都在迅速增长。数据显示，粤、湘、鄂三省的主要旅行社，在武广高铁开工后，以武广高铁游为主要产品，带动了武汉旅游业的快速发展。武广高铁开通的第一天，就有400多个旅游团抵达武汉。2010年春节，武汉共接待数百万中外游客，旅游综合收入6.36亿元，比上年同期增加15.5%；接待了351个旅游团，比上年增长160%。[①] 自从南广高铁开通后，南宁的旅游业被认为是珠江三角洲黄金产业，广东已成为南宁最大的旅游客源。高速铁路在三个方面促进了珠江三角洲旅游业的快速发展：第一，它有助于振兴当地旅游资源，提高外国游客的接受度。第二，使珠江三角洲旅游者的短期和每周旅游尽可能舒适，珠江三角洲周边地区的旅游资源扩大到包括广东省东部、西部和北部地区。通过这种方式，促进了旅游资源的开发，发展了地方旅游、房地产、酒店、餐饮、民族文化产业等。第三，以珠江三角洲为核心，以京广、南广、贵广、粤赣、深厦高铁为骨干，发展东西方北段，向南延伸至香港、澳门地区，不仅把珠江三角洲和广东的旅游资源与泛珠三角和全国的旅游资源相结合、共享，而且使广州、深圳、香港成为国内国外入境、出境游客的较好平台和中转站。[②]

案例四：高速铁路对广东省经济发展的影响

（一）广东省高速铁路建设概况

为了适应经济的快速发展，广东省多年来在交通基础设施建设上投入巨资。同时，为了促进广东省与周边省份的贸易往来，促进广东省各地区的融合，加快了铁路运输的发展与建设。2010年底，广东省新建铁路420

---

① 李锋. 旅游交通对湖北旅游发展影响研究 [D]. 武汉：华中师范大学，2012.

② 董同彬. 高铁经济对珠三角区域协调发展的影响与对策 [J]. 产业与科技论坛，2017 (12)：23 - 26.

公里，在建 1303 公里，现营运里程已经达到 2303 公里。高铁方面，京广高铁武广段于 2009 年 12 月底正式通车。同时，从贵阳到广州、南宁到广州、厦门到深圳、茂名到湛江的高速线路正在建设中，表明广东省正进入高速列车时代。截至广东省铁路运营五年规划末（2015 年底），全省铁路营运里程达 4020 公里，新建铁路运营里程达 1429 公里。其中，全省高铁运营里程 1360 公里，新建高铁运营里程 1046 公里，[①] 厦深高铁、广南高铁、贵广高铁等高速铁路正式开通（见表 12 - 2），为广东省经济发展奠定了基础。

表 12 - 2　　　　　　　广东省已经开通的高速铁路具体情况

高铁名称	营运时间	经过站点	经过地级市
武广高铁	2009 年 12 月	乐昌东站、韶关站、英德西站、清远站、广州北站、广州南站、虎门站、深圳北站	韶关、清远、广州
厦深高铁	2013 年 12 月	饶平站、潮汕站、潮州站、普宁站、葵潭站、陆丰站、汕尾站、鲘门站、惠东站、惠州南站、深圳坪山站、深圳北站	潮州、汕头、揭阳、汕尾、惠州、深圳
贵广高铁	2014 年 12 月	怀集站、广宁站、三水南站、佛山西站、广州南站	肇庆、佛山、广州
南广高铁	2014 年 12 月	郁南站、南江口站、云浮东站、肇庆东站、三水南站、佛山西站、广州南站	云浮、肇庆、佛山、广州

资料来源：笔者根据 12306 软件和极品列车时刻表软件整理所得。

广东省的高速铁路虽然发展迅速，但与北京、天津、河北、长三角等经济中心相比，广东省的高速铁路建设滞后于经济发展。首先，广东省梅州、河源、茂名、湛江、阳江等城市尚未开通高速铁路。根据广东省"十三五"规划，未来几年广东省经济将处于产业结构调整状态，调整速度的快慢取决于不同地区的协调度。广州和深圳是以发展第三产业和高新技术产业为重点的两个极地中心，东莞、佛山、珠海等次发达地区也与高新技术产业的发展相配合，因此与之相关的原始传统制造业在我国具有举足轻

---

① 吕佳兴. 高铁经济条件下广东省高铁的经济影响研究 [D]. 广州：暨南大学，2018.

重的现实意义。工业需要转移到周围的东部、西部和山区。产业转移存在溢出效应，这种产业转移的溢出效应，不仅可以促进高新技术产业的发展，使珠江三角洲的产业结构更加合理，也大大促进了其他三个地区的经济发展。然而，珠三角、粤东、粤西和山区之间的产业转移在很大程度上取决于区域间的交通基础设施。良好的交通设施对各区域之间的联系有积极影响。需要特别指出的是，广东省东西向狭窄，地形复杂，高速铁路建设尤为重要，这将有助于打破地区差异。其次，广东是泛珠江三角洲的核心地区。福建、海南等地区的高速铁路由于工程进度等原因，无法完全满足当下的运输需求，因此无法形成完整的高速铁路运输系统。泛珠三角地区包括内地 9 个省和香港和澳门两个特别行政区，陆地面积达 199.45 万平方公里，占全国陆地面积的 20.78%。2016 年，国内生产总值达到 264806 亿元，经过测算，高铁带来的收益约占全国国内生产总值的 35%。[①] 这样庞大的经济体之间，必须具有良好的交通运输保障经济合作的进行。泛珠三角地区高铁区域经济带的建立，不仅加快了泛珠三角地区的经济一体化进程，而且带动 "9+2" 地区在能源、旅游、社会交往等多方面开展了深入合作，这也是广东、中国香港地区、中国澳门地区 "一带一路" 倡议和 "大湾区" 的战略选择的重要一步。

作为中国南门的重要港口，珠三角地区自古以来就是大陆与海外连接的重要枢纽。只有不断加强交通运输建设，提高交通服务水平，珠三角才能发挥更好的对外贸易作用。而加强广东省高铁的建设，也是我国 "海上丝绸之路" 的必然选择。在全面建成小康社会的大背景下，广东省将进行全新的经济开放与产业整合、转型，这也对广东的交通系统提出新的要求。根据广东省政府的相关规划，到 2020 年，广东省交通基础设施总体上达到国内领先水平和世界先进水平，初步确定国际综合运输门户的地位，实现 "12312" 运输圈的目标。也就是说，广州、珠三角城市之间的运输时间将在一小时内，珠三角、粤东、粤西、粤北山区为两小时，周边省会城市在三小时内。到 2018 年底，广东高速铁路运营里程达到 1625 公里，到 2020 年底达到 2000 公里。建设从梅州到潮汕、从赣州到深圳、从广州

---

① 吕佳兴. 高铁经济条件下广东省高铁的经济影响研究 [D]. 广州：暨南大学，2018.

到汕尾，从湛江到海口等城市的高速铁路，进一步加强广东省与邻近省份之间的高速铁路建设，形成连接东部、辐射西南、北达湘赣、直接中原的高速铁路骨干网络。

（二）高速铁路建设对广东省经济一体化的影响

一个城市或地区的经济的增长，不仅与其自身的积累息息相关，某种程度上来说更取决于它与周围其他城市的相互作用。即使是在同一省份中，不同城市、不同地区的区位优势、自然条件都各不一样，因此在发展中条件相对优越的城市往往更能取得优势地位，并通过不断吸收周边地区的经济要素，进一步促进本地区的发展。这也是区域经济学学科经常提到的极化作用。加速了中心城市作用的同时，城市发展也造成了中心城市与周边城市经济发展的差距，在一定程度上导致了周边城市发展缓慢。然而，从另一个角度看，中心城市会对周边城市产生溢出效应。当中心城市发展到一定水平后，溢出效应将占其对周边城市影响的主要地位。中心城市的大量要素资源将向周边地区转移，带动周边地区的经济发展。此时，中心城市的溢出效应大于对周边地区的虹吸效应，因此将带动周边城市的经济增长。从长远来看，高速铁路的运营提高了沿线城市的通达性，加强了沿线地区之间的经济交流，无疑会导致中心城市经济要素的溢出效应。按区域划分，广东省可分为珠江三角洲、粤东、粤西和粤北（山区），珠三角经济始终领先于其他三个地区。尽管粤北山区是经济排名中最靠前的地区，但根据有关数据，其经济远远落后于全国经济。如表 12 - 3 所示，2016 年，珠三角地区的人均国内生产总值为 11.31 万元，而粤北山区的人均国内生产总值为 3.19 万元，粤东为 3.39 万元，粤西为 4.08 万元，而2016 年全国人均国内生产总值为 5.40 万元。[①] 结合 2016 年人均国内生产总值数据，可以看出广东省近年来的巨大经济差异已成为广东经济进一步发展的主要障碍。四个地区中，珠三角经济明显高于全国水平，其余三个地区低于全国平均水平。2016 年，珠三角地区人均国内生产总值是粤北山区的 3.5 倍以上。深圳的人均国内生产总值（171300 元）是排名末位的梅州（24100 元）的 7 倍多。区域发展差距巨大，严重影响广东经济的可持

---

① 吕佳兴. 高铁经济条件下广东省高铁的经济影响研究［D］. 广州：暨南大学，2018.

续发展。近年来，广东省政府也在努力缩小区域发展之间的巨大差距，包括两项重要措施：交通设施一体化和产业"双转移"。交通作为地区之间联系的纽带，对于缩小地区差距、促进共同发展的作用不言而喻。广东省将建立"高速公路、高铁、机场"三合一的交通网络，不断加强珠三角与粤东、粤西、粤北山区的交流。珠三角城市群一直是广东经济发展的中心支柱，后期将把自身优质资源转移到其他三个地区，促进其他三个地区的发展，缩小与其他三个地区的发展差距。而这些溢出效应的前提是良好的交通基础设施。武广高铁、贵广高铁、厦深高铁的建设，不仅将促进广东省与周边省份的合作，更重要的是促进广东省四大区域之间的合作。特别是珠江三角洲将利用自身的辐射来刺激粤东、粤西和粤北山区的发展，促进区域经济一体化。

表 12-3　　　　　　　　广东省区域各年份人均 GDP　　　　　　　单位：万元

区域	2007 年	2008 年	2009 年	2010 年	2011 年	2012 年	2013 年	2014 年	2015 年	2016 年
珠三角	8.91	10.18	10.83	12.52	14.23	15.40	16.89	17.97	19.07	11.31
东翼	1.22	1.43	1.55	1.76	2.04	2.28	2.52	2.71	2.88	3.40
西翼	1.34	1.57	1.64	1.94	2.29	2.57	2.86	3.07	3.20	4.08
山区	1.13	1.34	1.45	1.59	1.84	2.02	2.21	2.40	2.51	3.19

资料来源：各年份《广东省统计年鉴》。

（三）高速铁路建设对广东省产业结构优化的影响

近年来，广东省的产业结构正在不断发生变化。改革开放初期，广东省积极引进外资，大力发展经济。此时，广东相对于世界其他地区的最大优势是廉价的"人口红利"，加之广东省政府给予的大量优惠政策，吸引了一大批外资企业在广东省建立工厂。与广东形成鲜明对比的是同时期的香港地区。香港的土地租金和人力资本价格疯狂上涨，导致大量的香港生产商纷纷选择将企业迁往距离近且生产成本较低的广东地区，从而形成了香港与广东省的"前店后厂"合作模式。在这些因素的驱动下，20 世纪 90 年代的广东省成了中国制造业和世界制造业的聚集地。但同时，个别地区的快速发展也带来了广东的两极分化。相比于珠三角地区，广东省许多

高铁产业经济学

地级市的工业经济还较为落后。到了 21 世纪初，随着经济体量的不断发展，对广东经济发展质量也提出了新的要求。事实证明，广东省过去的那种的高增长、高成本、高污染的粗放式发展模式，虽然在短期内会对经济增长作出巨大贡献，但是其对环境污染的代价也是十分昂贵。因此在科学发展观、可持续发展战略的指导下，这种模式被逐渐淘汰。与此同时，珠江三角洲地区的地租正以较快速度增长，国内人力资本的红利正在消失。此外，政府还面临其他三个地区发展缓慢、产业结构粗放、经济发展不可持续的问题。在各种因素的作用下，广东省的内部经济结构开始发生变化。珠三角地区大量的低附加值企业（纺织、食品、纸品、家具）开始进入东部、西部山区。而粤北地区和珠三角地区则开始大力发展高科技产业，包括信息技术、生命科学与生物工程技术、海洋技术等产业以及高附加值的第三产业（旅游、文化、金融等产业），珠三角地区的产业结构不断优化，而粤东、粤西和粤北山区等区域承接了不少了来自珠三角区域的低附加值企业产业转移，工业得到进一步发展。

高速铁路开通运营在推动广东省经济产业重心转移、结构调整等各个方面也都起着举足轻重的作用。首先，高速铁路运输系统是一种基于现代铁路综合运输技术逐步建立发展起来的新的客运运输系统。同时，上下游的产业链均为高科技产业，具有较强的区域性。高铁的发展将促进新材料、信息技术等高技术产业的发展，从而促进区域工业设施的优化和现代化。其次，旅游、文化、金融等高附加值的第三产业的发展，与良好的交通条件密不可分。同时，高速铁路建设还会有效地打破区域间的隔阂。虽然珠江三角洲和粤东、粤西、粤北曾经由公路和普通铁路连接，但由于速度慢、交通量低，区域间的限制并没有完全打破。然而，高速铁路系统在速度和运量上远优于普通铁路和高速公路，这可以打破地区间的时间限制，加强地区间的沟通。最后，高速铁路还增强了广东省的区域优势，不断将广东省的外部经济因素集中在一起，促进了广东省经济结构的优化。①

---

① 吕佳兴.高铁经济条件下广东省高铁的经济影响研究［D］.广州：暨南大学，2018.

案例五：高铁建设对青岛经济发展的影响①

高速铁路的发展对青岛的经济发展起着重要的作用。青岛高铁的建设和发展取得了巨大成就，对青岛市的经济建设和发展产生了巨大的影响。高速铁路是一种具有现代社会优势的新型运输工具，为青岛经济和社会的迅速发展提供重大支持和保障。高铁的建设与开通，不仅缩短了时空距离，而且加快了人口与人力资源流动，加强同城效应，促进资源有效配置，加快地区经济一体化发展。

济青高速铁路是中国首条地方控制的高速铁路。未来，它的建成和运营将在青岛甚至山东的交通网络中起到重要作用。它不仅使人们出行更方便，而且使得济南和青岛两个核心城市之间的联系更为密切，推动了山东省东部与西部的串联发展。

建成后，山东将基本形成一个以青岛、济南为中心的"1，2，3 小时"高铁运输圈，1 小时直达周边城市，2 小时进入县内全省级城市，省内地级市 3 小时到达。它还与青荣城际高速铁路、青连城际铁路等高铁相连，成为连接全国"四纵四横"高铁网的一个重要环节。

高铁的发展将推动同城效应的出现，产生政治、经济、文化新的发展增长点，促进青岛地区与城乡协调发展。济青高速铁路开通，将实现两个城市的同城效应。两地的优势互补，双方都可以从空间结构和产业结构中受益。例如，青岛崂山已成为山东省最大的高科技区域创新基地，拥有著名的高等院校，拥有知识产权较高的大型企业集团，如海尔和海信等，以及许多正在创业的中小型高科技企业。在"济青 1，2，3 小时城市圈"中，沿途的大学和企业将为两地的溢出和扩散提供良好的环境，使各种资源的整合与共享得到兼容。

高铁在青岛市的就业发展和产业的发展中起着积极的作用。推动高速铁路建设和正常运营需要大批技术人员和服务人员，这将为青岛市带来更多的就业机会，加速青岛市改变产业结构调整和经济发展方式，为企业整

---

① 李振中，孙烁. 关于青岛加快高铁经济发展的分析 [J]. 现代营销（下旬刊），2019（1）：1.

合、产业链升级优化产生的剩余劳动力提供就业分流渠道。

案例六：高铁建设对江西区域经济发展的影响[①]

自 1899 年修建株萍铁路以来，江西铁路经历了由少到多，从低级到高级的发展过程。截至 2016 年底，江西省共有 13 条铁路干线，3 条高速列车线路。江西省铁路运营里程达到 4031 公里，其中高速铁路 870 公里，形成了以南昌为中心，以"三纵三横"为主体的铁路网。

近几年来，江西省加快了铁路建设，修建了多条铁路。并在铁路长期规划中提出了建设布局合理、覆盖面广、效率高、快捷便利、安全经济的现代铁路网，新建铁路干线 25 条。其中尤其引人注目的是，江西省提出要建成一条"三纵三横"的高速走廊，其中，高速铁路的里程将超过 2000公里。高速通道的复线率超过 70%。

随着高速铁路网的建设，通过铁路连接起来的沿线城市的出行时间大大降低，极高地提升了铁路运输的及时性。江西除基本形成交通通道外，还与长江三角洲、珠江三角洲、河道西岸和长江中游长沙——湘潭城市群相对接，同时完成了武汉城市圈高速通道地建设，南昌至省内城市和武汉、长沙等中心城市地出行时间在 1~2 小时之间，而到广州、深圳、上海等周边主要城市则为 3~4 小时，到北京、昆明、西安等地出行时间在 6 小时左右。

江西省计划建立一个新的城际铁路与"三联三射三通"，并建立一个以省会为核心的南昌城际铁路网，将城市和城市相互连接，覆盖 80% 以上的城市人口，其形态为"一核两轴三圈四通"。2017 年，南昌至抚州、南昌至修水、新余至吉安、南丰至瑞金四条城际铁路线正式开工，总长 530公里，总投资 478 亿元。"十三五"期间，江西省计划新建铁路 1200 多公里，全省铁路总长度达到 5000 多公里，其中高速铁路 1500 多公里。

2016 年，江西开始建设赣州至深圳客运专线四条铁路的建设，推动实施了"南北"高速铁路开发战略。与东西高速铁路上海——昆明客运铁路一

---

① 宁斌. 江西高铁经济发展战略研究 [D]. 南昌：江西财经大学，2017.

起，构建了江西十字形高速铁路的主体框架，加快了江西与国家高速铁路网络的融合。同时，在江西省以高铁为依托，沿上海—昆明和北京—九龙两条高速走廊分布城镇发展带。近年来，高速铁路建设在促进江西区域经济发展中的作用日益明显，这主要体现在它对凸显江西发展的区域优势，以及促进区域一体化和产业发展、提高沿线城市发展水平、促进旅游业蓬勃发展方面的积极作用。

（一）改善区位条件，构建交通经济走廊

高速铁路的建设往往和经济相对发达地区紧密相关，同时也能将经济发达地区与相对落后的地区建立联系，从而构建起所谓的交通经济带。从日本、法国、德国等国家高速铁路发展的经验中我们可以发现，高铁竣工后，沿线将形成新的经济走廊或城市带。以日本为例，其"太平洋带状工业带"推动了日本经济快速增长。

随着沪昆客运专线杭州段和合浦段的建设，以及武九、赣深、安九客运专线的建设，江西将向世界各地全面开放高速铁路走廊。形成承东启西，沟通南北的重要区位优势，在全国铁路网中的地位将进一步得到重视。江浙经济带的战略地位和"一带一路"倡议有利于更好地开发江西作为共同腹地的区域利益，促进区域合作、开放和现代化。江西高速铁路系统的快速发展，鼓励了沿高速铁路系统区域交通带的建设。例如，江西省与湖南、贵州、云南等省份签署合作框架协议，共同建设沪昆经济走廊，在改善区位条件的基础上，推动江西区域经济整体发展。

（二）促进区域融合和产业发展

高速铁路是重要的交通基础设施，具有建设周期长、成本大的特点。因此在施工期间往往需要大规模的投资。这可以促进相关产业的发展，吸引其他经济因素的涌入，并增加沿线地区的投资规模。一方面，高铁开通后，人力资源、物资、资本、信息和技术的积累将促进旅游、工业、物流等行业的发展。另一方面，时间和空间的收敛以及城市之间交通成本的变化也改变了沿线产业整合和扩散的机制，形成了新的产业布局。高速列车对工业经济的长期影响还体现在运输成本的降低和各个地区交通便利性的提高。高速铁路的建设从根本上改善了沿线的工业发展环境，促进了沿线居民的舒适出行，带来了就业、教育、医疗和观念的变化，也带来了经济增长。江西省不仅是支持中国"中部崛起"发展战略的最重要地区，而且是积极参与工业转移和发达地区分工的主要地区。如表 12 – 4 和图 12 – 1 所示，沪昆高铁加强了江西与周边经济区的交流，促进了沿线产业转移和现代化、工作精细化。在沿线省市之间的产业链中，促进了沿线产业结构的调整、优化和升级。

表 12 – 4　　　　2013 ~ 2015 年江西省沪昆高铁沿线主要城市三次产业结构变动

城市	2013 年	2014 年	2015 年
上饶	14. 8 : 51. 1 : 34. 1	13. 8 : 50. 3 : 36. 0	13. 5 : 48. 7 : 37. 8
鹰潭	8. 0 : 62. 6 : 29. 4	7. 7 : 61. 3 : 31. 0	7. 7 : 59. 4 : 32. 9
南昌	4. 7 : 55. 5 : 39. 8	4. 4 : 55. 0 : 40. 6	4. 3 : 54. 5 : 41. 2
新余	6. 0 : 58. 0 : 36. 0	5. 8 : 57. 8 : 36. 4	5. 9 : 55. 8 : 38. 3
宜春	15. 4 : 55. 2 : 29. 4	14. 7 : 54. 1 : 31. 1	14. 6 : 51. 7 : 33. 7
萍乡	7. 1 : 59. 3 : 33. 6	6. 8 : 59. 0 : 34. 3	6. 9 : 56. 7 : 36. 4

资料来源：历年《江西省统计年鉴》。

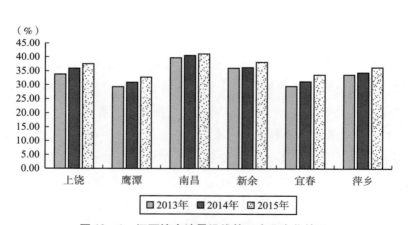

图 12 – 1　江西境内沪昆沿线第三产业变化情况

资料来源：笔者根据表 12 – 4 中数据绘制所得。

　　沪昆客运专线开通后，江西省与湖南省的时空距离进一步缩短，两省也因此探索建立跨区域合作新模式。

（三）提升沿线城市发展水平

1. 加速城镇化水平

扩大和加强中心城市的作用，积极培育和发展城市群是促进城市化进程的两项重要活动。高速列车不仅提供便捷的铁路运输服务，而且可以促进沿线区域与城市之间的联系，从而大大缩短了时空距离。江西省以沪昆、京九高铁为基础，积极开发沪昆、京九两个城市开发区，在引领全省城乡发展中起到了主导作用。

2. 拉动高铁新区建设

江西高铁沿线地区的地方政府对高铁站所在区域的规划、开发和建设十分重视。政府对高铁新区的规划定位一般为高端，具体体现为新的高速铁路区或新的示范区、商业区和试验区。而从城市总体规划的角度看，将高铁新区的功能定位整合与城市建设规划的整合，在当下的城市发展中已经成了重要的组成部分。与传统城市区域规划不同的是，高科技产业、高端贸易、现代服务业和相关文化产业将成为高铁新区的主要产业，这些产业最终能实现产业转型。

在杭州开通沪昆客运专线之前，人们只能通过公路乘车进出，高安距最近的高速公路出口有大约40公里。高速铁路开通后，高安进入了高速铁路时代，由于距离省会南昌仅需15分钟的车程，高安市的高铁新区受到了多方投资者的关注。例如，中国汽车零集团公司投资26.5亿元建设汽车物流配送基地。高安市以中国汽车零集团公司和中国节能环保集团公司为依托，在车站南侧建设了总面积18.6平方公里的高新技术产业园，以吸引一批优质的产业，促进传统产业迈向现代化。

上饶市计划在高速站区建立高铁经济试验区。区内包括高速站、三清山机场、坑口西货运站及其周边、上饶朝阳工业园等，核心区面积约88平方公里。政府将试验区定位为华东重要的综合交通枢纽、开放合作的试验区、生产城市一体化示范区和重要的绿色增长极。试验区计划在大约十年内占地60平方公里，这将是上饶经济发展的重要增长点，也是江西高铁经济发展的示范区。2016年12月21日，华为云数据中心、呼叫与服务外包中心、创新创业孵化中心等10个项目在上饶高速铁路经济试验区举行了集中启动仪式。

玉山县还依托沪昆高铁加快建设一期规划面积 500 亩的现代化高铁集聚区电子商务产业园。规划建设集电子商务与配套服务商、人才培养基地、物流销售基地、生活服务区于一体的生态园区，形成以"网络"为核心的电子商务产业集聚区。自 2017 年 8 月以来，已建成电子商务园区 108 个，其中规模以上 20 个，涵盖艺术家、摄影师和电子商务人才的培训和运营。

3. 城市规划重新调整

首先，城市功能重新定位。其次，城市规模重新明确。最后，城市格局重新规划。

（四）推动旅游产业蓬勃兴起

高铁是实现旅游业各要素互联互通的重要交通工具，对区域旅游业吸引力的扩大具有明显的引导作用。首先，高速铁路系统的发展极大地推动了沿线旅游业的快速发展。其次，高速铁路网的发展有效地扩大了客源市场的辐射覆盖面，对区域旅游形势产生了重大影响。最后，高速铁路的发展促进了资源稀缺、资源独特的旅游业的发展，增强了品牌效应，激活了旅游市场的丰富发展。

1. 促进旅游发展，改变旅游市场格局

沪昆高铁、合福高铁的开通，为推动江西全域旅游业的持续发展升级开辟了前所未有的机遇，江西旅游人数明显有所增加。2015 年旅游总接待人数为 3.85 亿人次，文化旅游收入达到 3637.63 亿元。与 2014 年相比，江西省文化旅游收入达到 264.97 亿元，分别增长 23.2% 和 37.3%。以上饶和宜春为例，2015 年上饶接待游客 9344.36 万人次，旅游总营业额达 790.3 亿元，分别增长 38.3% 和 33.13%。合肥—福建高铁开通后，景区旅游人数明显高于往年。[①]

2. 加快区域旅游体系建设

高铁促进了区域旅游资源的整合和特色、集群旅游产品的开发，促进了旅游资源从分散发展到集中发展、全面开放发展，加快了旅游业转型。[②]

---

①② 宁斌. 江西高铁经济发展战略研究 [D]. 南昌：江西财经大学，2017.

案例七：高铁建设对云南经济发展的影响[①]

2016 年 12 月 28 日，美丽的云岭正式进入了高铁时代。高速铁路的发展将极大激发沿线资金流、人才流、信息流和物流的相互作用，促进资源优化配置、企业快速转型改造升级，促进旅游、物流的现代化。

（一）沿线地区的投资环境得到改善

高速铁路时代是一个运输和分红的伟大时代。从京沪高铁开通到"苏淮现代工业园"、从武广高铁开通到"湖北咸宁广东工业园"等国内经典案例可以看出，高铁的快速度将重构区域产业布局。云南高铁的开通将显著提升云南区域形象，增加其对投资者的吸引力，有助于云南在东南沿海发达地区进行产业转移。云南与长江三角洲、珠江三角洲经济区和世界的联系更加多样化，以高铁走廊为重点，优化了沿线生产力分布，加速区域一体化，大大提高了沿线投资环境。

（二）促进滇中经济发展

从省内线路来看，在高速列车时代，昆明到曲靖、楚雄、玉溪，一个小时就能到达。滇中城市群率先实现同城化，大大缩短了时空距离，加快了新城区建设，加快了城市化进程。新的高速火车站将成为城市化发展的新焦点。从外省的角度看，云南通过高速铁路网更好地融入了"一带一路"和长江经济带。东连长三角，北连京津冀，南连珠三角，大大减少了西南与华南、华东与华南的时间和空间距离。昆明南至北京西的最快行车时间比现有的特快列车短约 21 小时，昆明南至上海虹桥比目前的普通特快列车短约 22 小时，昆明南至上海的最快行车时间比现在的普通特快列车短约 22 小时。目前，贵州、广西和广东依靠贵州—广州高铁发展粤桂黔经济合作区，沿线 13 个城市签署了合作协议。

（三）推动云南旅游业升级发展

高铁的发展推动了云南旅游业的快速发展，2017 年，昆明市新增旅客

---

① 马碧华. 深刻认识高铁经济　充分发挥高铁效应 [J]. 理论学习与探索，2017 (1)：55－56.

约 760 万人，平均每天新增游客 2.1 万人。到 2020 年，昆明将有 1.5 亿人游客，其中高铁带来的游客大约 3000 万人次。

沪昆高铁全长 2264 公里，跨越杭州、南昌、长沙、贵阳、昆明五大省会城市。云贵铁路长达 710 公里，经过石林、普者黑、百色、南宁等城市。乘坐该条高速线路的人会感觉自己一直往返于山川之间，随着云南高铁的开通和运营，未来高铁沿途风景秀丽的地方，出现在"朋友圈"的频率也会越来越高。高铁不仅会改变云南当地人的生活，而且会促进云南旅游业的革命式发展，有助于云南旅游经济的转型升级。也就是说，高速列车正成为云南旅游强省战略的一支重要力量。

（四）推进改革开放

云南地理位置独特，是中国与东南亚、南亚的重要交汇点。高铁在帮助云南对外、对内、双边开放新格局，扩大云南对外开放大门，推动云南从西南边境向前发展方面发挥了重要作用。随着时间的推移，云南与周边地区的铁路越来越完备，运输的时间成本将大大降低，物流效率会大幅提高，这对改善当下云南经济发展的困境具有重大意义，并且将对资本投资具有更大的吸引力，同时促进云南与南亚、东南亚等发达地区经济辐射和产业转移工作的开展。高铁的开通，使得云南的区位优势真正展现出来，从改革开放的末端走向前端，进而走向世界。

（五）支撑"一带一路"建设

云通高铁进一步加快了云南"八五外"铁路网的建设。在"十二五"期间，云南铁路形成了沪昆、成昆、南昆、内昆四出省和昆玉河出境，提高了云南铁路网的规模和质量。云南将依托高铁网，逐步发展自身的货运转输能力，真正成为"一带一路"的枢纽支点，成为连接南亚、东南亚的国际铁路运输中心，承担起中国与东盟国际贸易的桥梁纽带作用，并向沿线国家进一步辐射经济、社会、文化影响。

（六）促进昆明铁路局客货上量

昆明铁路局在南亚和东南亚形成了区域铁路枢纽。新路网的效益和市场竞争的效益逐渐使得云南高铁产生净效益。从长期发展的角度看，净效益的积累将转化为持续驱动高铁进一步发展的动力。就客运而言，随着东部沿海经济圈和发展圈融入云南生态圈和资源圈，全国各地的客商肯定会经常到云南办业务，客流也会呈现爆炸式增长。沪昆高铁、云贵高铁、新建昆玉高铁于 2017 年元旦开行，深受旅客喜爱。据统计，仅仅在元旦期间，昆明铁路局运送旅客已达到 49.5 万人次，同比增长 20.1%，其中，高铁承担的发送量约占总人数的 16.6%。可见在未来高铁运输的作用和地位将越来越突出。而高铁货运在未来也将通过高铁网的建立，有效释放沪昆、南昆国际铁路的运力，显著提升西南航道的运力。

第二节　典型高铁对经济效益的影响

案例八：京沪高铁的经济效益[①]

京沪高铁是京沪客运专线，全长 1318 公里，连接环渤海和长三角，共有 23 个车站。从高铁沿线城市规划的变化来看，车站所在的大、中、小城市利用高铁建设的机遇，定位新的高铁车站和城市功能。新城市规划遵循"高起点规划、高质量建设、高质量管理"的理想现代城市理念，强调传统的规划要由城镇规划的结合来取代，建立了会议中心、展览中心、大学城、行政大楼、商业金融区、老品牌商业街等。[②]

（一）重塑了京沪交通经济带

京沪铁路已经建成 100 多年，经过百年的发展，走廊沿线聚集了大量的人流和物流。改革开放以来，随着经济的快速发展，现有京沪线的运输任务逐步增加，运力日益紧张。京沪高铁每年的客货运周转量是惊人的。即使在 2010 年，当铁路网大幅扩张时，当时的京沪线路的平均客货密度仍然是整个线路的 2.3 倍和 2 倍。北京和上海火车站是中国最重要、最繁忙、承载旅客最多的火车站。

京沪高铁建成后有效满足了旅客出行需求，显著提高了区域通达性，

---

① 林仲洪，杨瑛，田亚明. 从京沪高铁看高铁经济的重要作用 [J]. 铁道经济研究，2017（1）.

② 赵丹丹. 京沪高速铁路建设对沿线产业空间布局的影响 [D]. 成都：西南交通大学，2011.

降低了生产要素的交易成本，加速了"环渤海""长三角"两大经济圈之间的整合互补。这显著增强了中国东部沿海地区的经济效益和辐射，对中西部地区乃至全国都有带动促进作用。目前，其逐级辐射已到达周边地区，进一步加速了东部和中部地区多个城市群的形成，成功地整合和扩大了西部大开发区的辐射强度。

京沪高铁经过枣庄，但是以前由于枣庄市相对偏远，经济发展一直远远落后于全国其他地区。自从有了高铁经过，枣庄市的地理劣势转变为连接南北的地理优势，吸引了大量投资者为其提供技术、资金、人才、信息等基本资源。由此看来，高铁的发展为枣庄提供了提高经济发展质量的机遇。

高铁网络进一步扩大了京津冀经济共同体的外部影响，向北延伸到辽东半岛乃至整个东北经济区的城市群。

（二）沿线经济活动效率得到提高

随着高速铁路的开通，乘车通达的时间长短取代距离成为衡量空间远近的指标。京沪高铁借助城市交通有机衔接，实现高速、高效、高密度、全天候的运营方案，大大缩短了点到点的行车时间，产生了深远的影响。沿线城市居民工作方式也发生了变化。沿线城市之间同步建设"同城"高速轨道交通走廊，将人们的活动范围、资源配置与利用延伸到城市群，改变了人们的活动空间，出现了"1小时生活圈""2小时高质量服务圈"，给沿线的二线三线城市居民带来的变化显而易见。时空距离的缩短，也提高了人们的出行频率。

（三）改善了沿线地区投资环境

京沪高铁沿线城市可发展大量的高新技术产业、旅游休闲、贸易金融等生产性服务和消费性服务业。在京沪高铁完工以前，安徽、山东两省的部分城市交通基础设施建设水平相对较低，这对吸引投资、转化效益造成了一定的困难。随着高速铁路的开通，这些城市的通达性大大增加，地方政府也相继出台了优惠政策，以达到促进优势资源有机融合、吸引外部资本进入的作用，推动产业转型，实现高端产业的快速集聚。经相关部门计算，在该高铁的建设和运行中，山东省的固定资产投资每年平均增长880.09亿元，河北省年均增长1189.41亿元，安徽省每年增加891.21亿

元，江苏省每年增加 1026.78 亿元，天津市每年增加 670.88 亿元（见图
12－2）。

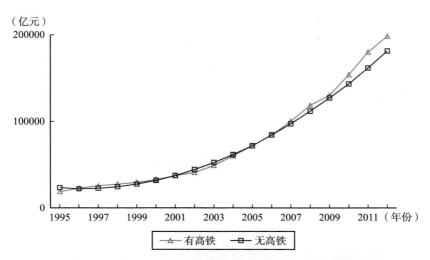

图 12－2　"有""无"京沪高铁沿线固定资产投资总量对比

资料来源：林仲洪，杨瑛，田亚明．从京沪高铁看高铁经济的重要作用［J］．铁道经济研究，
2017（1）．

（四）对沿线地区产业结构优化升级起到了促进作用

高铁由于其投资成本大、产业链长的特点，对沿线地区的产业结构优
化升级具有重大作用。由高铁建设带来的巨大产能需求，有效地促进了过
剩产能的消化，并推动了经济增长，增加就业机会，也促进了相关产业的
转型和现代化。在高速铁路基础设施方面，其建设投资对相关产业的乘数
效应一般比高速公路等其他交通方式高出三倍以上。据估计，每 1 亿元高
铁投资可直接投资冶金工业 3 亿元、铁路工业 7 亿元、装备工业 3 亿元、
机械工业 2 亿元、化工 2 亿元。

高速铁路的发展也有力地促进了旅游、商业、美食、购物、文化等第
三产业的发展，对促进中国工业的优化和现代化起到了重要作用。通过
"倒逼机制"，高铁促进了城市全体服务业的发展，完善了整个旅游产业
链。许多相关公司已启动京沪线战略，并逐步在苏州、常州、济南等沿线
城市建立自己的公司，通过高铁线路增加自己的市场份额。

此外，京沪高铁沿线地区的旅游资源十分丰富。从北到南，有世界著名的古都北京、海滨城市天津、泉城济南、泰山、曲阜、六朝古都南京、苏州和现代大都市上海。沿线景点有 10 个世界一级自然历史文化遗产，7个国家级重点风景区，镇江、苏州等 10 个少数民族重大历史民俗文化名城，15 个国家 4A 类省级特色旅游景点，100 余个国家一级重点历史文物保护活动单位。除了吸引国内游客，高铁也为外国游客提供了旅游的便捷性，据相关部门统计，京沪高铁沿线地区的外国游客总数占全国重点旅游城市的 50% 以上。

案例九：武广高铁的经济效益①

2009 年 12 月 26 日上午 9 点，G1001 这辆蓝色和白色相间的"和谐号"列车从武汉站出发，京广高铁武广段是世界最长、运行最快的高铁，它标志着武汉高速铁路时代的开始。就在此时，世界上里程最长、速度最高的无砟轨道客运专线正式登场，广东、湖南和鄂东的"三小时经济圈"也正式竣工。武广高速铁路到底带来了怎样的经济意义呢？

首先是"同城效应"。根据城市断裂点理论，城市的经济发展规模直接决定对周边环境的直接吸引力，而城市之间的距离则与城市直接吸引力成反比关系。也就是说，超大城市的影响力和辐射在 300 公里处有一个断点，需要一个新的城市来正确连接两省的经济。武广高铁的一个重要作用是连接武汉和广州两个城市，促进武汉和广州及其周边地区的发展。

武广高速铁路带动了湖南湖北两省经济的发展。近年来，湖北省和湖南省的 GDP 增长迅速。2009 年，湖北省国内生产总值达到 1.25 万亿元，湖南省达到 1.293 万亿元。武广高速铁路连接广州，深港客运专线可以延伸至"广莞""深港"的强大经济带。武广高铁总里程 1000 多公里，贯穿湖北、湖南、粤东北，沿途大中小城市众多。这些省市的 GDP 占中国 GDP 的比重很大，尤其是广东，约占中国 GDP 的 1/8。武广客运专线开通后，高速铁路的积极作用将更加明显，不仅可以大大缩短沿线城市的时空距

---

① 钟燕. 高速铁路对武汉的影响分析 [J]. 现代商贸工业，2010，22 (20)：113 – 114.

离，还可以实现经济和社会的联系。中部地区、珠江三角洲和中国香港澳门地区之间的交流将更加密切。珠江三角洲的经济已经从传统的劳动密集型产业转变为资本密集型的现代产业。"泛珠三角"区域各省经济结构相辅相成，促进湘粤与湖北周边地区合作，促进区域经济协调发展。

随着武广高速铁路的建设开通，珠三角经济圈面临的经济瓶颈问题将得到很大改善。湖南与湖北能够更紧密融入"泛珠三角"，从而将大量的海外市场连接起来，进一步拓展了国外市场。有权威人士预测，香港地区和澳门地区的"前店和后店"经济发展模式将转移到一个新的地区，形成新的"前店和后店"。广东省委书记王洋提出的"产业和劳动力双重转移"战略也将跳出广东的区域范围，构建新的地域面貌，实现新的"双转移"。广东省、湖南省和湖北省的经济一体化将使珠江三角洲在长江三角洲与环渤海经济圈之间的竞争中获得更多优势。

其次是"辐射效应"。高速铁路时代将缩小区域之间的差距，交通因素造成的区域旅游资源不足状况将得到很大改善。客观来说，湖南旅游资源仍然占据着武汉—广州高铁沿线的一大部分地区，具有显著的优势。张家界、凤凰、韶山、岳阳塔、南岳等知名旅游目的地在武广高速铁路辐射区具有较强的品牌优势。之前受限于交通，这些著名景点吸引的珠江三角洲、港澳台游客比广州附近的普通景区更少。然而，武汉到广州高速铁路的开通连接沿线的 15 个城市，形成一个串珠的现代交通框架，这 15 个城市中有省会城市 3 个，地级市 9 个和县级城市 3 个。随着武广高速铁路的开通，旅游业和城市扩张的步伐稳步向前迈进，湖南旅游业实现了"超车"。在广东、湖南和湖北省这几个省份中，湖南的旅游业是盈利最多的。郴州、长沙、广州的影响力将大大扩大。以旅游业为例，2011 年 7 月 "红色鄂湘粤，高铁一线牵" 活动对三地旅游业产生了巨大的影响。地处湘粤边境的宜章县，围绕莽山国家森林公园进行旅游推广，建设莽山—益丰高速公路公园，完善了该县风景区的交通网络，开展了包括高山歌曲、壮美莽山和高铁飞驰等七大主题活动。

两湖地区在中国古代就以鱼米之乡、九州通衢著称，具有丰富的历史文化底蕴，旅游文化资源丰富，为湖北旅游文化支柱行业的持续发展壮大打下了良好基础。在武广高铁的线路客流总体消费中，港澳的高铁客流消费比例很大。纵观武广高铁线，旅游型和资源型的消费者已经成为武广高铁开发的又一重要客户群，这也为武广高铁市场快速发展转型带来了巨大市场机遇。

最后是产业继承和转移的效应。高铁的速度革命首先会影响客货运输、服务旅游和区域产业布局的重构。日本新干线建成后，新干线周围的城市连成一片，形成一条工业带。同样，中国高速铁路的发展扩大了现有的经济圈，通过高速铁路连接大面积地区。近年来，广东提出了"腾笼换鸟"战略，将大量劳动密集型产业依托高铁网络进行转移，并加速推进产业升级。武广高铁的开通，也拉近了两湖与珠三角的距离。为湘鄂两省带来数千亿元的产业转移投资。沿线的广东北部、湖南省和湖北省也正在建设新的工业园区。湖南省政府为了支持工业园区的建设，在郴州实施了34项优惠政策，全力配合广东省进行的产业转移与结构升级，在战略合作中获得双赢。湖北省咸宁市也开设了相应的"广东工业园区"，计划投资20亿元建设以咸宁火车北站为中心的现代化新城区。

湖南省郴州市是产业转移中的先锋，郴州抓住这次促进地区经济发展的机会，计划将郴州建成"湖南省和广东省中心城市"和"湖南省最开放的城市"，努力使郴州成为江南旅游休闲度假基地、国家加工贸易承接示范基地、华南能源供应基地、有色金属精深加工基地和湖南视频数字产业基地。武广高速铁路的开通和运营，加快了连接长江三角洲和珠江三角洲的快速交通线路的建设，同时也促进了郴州"两城"的建设。根据郴州市工信局披露的数据显示，2019年全市规模工业增加值同比增长7.7%，比年初目标高0.7个百分点；新入规模工业企业154家，比年初目标多出64家。其中新晋制造业带来了传统工业模式的革新，转变为以电子信息产业为主导的发展体系，该模式对规模工业增长的贡献率达71%，全面优化了郴州市的产业结构与水平。

武广高速铁路的运营为中国带来了创新的技术实践。从引进国外先进技术到自主研发，反映了中国科学技术的飞速发展。同时，武广高速铁路大大提高了中国的运输能力，释放了北京—广州线的运输能力，对中国的政治经济起着重要作用。与此同时，在武广高速铁路的运营过程中，伴随着产业转移的发生，中国经济开始从沿海地区向中部地区转移。在这个过程中，政府应积极引导和把握产业结构调整的重要机遇。在实现中国经济转型中，发展中央经济，推动整个地区的经济发展。[①]

（一）高铁对武汉城市生活的影响

高铁改变了人们的旅游模式和休闲模式。在有高速铁路之前，人们习惯乘飞机长途跋涉（相隔超过800公里），否则他们将不得不忍受时间长而相对不舒服的列车，而短途旅行（相距不到300公里）的人通常会选择长途巴士。高铁开通后，逐渐成为人们出行的首选，因为它比航空旅行更便宜，比普通火车更省时，比长途巴士更安全。

在高铁开通之前，人们乘火车旅行需要很长时间，而对于普通家庭来说，航空旅行比较昂贵，所以在周末和短假期间人们通常选择留在家中或在郊区放松，只有在休假三天或五天时才选择长途旅行。但随着高速铁路的开通，人们能够在周末或短假中前往周边城市，旅行次数也会增加。在现阶段，大多数家庭的经济状况正在逐步改善。随着高速铁路时代的到来，旅游将成为人们生活的一部分，成为一种生活习惯。

根据武汉市的规划，黄石市、鄂州市、黄冈市、孝感市、天门市、仙桃市、钱江市、咸宁市8个城市为第一辐射区，九江市、合肥市、襄樊市、宜昌市、长沙市为第二辐射区。未来，武汉将形成3条区域快速线、6条城际线、总长489公里的城际铁路网。最后，形成武汉与全国大部分省区市之间的高速交通网络。[②] 届时，武汉市民有一条可靠的公交线路出城，两条可靠的城际铁路出城，三条可靠的高速铁路出省，四座可靠的天河机场到国外去。便利的交通将激发武汉市民更多地去外地旅游放松。

（二）高铁对武汉产业的影响

1. 制造、建筑业

高速铁路的建设直接影响到一些相关产业。要经营高速铁路，必须制造火车、建设铁路和火车站，并改善相应的配套设施。这将推动对铁路规划和设计、建筑、钢铁、机车和部件、水泥和其他行业的需求。武汉一直是中部地区的交通枢纽城市，也是高速铁路网络的重要节点城市。同时，武汉作为中国老工业基地，具有优良的装备生产基础，人力资源丰富，技

---

①②　罗辉云. 武广高铁的经济效应分析 ［J］. 经济研究导刊, 2011（35）: 59 – 60.

术储备丰富，在这些行业的发展上具有自然的优势。

2. 旅游业

武广高铁不仅提高了两省的运输能力，而且为普通民众享受不同地方的文化提供了便利。早上到广东喝茶，下午爬岳麓山，晚上在黄鹤楼游玩，已不再是梦想。

据统计，自武汉至广州高速铁路正式运营半年（至 2010 年 6 月底），武汉至广州高速铁路已安全运行超过 11700 列"和谐号"子弹列车，共发送超过 900 万名乘客，座位占用率稳步增加。① 据武汉旅游局统计，武广高速铁路开通后，武宁风景名胜区和仙宁等周边城市的旅游接待量明显增加。

3. 交通物流业

高速铁路的开通，对运输业的影响主要体现在对航空业和长途客车的影响，因为高铁比航空运输价格便宜得多，比汽车客运更安全并且省时间，所以高铁开通抢占了航空运输和长途客车的市场份额，引起了极大的反应。以武汉至广州高铁和航空运输的竞争为例，高铁刚一运行，广州和武汉的客运航班急剧下降，此前天河机场已经感受到了竞争的压力，立即推出了"武广机场大巴"和高铁竞争，机票优惠明显，最低价仅 180 元，比高速列车票价便宜很多。高速铁路的开通也使得中长途客运市场面临着巨大的"敌人"，他们采取了与客户竞争高速铁路的战略，甚至撤回了部分武汉至广州的长途客运，并专注于中短途客运业务。

与传统运输相比，武广高速铁路的最大特点和亮点在于其高速稳定，以及距离较远、效率高、集成度高，从而刺激了生产和消费。与此同时，武广高速铁路不仅让居民有了沿途旅行的选择，而且还为北京—广州铁路和 G4（北京—香港—澳门高速公路）分配了一些运输能力，使广东、湖南、湖北之间的省际交通竞争更加完善，更好地满足了不同成本水平的人流和物流需求。

此外，主要由电力驱动的高速铁路是一种流行的交通工具，具有资源节约和环境友好的特点。

---

① 罗辉云. 武广高铁的经济效应分析 [J]. 经济研究导刊，2011（35）：59 - 60.

4. 房地产业

武广高铁开通以来，武汉等沿线城市的房地产业发展迅速。造成这一结果的原因主要是以下几个方面：第一，高速铁路的建设意味着城市基础设施的进一步得到完善，高速铁路拉近了城市之间的距离。武汉附近的一些居民开始在武汉买房。武汉人在广州工作乘坐高铁回家，在武汉购买住房。第二，高铁给武汉的经济社会发展带来了良好的预期，吸引了温州房地产投机集团、浙江房地产投机集团等房地产投机者涌入武汉，极大地增加了房地产行业的需求。第三，武汉将在"1+8城市圈"中更具吸引力和影响力，武汉居民的收入增长将加快。这些有利因素将促进武汉房地产业的快速发展，使房价更加合理。

5. 其他服务业

高速铁路的开通将使来武汉的人口数量大幅增加，不仅有转机乘客，也有来这里住宿的游客，这无疑会增加对住宿、餐饮等服务的需求。

在高铁时代，武汉在国家交通地图上占据更加突出的位置，武汉的经济社会发展将加快，贸易、咨询、金融服务、文化产业等相应服务也是相继出现的。

（三）对市场的影响

武汉位于中国的中部，经济发展比较缓慢，而高速铁路网络一旦形成，沿海发达城市的市场要素将更便利地进入武汉，这对促进武汉经济发展有积极作用。更重要的是，武广高速铁路提高了三省市场的统一性，可以解决区域规划困难的问题，加快三省的城镇化和工业化。①

案例十：渝万高铁对万州经济发展的影响②

渝万高速铁路主线长245公里，设计时速250公里，初始运行速度200公里/小时，于2016年11月正式开通。渝万高速铁路的开通意味着万州高速铁路时代的到来，这将对万州居民的出行、生产要素的分配与扩张

---

①　钟燕. 高速铁路对武汉的影响分析 [J]. 现代商贸工业，2010，22 (20)：113 – 114.
②　万州区委党校课题组，陈涛. 高铁对万州经济发展的影响研究 [J]. 中共太原市委党校学报，2017 (4)：18 – 22.

产生深远的影响，促进建设半径和区域经济增长，为万州带来新的发展机遇。

（一）万州对外开放水平得到提高

渝万高铁的开通及未来万州四条高铁的开通，将大大缩短万州与国家主要经济腹地的时空距离，为万州一体化开辟一条快速通道进入国家"一带一路"倡议和"长江经济带"发展战略。渝万高铁东至郑万高速铁路、渝西高速铁路，进入陇海铁路，从连云港进入海上丝绸之路，形成万州东向入海国际物流通道；在西部经达万高速铁路和西部重庆高速铁路连接新的欧洲铁路，连接中亚、西亚和欧洲，并融入丝绸之路经济带。此外，铁路连接玉州—昆明高速铁路，经瑞丽出境，通过缅甸进入印度洋，并融入海上丝绸之路。高速铁路的发展进一步加强了万州与西南地区、中原地区和华北地区的交流与合作，有利于万州扩大对外开放，提升万州的地位，使得万州在全国区域经济格局中参与区域分工的范围更广，层次更高。

（二）城市新区建设质量提升

高速铁路的发展将带动周边房地产的快速升值，掀起新的就业和房地产热潮，推动新城区建设。与此同时，高铁带来的巨大人口流动将带来巨大的购物、餐饮、休闲、娱乐和服务消费，提升经济向心力。万州区依靠高铁建成一个集运输、住房、贸易为一体的新区域作为经济发展的新"引擎"。

（三）有利于承接产业转移

随着万州高速铁路的快速发展，便捷的交通将自然会带来资金、信息、物流和人才的有效流动，这将有效促进万州加快建立沿江和沿海产业转移的重要基地。一方面，随着时间的推移，万州、重庆等大城市的交通状况得到了改善，加之这些大城市自身就有了良好的工业基础，使万州高铁具有承接主城产业转移的固有优势。另一方面，随着郑万、渝西等高铁的开通，万州经济技术开发区的开发平台有利于沿海工业产业的转移。

（四）促进旅游经济的发展

高铁的开通，将大大提高三峡旅游核心区的旅游条件，乘坐高铁转移，可以有效避免舟车劳顿的传统旅游。随着万州五条高速铁路线的开通，三峡旅游与青城山、都江堰、峨眉山、九寨沟等著名旅游景点的距离大大缩短。它还辐射了西安、武汉、长沙、贵阳、昆明等城市半径 500 公里的"2 小时经济圈",为中国西南地区和中原地区旅游资源整合提供了有力支撑,从而带动了旅游经济的快速发展。①

案例十一：杭长高铁对金华发展的影响②

杭州—长沙高速铁路是上海—昆明高速铁路网"四纵四横"铁路客运专线的重要组成部分。它是中国东部与中部、南部和西南部地区之间的主要客运通道。高速铁路的开通使沿线 21 个城市进入了"三小时经济圈",这对金华的发展有四个方面的影响：

第一,经济范围明显扩展。杭长高铁显著拓展了金华市的经济范围,增强了向心性。从 G 字头的高速列车"公交化"开始,金华进入长三角的经济圈。从高铁对区域影响的角度看,高铁在区域中心城市辐射的半径在很大程度上得到扩展,巩固了金华在四个省九个城市的领先地位。从高铁对区域发展的前景来看,高铁让金华有机会与国家对接"一带一路"倡议,打造一座新丝绸之路的起点城市。

第二,交通网络得到优化。高速铁路的开通将极大地推动浙江省中部城市群城市交通网络的建设,加快建设"外通内畅"的大型交通模式。在立体综合交通建设中,金华是国家的主要道路运输枢纽,原铁路、公路运输系统都很发达,杭州高铁、金温铁路、东永高速公路的开通、义乌机场的扩建、东阳市恒电机场的加快建设,为金华的综合交通网带来了一双"飞翔"的翅膀。在城市配套设施的建设中,高速铁路带来巨大的客流、资金和信息流,在更广泛的范围内,安排了基础工业、交通网络、主要市政设施布局和建设,加速了基础工程的集成工作。

第三,人气有所提升。"火车一响,黄金万两。"人气、商务天然汇聚到高铁站城市群,城市向高铁方向延伸,越来越多的人通过高铁联系金华、了解金华。金华高铁"联姻",有利于打造城市旅游贸易等品牌,促

①　万州区委党校课题组,陈涛. 高铁对万州经济发展的影响研究［J］. 中共太原市委党校学报,2017（4）：18 - 22.

②　钱文燕. 金华迎来"高铁经济"时代［J］. 浙江经济,2017（10）：58 - 59.

进金华经济升级，声誉传播。

第四，幸福感增加。超过 20 辆列车正在高速铁路上运行到北京、上海、南京、广州、长沙、南昌等地，人们出行更加方便，幸福感显著提升。

第三节 高铁经济对第三产业的影响

案例十二：高铁对延边州第三产业的影响[①]

延边州地处吉林省的东部，中国的朝鲜族多居住于在这里，是中国、朝鲜和俄罗斯三国的边境地区。它具有独特的地理优势和强大的韩国民族地域特色。延吉东南北三面环山，西面空旷，南面是图们江和朝鲜的咸江，东接俄罗斯沿海地区，西邻吉林市，北邻黑龙江省牡丹江市。延边州的产业以旅游业为主，其中长白山和方川等风景名胜区被列为吉林省八大名胜古迹之一，附近还有其他重要的旅游胜地。每年，延吉市以其特色的地域而闻名，吸引着众多国内外游客。但由于交通不方便，延吉市到其他省市的车程时间相对较长，车次安排比较少，很多游客并不愿意旅行至此。延边州旅游休闲业快速发展，但其服务业服务质量不高、硬件和软件设施数量不足等突出问题开始暴露出来，让游客感到有些失望。高速铁路的开通运营将不断改进和带动延边州第三产业向发展旅游、餐饮和住宿的产业模式的转变。随着"高速铁路经济"的发展，未来具有最大发展机会的是第三产业。如果抓住高速铁路的机遇，合理调整第三产业，延边州经济将继续快速发展。

（一）对延边州旅游业带来的影响

1. 缩短旅途时间

在经营高铁之前，延边州主要采用公路、铁路、飞机等交通工具。传统的交通方式造成了旅游时间的浪费，交通不便，价格昂贵，阻碍了旅客

---

① 金淼，朴银哲. 高铁经济对延边州第三产业发展的影响 [J]. 中外企业家，2016 (2)：31－34.

到延边游玩的积极性。高速铁路可以缩短与延边城市的距离，在短短的几分钟里，可以到走遍全州，并很好地连接所有延边旅游胜地。随着高铁的运营，游客们可以将大量时间花费在各种名胜古迹，这已不再是走马观花的旅游模式了。高铁运行还缩短了从延边到吉林、长春和各县城市的路程，这将引发周末游热潮。在短暂的两天周末，延边周边的游客也可以来体验独特的文化和韩国美食。高速铁路的贯通大大缩短了旅客的乘车时间。

2. 增加旅客数量

高速铁路的运行大大缩短了时间和空间的距离，大大增加了乘客的数量。随着当地经济的发展，人们对于旅游的需求增加。据延吉车务段统计，2015 年 10 月 1 日至 6 日，延吉共接待游客 16.1 万人次，每天近 2.7 万人次。

3. 促进接待能力的改善，加强软硬件建设

延边州的高铁运营，有效推动了第三产业，甚至是整个经济的发展。在 2015 年国庆黄金周期间，随着高铁的运行，延边旅客人数急剧上升，尤其是延吉、珲春和防川等地，出现了接收不力的现象。限制游客人数，暴露出延边接待不足的问题。因此，延边要加强对游客的接待能力。例如，在旅游旺季，可以增加年轻志愿者的数量，为更多的游客提供更好的服务。政府应积极建设道路、公共厕所、公交车站等基础设施，以更好地改善硬件设施。同时，要加强对历史遗址保护的认识，促进延边旅游业的健康稳定发展。

4. 促进商贸及会展旅游

商务旅游应是方便、舒适、高效的。高速铁路在延边地区的运行，给周边城市和延边地区经常出差的人们带来了便利，提供了重要的安全保障，吸引了更多的商务人士到延边地区投资。另外，独特的地理环境使得延边州成为国内国外举行会议的首选之地，会议结束时，来自全国及全世界各地的人们将组织到周围地区旅游，以更好地了解当地的风俗习惯。

5. 运输格局的变化

高速铁路的运行极大地改变了原来的运输方式。高速铁路几乎取代了

绿皮车时代，大大省去了时间和费用。高速铁路运营对道路发展也有重大的影响，减少了公路短途旅行的次数，降低了车票价格，显著降低了大巴上座率。高速铁路的运营也影响了航空业，因为高速铁路的价格普遍低于飞机。

（二）给延边州餐饮业带来的影响

1. 朝鲜族特色餐饮业得到发展

延边州的朝鲜族有自己独特的饮食文化，食物种类繁多，以米饭为主食，面条食品基本上都是粘糕点，还有特殊的铁盘烧烤和韩国料理。高速铁路的运营解决了其他省市对韩国料理的渴望。无须出国就可以方便地品尝正宗韩国特色美食和各种韩国料理。延边地区的高速铁路运营，使人们品尝到正宗韩国特色美食和享受到双语餐饮氛围，促进了延边地区独特的韩国餐饮业的发展。

2. 旅客增多，拉动消费增加

高速铁路建设推动旅游产业的发展，游客人数大幅增加，从而推动餐饮产业的发展，延边州消费水平也得到了进一步的提高。在 2015 年国庆节的黄金周时期，延吉共接待游客 38 万人次，再创新高。无论是在延边的正宗韩国餐馆，还是在街上，随处都能看到炸鸡餐馆，游客人数都非常多。而且在旅行结束时，我们将为亲朋好友带回具有当地特色的美食。高速铁路的运营缩短了行程时间，拉动了延吉餐饮业的发展。

3. 连锁快餐业提高了知名度

高速铁路以其便利和高速而闻名。高速铁路的运营使餐饮业快速发展。在高速铁路的促进下，使得游客上下车期间可以尝到特色快餐美食，推动快餐业的发展，并通过高速铁路的运作，增加游客人数，促进快餐连锁店的发展。

4. 提升餐饮业服务水平

延边州餐饮环境较好。高速铁路的建设带动了许多人前来游玩，更多人前往延吉品尝美食。根据客户的反馈，餐厅能够很好地调整服务范围。由于顾客数量很多且需求不同，餐厅必须定期培训服务员，以最大限度满足顾客的要求。餐馆也应定期对食品的安全与健康进行检查，确保旅客的食品安全，从而提高延边餐饮服务的水平，提高旅客的满意程度。

（三）给延边州住宿业带来的影响

1. 带动城市经济型酒店的发展

高铁的运营使商务出行更加便捷高效，人员文化交流更加频繁。据相关统计，55%的游客会选择入住经济型酒店，因此，高速铁路的运营有效地推动了城市经济型酒店的发展。

2. 促进富有特色的民宿建设

延边的中小型"旅馆"和寄宿家庭相对较少，但随着高速铁路的发展，游客数量猛增，很难或者需花大量的时间去寻找酒店入住。因此，鉴于国庆黄金周期间的住宿问题，政府应鼓励私人开办中小型"旅馆"。中小型"旅馆"和经济型酒店有各自的优缺点，但我们应该尽量发挥民宿的优点，通过特色的房间住宿，让旅游者感受朝鲜族家居设施的特点，与当地居民建立更密切的关系。与一般经济型的酒店住宿相比，小旅馆的住宿房价比较便宜，因此，客栈、民宿将来会成为很多青年人的住宿首选。中小式的"客栈"和中式民宿组合抓住了众多精品星级酒店的空间设计文化理念和建筑设计文化理念，小而美又不失民族特色，以民族文化为主要卖点，使延边州少数民族传统特征文化得以长久保持和广泛传播。同时，中小型的客栈和民宿也要加强管理，保证游客的人身和财产安全，做好清洁卫生，增加顾客满意度。

第四节　高铁产业对产业结构的影响

案例十三：哈大高铁对东北产业结构的影响[①]

改革开放以后，东北老字号工业生产基地的经济体制和产业结构矛盾逐渐凸显，以资源型工业为主导产业的东北城市面对第四次工业革命的冲击，已经逐渐陷入衰退，并出现了多种经济社会问题并发症，导致东北地

---

① 杨春婧. 运输线网与哈大齐工业走廊大齐规划区产业布局的耦合研究［D］. 哈尔滨：东北林业大学，2007.

区与沿海发达工业地区的发展水平差距不断扩大。基于这种情况，我国政府曾经实行东北地区经济振兴发展战略，主要针对的便是东北老牌工业生产基地。随着哈尔滨—大连高速铁路的建成，从沈阳到大连的运输时间将减少到 1 个小时，哈尔滨到大连只需要 3 个小时。哈尔滨高铁通车之后的长—大之间不同交通方式的时间成本与运输价格如表 12 - 5 所示。

表 12 - 5 　　　　　　　　长春到大连乘坐不同交通运输方式对比

运输方式	时间（小时）	价格（元）
飞机	3	325
普通列车	8	175（硬卧）
		46（硬座）
哈大高铁	4	220（二等座）
		351（一等座）

资料来源：杨春婧. 运输线网与哈大齐工业走廊大齐规划区产业布局的耦合研究 [D]. 哈尔滨：东北林业大学，2007.

　　缩短运输时间将产生新的地区分工问题。哈尔滨—大连高铁将成为东北客货交通的重要渠道。随着振兴东北老工业基地重大战略实施，铁路达到了运送煤炭、石油、粮食等战略物资的能力。哈尔滨—大连高铁建成后，将成为一条连接辽吉的快速客运通道，改善东北铁路网络结构，提高质量和综合性。大型客货分流的实行，将逐步缓解铁路运输供求关系的矛盾，改变东北地区铁路运输长期处于极限状态的现状，使得客运与货运之间的运力分配更加合理，在提高物流效率的同时，也促进了运力的进一步整合与配置。这将开启中国东北地区的运输系统新局面。哈尔滨—大连高铁开通后，巨大的货运能力释放出来，对东北经济产生了深远的影响。哈大通道是北方煤炭运输、北方粮食运输和东北地区北方木材运输的主干道。随着老工业基地重振战略的实施，该渠道承担着更多的能量、原料和物资的运输和港口的配送工作。高铁还与现有的哈尔滨—大连铁路线分开运载旅客和货物，有效释放现有铁路线的容量，货运量保持逐年增加的态势。同时，发挥走廊经济的优势，在沿线经济带进一步激发当地产业的发展。同时，哈大高铁的开通加强了东北地区各大城市直接连通的程度，使东北各大城市与京、沪、津等主要城市得以进一步联系。高速铁路建成后，沈大铁路初期货运能力将增至 1150 万吨，改变了铁路运输长期以来的运力紧张的态势，也有利于促进东北地区的经济一体化，消除行政壁垒，推动共同发展。

哈尔滨—大连高速铁路的运营，打破了以往的空间布局，使得东北地区运输网结构更加优化，相比于过去相对单一的运输模式，当下不同运输方式的协调发展，将推动东北地区运输网逐步实现综合交通运输的模式。此外，形成连接地区主要城市的快速交通通道的主要框架，也是区域经济一体化的重要基础。哈尔滨与大连的高速铁路建设改善了东北铁路的交通系统，改善了铁路的交通状况，并与海港、机场、高速公路等各种运输方式相协调，形成了港口通过高速公路和高速连接城市的综合运输模式。哈大高速铁路不仅连接原机场、火车站、长途车站、渡轮中心等交通站，还连接长途和短途旅行，沿途将公交、出租车、航空、航运等运输方式与高速铁路有机结合。哈尔滨—大连高速铁路改善了交通网络布局，使公路、铁路和航线有机地相互补充。从国家的角度来看，我国东部、中部和西部的铁路网、公路网和航空网已经形成，这将大大提高物流和资源配置的运输能力。

哈尔滨—大连高速铁路的开通，将加快国家旅游局大东北旅游战略的实施。包括黑龙江、吉林、辽宁、内蒙古四省的东北地区大旅游线路，一直受长途旅行、舒适条件差影响，高铁的开通将增添哈尔滨、长春、沈阳、大连等旅程舒适度。随着哈尔滨—大连高速铁路的开通，以往的交通运输线路将面临重组。这对东北地区的旅游业将产生重大且深远的影响。由于时空成本的大幅度下降，哈尔滨—大连高铁推动了东三省旅游一体化，同时也促进了周边其他地区与东北的旅游交流，使得旅游业资源得到了全面的整合。此外，高铁的建成对东北亚旅游合作也有着深远的影响。在高速铁路运营之后，俄罗斯、朝鲜等国家的游客可以便利地前往东北旅游，同样，东北地区的游客也可以通过高速铁路前往这些国家。哈尔滨—大连高铁南面的营口港和大连港，东瞰韩日，北邻俄蒙，它已成为东北亚欧亚大陆桥的重要组成部分。此外，哈大高铁对发展国际联运、促进东北地区外交开放起到重要作用，从而进一步改变东北地区历史上出口经济衰退的经济特点，改善了进出口贸易的结构。

第五节　高铁产业对产业布局的影响

案例十四：沪杭高铁对城市产业布局的影响①

沪杭高铁经济带沿线城市产业布局模式演变基本上是遵循均衡优质模式、极核模式、点轴模式和网络模式共同发展演化的过程。

近代以前，长三角地区还处于农业社会，产业结构呈现出单一、分散的特点。近代以来，上海迅速成为经济活动的集聚场所，然后发展成为中国的经济中心之一。依据古典区位理论和现代区位理论，产业布局的关键一直是距离和距离所产生的运输成本。当上海快速发展时，工业布局逐渐从单纯的生长极集中变为输送线集中，形成点轴图案。上海至杭州的铁路于1909年通车，为上海与杭州之间的铁路经济带创造了先决条件。在点轴模式的开发中，点和轴的尺度不断扩大，导致不同层次的点和轴之间的连接以及生产布局网络模式。嘉兴、嘉善、海宁、桐乡、余杭之间有数十个中小城镇，由纵横交错的线形交通设施等基础设施相互连接。2010年10月，沪杭高铁开始投入运营，沪杭高铁经济带形成。

沪杭高铁一端是上海，另一端是杭州。上海与杭州之间的主要城市有地级市嘉兴、松江、金山、嘉善、海宁、桐乡、余杭等。从行政区划的角度看，上海、杭州和嘉兴这三个城市是相互联系的。2003年，浙江省政府提出了"积极融入上海，促进长三角合作与交流"的发展战略，并且将嘉兴市作为浙江省连接上海的核心城市，实现连接上海，带动浙江省全面开放水平的战略目标。在"十二五"规划中，加强沪杭联系成为嘉兴发展的首要目标，其连接模式从被动接受两地的溢出效应，到积极主动地调动各项当地资源，发挥区位优势，融入沪杭。多年来，嘉兴积极融入沪杭，带

---

① 兰英. 从产业关联性看高速铁路对我国铁路装备制造业的拉动作用 [J]. 管理现代化, 2009 (6)：15－17.

动自身发展战略取得了显著的效果。仅 2013 年上半年，嘉兴就引进了 285 个上海与杭州之间的工业项目，总投资 351 亿元，注册资本 36.2 亿元。同年 1~10 月，嘉兴 119 名浙江商人回国引荐项目，主要来自上海长三角地区，获得资金 64.71 亿元，占全市资金总额的 40% 左右。嘉兴的大多数游客来自长江三角洲，而上海是嘉兴最大的客源市场。这充分体现了嘉兴市在沪杭高铁经济带中积极发挥自身的区位优势，并且通过与其他地区的合作、交流，大大提高了发展效率与水平，促进产业转型、优化产业结构与布局。

产业布局的特征不仅表现在不同行业的技术、经济需求上，而且表现在不同地区根据自己的条件而形成的产业机构上。

上海—杭州高速铁路经济带中的主要城市的产业布局，长期以来的工业同构已经发生了很大变化。沿线中小城市的产业布局不仅反映了其自身的特色和优势，而且受到中心城市的辐射和带动，出现了高端制造业和新兴服务业。

尽管取得了令人瞩目的成就，但是当下沪杭高铁经济带仍然存在一些问题。第一，部分城市对沪杭高铁经济带的发展战略定位不清，延缓了产业结构转型升级的进展，产业集群的发展水平（特别是产业链）相对低下，而城市的整体发展水平也有待加强。第二，产业同构现象在沪杭高铁经济带中普遍存在，各个城市、地区的产业发展没有自己的特色和优势，并且高新技术产业的比重仍然相对较低。千篇一律的建设模式限制了各个地区的发展思路，各地区应当结合自身的区位优势，因地制宜，探索出适合本地区发展的经济模式。第三，行政区划的疏远和制度机制的落后仍然阻碍了上海—杭州高速铁路经济带部分城市的产业对接和协同发展，影响了区域经济一体化的发展。第四，上海—杭州高速铁路经济带的一些城市存在资源和环境瓶颈，工业水平与平台相对薄弱，限制了上海和杭州的产业承接能力。

第六节　高铁发展对关联产业的影响

案例十五：高铁产业拉动铁路装备制造业发展[①]

从产业联动的角度看，高铁与铁路装备制造业在产品与劳务、生产技术、投资等方面联系紧密。高速铁路的发展需要相应的铁路设备制造业配套发展，铁路设备制造业为高铁发展提供足够的建设能力与技术水平，而高速铁路的发展则反过来为铁路装备制造业的发展带来巨大的市场需求。中国的巨大市场需求促进了火车制造业的庞大产能，世界任何国家和企业都不能与我国相提并论。我国的产量很大，成本低，价格是有绝对优势的。同时，我国也已经拥有先进的高铁生产技术，在生产过程中，每一部门都不单纯地利用其他相关行业的产品或服务，而是以行业部门生产的技术要点和产品的结构为基础，提出各种产品和服务所需的相关行业的技术标准和质量等具体要求，确保产业质量和技术性能。而这种要求则使各行各业在产品技术和操作技术方面存在着必然联系。现代信息通信、电力电子、材料、化工、机械制造等在建设高速铁路、自动控制等行业中得到了广泛的应用。如此多的学科和专业技术对铁道装备制造行业的科技水平造成了巨大的挑战和压力。铁路设备制造企业应尽力将相关行业的新技术与高速铁路设备的生产和制造相结合。这也是创新能力、综合国力、科技和制造业的现代化水平的集中体现和重要标志。从40多年的国外高速铁路的发展中可以看到，速度等级模型或新模型开发和投入使用通常需要8年以上。中国的高速列车仅用了4年时间，通过引进、消化和再创新实现了本地化设计和大规模生产，使中国的铁路设备技术水平和产能处于世界高速铁路技术发展的前沿。可见，能够推动产业结构变革的最主要也最为显著的因素仍然是技术进步。

---

① 兰英. 从产业关联性看高速铁路对我国铁路装备制造业的拉动作用［J］. 管理现代化，2009（6）：15－17.

在投资上，产业间的合作发展使得产业间存在着投资关系，这是不可避免的。为了推动一个行业的发展，充足而可持续的外部投资是必须的。然而产业发展却受到了相关行业的局限，相关行业停滞不前，高铁的发展也必然因之受到影响，因此必须从战略的高度，重视相关行业的投资与发展，才能确保产业之间齐头并进，共同繁荣。随着高速铁路近几年的快速发展，中国的铁路机车车辆设备事实上已进入了投资需求快速扩张的时期。

第七节 高铁产业相关政策工具案例

案例十六：我国扶持高铁产业赶超的政策工具[①]

我国的高铁发展比发达国家落后了 40 年，但是由于我们坚持原始创新、集成创新、二次创新，提出并实施了一系列推动高铁产业赶超先进国家的政策，从而拥有了一整套的高铁技术，推动了高铁产业的快速发展。目前，我国高速铁路网规模最大，高铁运营速度最快。

（一）供给推动政策

（1）以三步走为战略导向的技术突破。引进吸收是高铁发展的初期阶段。由于中国高速铁路技术尚不成熟，中国采用市场换技术的策略，支持引进时速超过 200 公里的高速弹头列车技术。第二创新阶段是在国内企业推行和吸纳先行者的核心技术基础上，由国内企业进行"二次创新"。在落后的阶段，自主创新能力的建立促进技术的发展。通过产学研合作，中国加强了高铁自主开发能力。2011 年，由 25 所重点大学、11 所研究机构、51 所国家实验室、50 多位中科院院士、1 万余名科学家和 1 万余名科学家共同成立了"高铁基金"，共同开发和研究高铁的核心技术。目前，中国南车自主开发了 9 项核心技术及关键零件，首次解决 350 公里/小时下的重大技术问题，即减振减噪。中国已经为高铁申请了 1651 项专利，居世界

---

① 黄永春，李倩. GVC 视角下后发国家扶持新兴产业赶超的政策工具研究——来自中、韩高铁产业赶超案例的分析 [J]. 科技进步与对策，2014（18）：119 – 124.

首位。

（2）多样的融资通道。"九五"和"十五"期间，铁路的投资过于依靠国有银行。在第十一个五年规划中，投资融资系统由中国政府领导、多元化投资及市场化经营的合资铁路组成，这打破了长期依靠铁道部自己筹集资金、逐步多样化高速铁路的融资通道。可以看出，多渠道的资金供应促进了高铁技术创新和成果转化。

（3）产学研合作体系培养高速铁路人才。高速铁路的快速发展，带来了对高质量高素质的人才需求。为了满足高速铁路发展中的人才需求，我国积极探索人才培养模式，构建了一整套的产学研合作体系。例如，在高速铁路建设现场设立移动教室，将中国高速铁路海外项目部作为海外教学项目部门，为高速铁路的追赶提供智力资金。上述各项措施提高了高速铁路技术的消化、吸收和创新能力。

（二）需求拉动政策

（1）国内市场培育。2009年6月，原铁道部邀请中国南车竞标购买320列时速350公里的CRH380A系列动车组，90%以上为国产。随着国内市场的发展，国内已投入运营的高速子弹头列车近600列。可以看出，国内培养创造了一个需求驱动的市场，使中国的高速铁路技术从一个跟随者转变为领导者，刺激了国内企业的技术创新行为，从而实现"双轮驱动"。

（2）国际市场开发。随着中国自主开发高铁技术能力和高铁质量不断提升，中国提出了新的高铁发展战略，即"走出去"战略。例如，CSR产品在2012年出口83个国家和地区，海外销售收入为85.17亿元。可见，中国的高铁开发战略拓展了国内外的高铁行业市场需求，激发了中国高铁企业的技术升级和创新热情。

（三）环境支撑政策

（1）改革管理体制，将政府管理与企业管理分开。将政府管理与企业管理分离的制度改革从根本上解决了原铁路部门规划、融资、建设、运营等权利相结合的制度问题，将高速铁路的发展提升到国家战略层面，创造了有利于高速铁路发展的制度环境。铁路公司的货运改革使得高速铁路可以更多地获利，从而激发了社会资本投资高速铁路的积极性，提高高速铁路行业的追赶效率。

（2）发挥制造成本优势。由于我国劳动力资源丰富，与其他国家相比，征地费用和环保费用较低，因此我国的高铁建设成本远低于发达国家。例如，中国 300 公里/小时高速动车组的建设费用仅为 1.8 亿元/公里，比欧洲和北美低 30% 左右。低制造成本是我国高铁发展的一大优势，应充分发挥该优势，推动高铁在国内外得到更好的发展。

第十三章

高铁产业经济国外案例

内容提要：

本章从日本新干线、法国高速铁路、韩国高速铁路、意大利高速铁路、西班牙高速铁路等典型的高速铁路项目入手，基于高速铁路产业经济元素和高速铁路产业影响的若干维度的分析，对高铁产业经济国外案例进行了剖析。

案例十七分析了日本新干线给本国带来的经济效益，案例十八探讨了法国超高速铁路在增进欧洲各国联系方面的重要作用，案例十九介绍了日本、法国的高铁运营模式，案例二十详细探究了韩国高铁发展的动因、现状、运营模式等方面，案例二十一、案例二十二、案例二十三分别阐述了德国、意大利、西班牙高铁的发展情况，案例二十四对德国、法国、日本的高速铁路全球价值链治理模式进行了说明。

第一节　典型高铁影响

案例十七：日本新干线对日本经济及产业结构的影响①

第二次世界大战给日本带来的经济损失是巨大的，但其在 20 世纪 50

---

① 本小节内容及图表均参考：张书明 . 高速铁路对沿线区域经济的影响分析与评估研究 [D]. 天津：天津大学，2014.

年代的经济恢复速度非常快，吸引了世界各国的注意。日本是世界上使用高铁技术最早的国家，早在 1964 年，日本的东海道新干线就开始运营了，这也是高铁发展史上的标志性事件。

高速新干线将日本主要城市连接起来，以满足旅客需求，促进地区人员、资源等要素的流通。太平洋沿岸的城市群是世界六大城市群之一，在经济发展方面占有重要地位，高速新干线的建立在太平洋沿岸城市地区发挥着重要的推动作用。

没有东海道新干线时，东京到大阪费时 7 小时，现在新干线日发车 300 辆，只需不到 3 小时就可到达，快速方便。

新干线的建立和运行畅通，满足了人们的旅行和交通需求，改变了人们的生活方式，许多人为了获得更高的工资选择在东京工作，但住宿在周围的城镇，也就是说，新干线使得人们在家庭和工作之间的往返变得更加方便。东京有大量的通勤者，包括首都圈内的 160 个行政区，但由于交通顺畅，上下班时间最多只有两个小时。

新干线建设加速了信息、知识、技术等领域的传播，从而在很大程度上促进了当地经济的进步。1964 年，东海道新干线开通后，沿线工厂、企业数目猛增，第一、第二、第三产业全面发展。如图 13 - 1 和图 13 - 2 所示，1960 ~ 1970 年，日本新干线开通后，广岛、仙台、名古屋、福冈等经济落后地区的工业生产有所增加，相对其他地区也有所提高。服务业就业增长率显著提高（见图 13 - 3）。

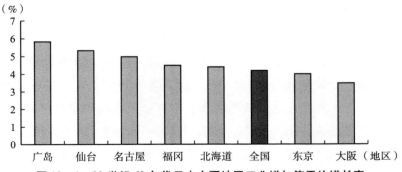

图 13 - 1　20 世纪 60 年代日本主要地区工业增加值平均增长率

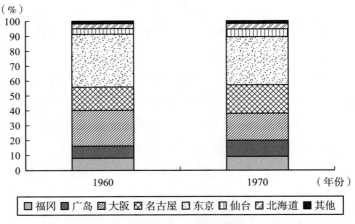

图 13 - 2   日本主要地区工业增加值所占比重对比

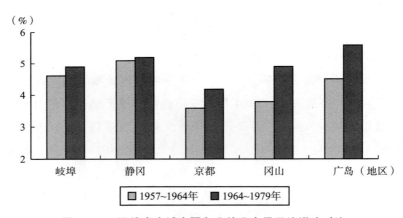

图 13 - 3   沿线中小城市服务业就业人员平均增速对比

　　另外，新干线在日本的开通，促进了发达中心城市的结构水平和国家产业结构水平提升。日本在 1964 年东京奥运会后出现了第二次世界大战后第一次大萧条，被称为"昭和大萧条"。1965 年 10 月，从东京到大阪的新干线开通一年之后，由于积极的财政和金融政策和日本政府的其他措施，日本经济走出萧条，进入了繁荣时期。1966～1969 年，日本年均增长速度接近 12%。1955～1970 年，日本第二产业迅速发展，东京地区第二产业就业人口迅速增长。人口迅速增加给东京住房、交通、环境和能源等方面带来很大的问题。因此，东京政府通过制定东京圈的基本计划和实现工业控制等，使大量的劳动密集型企业和一些原始的化学工业从东京搬到郊区、中小城市甚至海外，现代城市工业开始发展。资本和技术密集型产业高度集中在东京，一方面，GDP 和人均 GDP 都有所增加；另一方面，东京人口总数也有所下降。东京非常重视交通网络系统的建设。首先，建设一条环城铁路，把副中心与交通中心相连。其次，从副中心开始，修建多条放射型轻轨，延伸至郊区或附近城市，并在该线路的末端修建新的小城市和工业中心。经过多年来高速铁路的建设，每天有超过两千万人次乘坐轨道交通，占东京客运总量的 86%。在市中心早高峰期，91% 的居民乘坐了轨道交通。高铁发展使日本产业结构发生重大变化。第一产业比重由 14.9% 下降到 6.3%，第二产业比重增加了 12.7%，第三产业比重保持在较高水平（见图 13 - 4）。

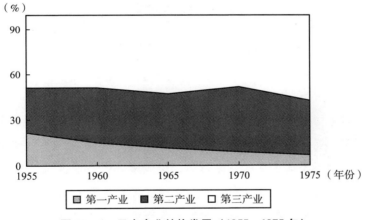

图 13 - 4　日本产业结构发展（1955 ~ 1975 年）

　　需要特别强调的一点是，制造业在国民经济和区域经济中的带动作用是不言而喻的，因此各大城市在坚持大力发展第三产业的同时，一定不能忽视对制造业的高度重视。即使是在日本东京这样一个经济发达的地区，制造业也没有被完全抛弃。随着产业结构的升级，制造业的构成已逐步调整，优先发展与城市产业相适应的制造业。制造业中发展比较快的是印刷业和出版业。2001 年，两个产业的工厂、员工和企业产值分别占东京制造业的 24%、29% 和 31%，相当于占全部日本制造业的 1/3 左右。在规划城市产业升级和提高第三产业比重时，一定要重视主导产业的选择。东京的制造业主导产业从东京的出版印刷业和服装业转变为内圈的钢铁石化行业和外围的机械制造业。

　　产业结构的变化导致了就业结构的巨大变化，第三产业就业人口明显增加，第二产业就业人口增长较慢，第一产业就业人数下降，如图 13 – 5 所示。

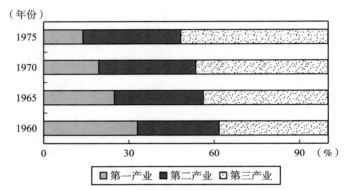

图 13 – 5　日本三大产业就业人数比率变化

　　1975 年，新干线由京都大阪进一步扩展到了九州，也大大促进了产业结构的调整。新干线运行模式是一种独立的模式，不能与现有线路兼容。高速铁路只运行不同速度的高速列车，跨线乘客也只能换乘。新干线高铁具有速度快、密度大、人员多、安全性强、舒适性强、服务设备好、转移便利等优点。目前，新干线站台的平均距离是 34.1 公里。为了保持高速运行和减少停车次数，新干线安排了 70 多种停车模式的列车。新干线的成功对欧洲国家产生了极大的影响，促进了欧洲高铁的发展。随着石油危机和空气污染，各国正在调整运输政策和发展高速铁路。

案例十八：法国超高速铁路（TGV）增进欧洲各国联系[①]

　　20 世纪 80 年代以前，欧洲各个国家之间的交通相对落后，只有两种

① 张书明. 高速铁路对沿线区域经济的影响分析与评估研究［D］. 天津：天津大学，2014.

运输方式，即空运和公路运输。后来，法国超高速铁路（Traina Grande Vitesse，TGV）的出现有效改善了当时人们交通出行不便的状况。同时，法国政府的目标是更好地将TGV连接到欧洲的高速网络，扩大并继续发展欧盟的高速铁路，进一步推动法国TGV的国际化。

法国的TGV高铁竣工后，缩短了各城市间的交通时间，加强了整个欧洲不同国家城市之间的交往，是法国社会经济效益的一种良好体现。20世纪80年代，欧洲建成了第一条高速铁路，最高运行车速可以达到260公里/小时，极大地增进了欧洲各国的联系。到2007年，高速列车东线全线运行，最高时速可达320公里。法国建设350公里/小时高铁的计划迎来了高潮。① 从TGV的运行时间可以看出，速度是最大的特性，同样的距离只是普通列车时间的一半，如表13-1所示。

表13-1 　　　　　　　　法国TGV与传统列车耗时对比

线路	传统列车	TGV
巴黎—伦敦	5小时15分	2小时30分
巴黎—里尔	2小时30分	1小时
巴黎—法兰克福	7小时18分	3小时49分
巴黎—里昂	4小时	2小时
巴黎—布鲁塞尔	2小时35分	1小时20分
巴黎—海牙	5小时22分	3小时15分

资料来源：王金婉.高速铁路的区域影响研究［D］.武汉：华中师范大学，2015.

法国超高速铁路主要有以下几种运输组织模式：（1）新线客运专用。新的高速铁路将只运行TGV高速列车，法国高速列车线路（LGV）东南线最大设计速度为270公里/小时，LGV大西洋线为300公里/小时，LGV地中海线为350公里/小时。（2）高速列车下高速线。为了使列车运行保持连续不中断，高速列车可以在现有铁路线上以超过160公里/小时的速度继续行驶，以扩大TGV高速列车的到达范围，减少乘客转移的次数并使其充

① 王金婉.高速铁路的区域影响研究［D］.武汉：华中师范大学，2015.

分利用新线路和现有基础设施。目前，虽然法国的高速铁路仅有 1896 公里，但 TGV 高速列车已覆盖全国一半以上。LGV 东南部在运营的第一年就拥有 20 万人。1995 年，TGV 搭载了与法国全体人口一样多的乘客。2006 年，一百万人乘坐了法国的 TGV。（3）法国 TGV 充分利用列车联动调整不同负荷需求，保持高速列车高密度运行，停靠少，转移少，为乘客提供方便、优质的运输服务，实现公司的盈利能力与客户满意度之间的平衡。

第二节　高铁运营模式

案例十九：日本、法国的高铁运营模式[①]

（一）日本新干线：实行网运分离和建运分离

1987 年改革前，日本国家铁路具有国家机构和企业的特点，运营效率较低，累计损失 25 亿日元。体制改革后，新干线被划分为利益明确的实体，实现了网络运输与建设交通的分离，再次证明了政府在新干线建设和管理中的地位和作用。通过改革，服务质量得到显著提高，客流量增加，道路网络建设的可持续发展和运输能力提高，运行效率快速提高，高速铁路受到广泛欢迎。

日本对法律和法规的不断优化，使国家充分发挥了在铁路安全检查中的重要作用。铁路的建设与运营安全都有很大的社会影响力。日本交通部简化程序，制定技术标准，加强检查措施，明确权责，对安全进行了强有力的监督、控制。这些措施增强了企业的安全意识和责任，促使企业加大投入安全资金，确保铁路运输安全。

此外，日本还成立了运输安全委员会，调查交通事故，确定事故发生时的情况和环境，找出事故的可能原因，提出防止类似事故的建议，并和国土交通省铁道局共同保障高速列车的运行安全。

日本将竞争引入铁路改革的方式如下：不同铁路公司之间存在平行竞

---

① 乔慧. 日本、法国的高铁运营模式［N］. 中国财经报，2011（4）.

争，不同铁路公司之间的竞争是通过同一线路的开放权进行的，并且由"区域竞争为主，网运分离为辅"和网络传输分离补充。除了私有化下的新干线外，现有的铁路和其他新线路在全区范围内竞争，路网由客运公司负责。根据运输市场和业务基础，公路网分为六个客运公司。客运公司拥有土地、网络和车辆，并拥有一家全国性的货运公司，该公司通过租赁公司的航线运营。

与此同时，新干线采用了一种"网运分离"的模式，国家资助建设的铁路网络由相互竞争的旅客运营商付费使用它们。引入竞争的日本高速铁路行业将速度控制在最经济的范围内，以实现安全和效益的双赢局面。此外，建立多元化的业务发展副业，为乘客提供周到的服务和安全保障，使高铁产业得到了振兴。

（二）法国高铁：运输市场引入有效竞争

法国的三个主要铁路监管机构是交通运输部、公共铁路安全局和交通事故调查机构。它们相互独立，履行各自的职责，相互协作，确保最有效的铁路安全监管。公共铁路安全局是法国交通部的一部分，但其人事任命和其他管理制度不受交通运输部的限制，具有自治权，保证执法独立，便于铁路安全监管。公共铁路安全机构通过许可和安全认证来规范运营公司，认证包括对铁路职工安全管理体系、应急预案等运营企业的整体认证，以及对特定路段的施工、运营、设计、维护能力的认证。交通事故调查部是独立的道路交通意外调查机构，它对任何重大事故作出详细的事故分析报告。同时，它的调查不妨碍司法部门的调查。

通过垂直分割，法国实现了公路基础设施与运输业务纵向分离，引入了运输市场有效竞争。法国的交通线路由法国网络公司统一管理，随着法国铁路货运从 2006 年 3 月 31 日开始放松管制，铁路监管委员会负责开放所有铁路运营商。法国垄断了铁路建设部分，降低了运营部门的准入门槛，并鼓励新的竞争者进入。通过采用等线路充电和接入服务策略，新的竞争对手可以获得与现有运营商相同的技术和运营成本。运营公司遵循市场规则，具有运营、管理和会计独立性，设计自己的投资和融资业务计划，并在定价、人员配备、采购、市场拓展和开发新技术方面拥有自主权。

第三节　高铁发展经验

案例二十：韩国发展高铁的做法及经验[①]

（一）韩国建设高铁的主要动因

韩国在亚洲高速铁路建设中排名第二位。韩国高速铁路建设有两大动机，一是韩国交通严重拥堵，二是公路运输发展带来的压力。

1. 交通拥堵问题

1980 年前后，韩国人的汽车拥有率快速增长，从而造成了交通不通畅问题，韩国首尔至釜山交通拥堵问题更为明显，因为国家73%的人口集中在该地区。每天有超过一半的铁路乘客由首尔至釜山段铁路输送，这使得铁路的客运能力受到很大的挑战。同时，道路交通不畅，使该路段运输费用增加，产业竞争力也在很大程度上被削弱。当时，韩国的交通成本高于其他发达国家，为 GDP 的 13.3%。考虑到交通效率、运行时间和线路容量，高铁比公路或传统双轨铁路更能有效缓解交通压力，因此，在 20 世纪80 年代末，韩国政府制定了建设京釜高铁的计划，并于 20 世纪 90 年代启动工程建设。

2. 公路发展带来的压力

1985 年，铁路列车的运行速度提高到 140 公里/小时，未来 20 年没有进一步提高。私家车的迅速增多、快速公交的出现不断扩大公路通车里程，使传统铁路的运输压力增加。韩国受日本、法国的高速铁路、航空和公路的成功运输经验的启发，开始了高速铁路的发展。韩国高铁（KTX）在交通行业的巨大影响力使得韩国意识到建设高速铁路是正确的选择。

（二）高铁建设现状和运营情况

1. 韩国高铁网"人字形"分布

韩国的高速铁路有两条，以大田市为节点，呈"人字形"分布，从首

---

① 梁晓红，谭克虎. 韩国发展高铁的做法及经验 [J]. 经济问题探索，2014（8）：8－13.

尔到大田市后分两条，一条是釜山，称为京釜线，停 10 个站；另一条通往西南的线路叫作沪南线，它在 11 个站停车。京釜线、沪南线多采用现行铁路，小部分采用新的高铁线路。京釜线路将首尔至釜山的车程缩短了 1.5 小时。

KTX 京釜线第一期工程于 2004 年完成建设并通车，总运营里程达到 412 公里。第二期工程在 2010 年建设完成并于当年开通运营。2009 年 12 月，韩国从五松到木浦的高速铁路开工建设，全长 235 公里。

2. KTX 市场优势明显，客运收入增加

2004 年开通后仅过了一年，首尔至釜山段高速铁路取代飞机成为市场领导者，不仅因为高铁中长途运输的时间与航空运输相比有所缩短，还因为韩国高速铁路公司制定的票价低。高速铁路开通后，其市场份额一直稳步提高，而其他运输方式所占市场份额却是下降的。由表 13-2 可以看出，KTX 的开通对航空业和公路运输业产生了巨大的影响。

表 13-2　　　　　　2007 年首尔—釜山不同运输方式所占市场份额

类别	小汽车	公共汽车	航空	铁路				合计
				合计	KTX	新村号	无穷花号	
客运	3082	1912	6837	22666	20768	814	1084	34497
占比（%）	8.9	5.5	19.8	65.7	60.2	2.4	3.1	100

资料来源：Lee Kyung Chul. High speed in Asia：Launch of Korean High-speed Railway and Efforts to Innovate Future Korean railway [J]. Japan Railway & Transport Review（48）. August 2007.

KTX 在开通的前 14 天载客 100 万人，142 天载客 1000 万人次，创下当时高速铁路运输的世界纪录。开通三年后，KTX 在 2007 年 4 月运送了超过 1 亿名乘客，这意味着每个韩国人都至少搭乘两次 KTX。自 KTX 推出以来，韩国铁道公社（Korail）制定了正确的营销方案，因此它每年的载客量都在增加，并在客运市场占据主导地位。同时，KTX 客运收入也占铁路总收入很大比例。2010 年和 2011 年不同列车类型的销售收入比例如表 13-3 所示。

高铁产业经济学

表 13 - 3   不同车种销售收入比重（2010 年、2011 年）

种类	KTX		普速铁路		地铁		货运列车	
	2010 年	2011 年	2010 年	2011 年	2010 年	2011 年	2010 年	2011 年
销售额（亿韩元）	11387	13853	6125	4797	6607	5977	3917	6287
占比（%）	40.6	44.8	21.8	15.5	23.6	19.3	14.0	20.3

资料来源：2010 年和 2011 年 Korail 年报。

（三）韩国高铁的投融资模式

韩国的高速铁路建设募集资金主要包括：政府或非政府人员的捐款；发行高速铁路建设债券的资金；资产运营收入；贷款；其他的收入。发行高铁建设债券时，公司须经交通部长同意，并与相关中央行政部门进行协商。政府能够保证对公司发行债券的本金和利息，并能够补贴部分公司所需的利息。对于铁道建设贷款，法律规定，公司根据规定进行业务，经交通部长批准，可以发放贷款（包括外贷和物资），发放贷款时，交通部长应先与中央行政机构协商。

高速铁路推广以来，它对促进国家经济发展、提高人们的出行便利程度和协调区域经济方面的作用不能简单地以经济数据来衡量。在高速铁路建设的初始阶段，政府承担高额的建设资金是合理的，因高铁本身带有公益性质，所以韩国 KTX 采用了政府主导的投资模式。

京釜高铁一期工程是韩国历史上最大的投资项目，耗资 12.738 万亿韩元（按 1998 年价格计算为 92.3 亿美元）。经费来源如表 13 - 4 所示。

表 13 - 4   京釜线一期工程资金来源

承担主体	金额（万亿韩元）	明细
韩国政府（45%）	5.732	35% 为政府补贴
		10% 为政府贷款
韩国高速铁路建设公团（55%）	7.006	24% 来自向国外借款
		29% 来自发行国内债券
		2% 来自私人投资
总计	12.738	100%

资料来源：Kim Chun - Hwan. Transportation Revolution：The Korean High-speed Railway ［R］. Center of Chinese Studies, University of Michigan, 2005.

从表 13 - 4 可以看到，45% 的资金来自政府，55% 来自韩国高速铁路建设公司（KHRC），35% 来自政府财政补贴。其中，政府财政补贴所占比例居于首位，其次是公司发行的国内债券和对外借款。该项目的第二阶段是从大邱到釜山的高速新线路，实际投资为 7945.4 亿韩元，预算增加部分由政府承担。

吸引民间资金的高铁站建设可以减轻政府财政上的压力。以首尔车站为例，在车站建设初期，通过吸纳民间资金，拓宽融资通道，加快高铁站建设的速度。首尔车站的商业设施占总面积的一半，私人资本占其资产比例更大。但由于私人资金的比例高，火车站开工使用后，主要业务有限，虽然推动了站区商业的繁荣，但用于客运的面积较少。

（四）韩国高铁的运营模式

1. 制定灵活票价

为使公司利润最大化，Korail 引入收益管理系统，按照价格可变性、可接受性和合理性的原则，制定普通铁路和高速铁路的票价。Korail 为不同客户群体设置了不同的车票和出游时间，以满足不同客户出游的需要。在制定票价的过程中，Korail 公司会进行调查研究活动，调查消费者对票价的意愿支付水平，采纳消费者提出的一些好的建议。为了和航空公司竞争，Korail 坚持要求高铁的票价低于机票的 30%（见表 13 - 5）。

表 13 - 5	不同区间 KTX 和飞机票比较			单位：韩元
区间	KTX		航空	票价比率（%）
	商务座	经济座		
首尔—大邱	48900	34900	62000	56
首尔—釜山	63000	45000	70500	64
首尔—光州	51200	36600	62500	58
首尔—木浦	58200	41400	67900	61

资料来源：Kim Chun - Hwan. Transportation Revolution：The Korean High-speed Railway ［R］. Center of Chinese Studies，University of Michigan，2005.

从表 13 - 5 可以看出，为了与航空和客运竞争，KTX 在保证成本回收和盈利的基础上大幅度降低票价。在首尔—大邱段，KTX 与机票票价相比仅为其 56%，即使在长途客运线，乘飞机旅行有优点，但 KTX 票价下降到只有机票的 64%，旅行时间和飞机只差一小时，这给航空运输造成很大的压力。

Korail 为 KTX 的不同座席和群体设定不同的票价。KTX 列车座椅分为头等舱座椅、标准座椅和自由座椅。头等舱和标准座位根据座位分配，自由座位不指定座位，视情况而定。在标准座位和自由座位中，儿童座椅比成人座椅价格低 50%，在头等舱座位上享受 60% 的折扣。在韩国，4 岁以下的儿童可以免费旅行，4~12 岁的儿童可以购买儿童门票，13 岁以上的人需要购买成人票。但是，老年人、残疾人和对国家作出特殊贡献的人有权获得数量有限的免费门票（见表 13-6）。为了提高上座率，KTX 还推出了工作日 KTX 体验折扣计划，该计划在 2010 年新增了 10 万名乘客和 9 亿韩元的收入。Korail 也提供折扣来吸引乘客，比如 3.5% ~ 20% 的预订折扣。15% ~ 30% 的通勤票折扣；十人或十人以上团体可享九折优惠。

表 13-6   不同消费群体高铁票价优惠情况

客户群		KTX（优惠额度）
老年人		30%（周一到周五）
残疾人	1~3 级	50%（周一到周五）
	4~6 级	30%（周一到周五）
儿童（4~13 岁）		50%
婴儿（0~4 岁）		免票
有特殊国家荣誉的人		50%（所有车型均适用，共可免票 6 次）

资料来源：Korail Sustainability Report，2010.

除了为不同旅游客户特别提供不同的旅行折扣优惠票价外，Korail 还特别提供了多种旅行优惠套餐，根据不同的游客旅行时间天数，提供了不同的优惠票价（见表 13-7）。

表 13 - 7　　　　　　　　　　**韩国高铁旅行套票**　　　　　　单位：韩元

分类	普通		团体	青年
	成人	儿童	2～5 人	13～25 岁及持留学生证的青年
2 天	87000	43500	78300	69600
3 天	102700	51300	92400	82200
5 天	179900	89900	161900	143900

资料来源：Korail Website。

从表 13 - 6 和表 13 - 7 可以看出，Korail 公司采用收益管理系统，制定了灵活多变的票价，针对不同的旅游团和不同的出行时间，实行不同的高铁票价，实现客流的最大化。KTX 将客户分为老年人、残疾人、儿童、婴幼儿和国家特殊荣誉人群五类。不同的团体享受不同的优惠票价。对于获得国家特殊荣誉的游客，除了 KTX 的五折优惠外，他们还可以乘坐任何车型出行 6 次。这样，Korail 就可以保证不同经济承受能力的人都可以在自己能够承受的价格范围内购买到高铁服务，极大地增加了高铁服务的覆盖面，通过增加高铁的运力来增加客运收入。

2. 政府对高铁补贴力度大

自 2004 年开通高速铁路以来，政府一年向 Korail 提供了大量的公共服务订单，每年提供超过 2500 亿韩元的补贴，这也是 Korail 收入的重要构成部分之一。尽管对公共服务订单的补助只是政府的一部分，但它们所占的比例是最大的（见表 13 - 8）。

表 13 - 8　　　　　　　　　　**2011 年财政补贴情况**

类别	公共服务订单补贴	列车自动化设施补贴	运输工具采购补贴	其他	合计
金额（亿韩元）	2825	1000	757	2333	6915
占比（%）	40.85	14.46	33.74	33.74	100

资料来源：Korail Sustainability Report，2011.

表 13 - 8 显示，公共服务订单中，政府对于 Korail 企业提供的全部服

务补贴金额占政府公共服务的补贴比例几乎是最大的。2011年，政府补贴6915亿韩元，大约40.85%的公共服务补贴，用于训练设备的改进和改善交通。

3. Korail 享受各种优惠政策

Korail 公司根据韩国《企业所得税通则》缴纳企业所得税。根据自身的收入状况向政府缴纳一定数额的所得税，其中包括10%的韩国居民税（需缴纳公司税）。当公司收入在1亿韩元以下时，所得税税率为14.3%，超过1亿韩元为27.5%。Korail 目前没有所得税优惠。

Korail 以前是韩国政府的重要成员，因此它们所购买的韩国产品可以无须额外缴纳韩国增值税，也不能获得韩国增值税的额外返还金。然而，在韩国国有铁道公司进行改革后，Korail 虽仍然是一个国有企业，但它采取市场化运作。修订相关法律法规后，启动 Korail 的增值税退税。2005年和2006年，Korail 获得了42.8亿韩元和629.24亿韩元的增值税退税。

4. Korail 自筹资金进行土地开发利用

Korail 公司负责韩国火车站及其周边地区和铁路沿线地区的开发。Korail 对车站周边区域的发展规划主要集中在车站及周边区域的土地开发、餐饮产业的发展、文化服务的提供以及大型购物中心和写字楼的建设。

但铁路公社指出，铁路的建设土地和土地开发，没有相关政府的补贴，土地投资部门 Korail 公司自行筹集资金，政府的补贴项目侧重于技术投资、固定资产的购买和公共服务，这导致高强度的商业开发模式。KTX 各站点均采用多元利用原则设计，由2~8层建筑组成，地面和地下各不同，充分利用地下空间，形成一个完整的地下空间网。

5. 韩国高铁政策工具

（1）供给驱动政策。第一，引进重要的核心技术，培养自主创新能力。通过技术引进和再创新，韩国迅速攻克了高速铁路的技术难题，掌握了高速铁路的核心技术。第二，建立以社会投资为主体的融资模式。韩国为高速铁路提供资金，通过高速铁路建设的公共资助权威和鼓励私营机构的投资，刺激市场投资，增加创新能力，促进高速铁路技术创新与成果转换。例如，在韩国京釜线第一阶段高速铁路建设中，政府贡献投资35%，贷款10%，海外贷款24.14%，债券发行率为28.80%。私人资本占

2.06%，各种贷款和债券占63%。这说明了多元融资通道有利于市场资本流动，从而带动社会资本为高铁产业的技术追赶服务。第三，共同开发高铁人才合作模式。韩国和法国的阿尔斯通合作，每年约有1000人到法国进行培训。除了培养高速铁路工作人员外，还成立了专业焊接学院，以提高铁路工作人员的技术水平，推动高速列车建设工作。可以看出，通过核心技术再创新、社会资本的集聚，以及高科技人才的供应，韩国迅速实现了核心高速铁路技术的突破和高速铁路技术的商业化，并促进了高速铁路行业的发展。

（2）需求拉动政策。第一，国内市场的培育。20世纪80年代，韩国经济快速发展，汽车数量大幅增加，物资大量涌入，引发韩国高速铁路的强烈需求。经过一段时间的调查和研究，提出了京釜线建设计划。这条高铁在正式投入运营后，其铁路市场份额由2003年的38%增加到2005年的61%。鉴于开通京釜线后的客流量仅为预测量的50%，韩国灵活安排了高速铁路运行的时间。通过提高无障碍高铁站和集成传统铁路和高铁网络，刺激国内市场的需求，使高铁用户数量保持稳步上升。韩国高速铁路客运量从2004年的6.6万人次增加到2005年的10.5万人次，刺激了国内市场的需求。促进高速铁路基础技术的自主创新与优化建设。第二，开发新的国际服务市场。韩国通过积极参与国外大型高速铁路项目建设，逐步成功进入一个国际化的高速铁路建设市场。例如，2010年，韩国与日本和欧洲一家高铁公司一起竞标了巴西的国际高铁建设项目。

（3）为了进一步提高高速铁路的竞争力，韩国于2003年进行了铁路改革，将铁路划分为基础设施部和客货运营部。前者是非竞争的部门，后者是竞争的部门。也就是说，前国家铁路（KNP）被划分为KR和KO-RAIL。其中KR和KORAIL是国有企业，KORAIL为KR的基础设施买单，并以股份公司的形式实行私有化，进行政企分离。这种以国有企业和民营为管理方式，将竞争机制推广到高速铁路的做法，为高铁行业发展提供了公平竞争的环境，激发企业创新的活力。[1]

---

① 黄永春，李倩.GVC视角下后发国家扶持新兴产业赶超的政策工具研究——来自中、韩高铁产业赶超案例的分析 [J].科技进步与对策，2014（18）：119-124.

第四节　高铁发展情况①

案例二十一：德国高速铁路发展概况

德国研究高速铁路技术开始的时间在世界上是比较早的。1903 年，德国开始使用电力机车拉动，测试速度达到 210 公里/小时。然而，与日本和法国的高速铁路相比，德国的 ICE 开始时间相对较晚。

1979 年，德国制造了第一台 ICE 高速列车。1982 年，实施了高速铁路计划。同年，第一辆 ICE－Ⅴ 测试车被德国铁路订购。1985 年，第一次试运行以 317 公里/小时的速度打破了德国铁路记录；1985 年，德国 ICE 运行速度达到世界第一，为 406.9 公里/小时。

20 世纪 90 年代初，ICE 列车开始试运行，最高时速可达 310 公里。同一时间，乌兹堡开辟了高速铁路。1991 年，第一批 ICE1 车辆投入使用；在汉诺威—维尔茨堡（327 公里）和曼海姆—斯图加特（107 公里）高速铁路完成建设后，ICE 高速列车正式启动商业化运营，最高运行速度为 280 公里/小时。1993 年，所有 ICE1 型号都投入使用。同年，第三条 ICE 专线开通。1994 年，ICE1 抵达美国，开始在美洲的征程。1996 年，第一列 ICE2 高速火车开往德国。1997 年，ICE2 成为汉堡至柏林之间的快车。ICT（电摆车）于 1998 年开始试车。ICT 迅速地占据了高速铁路市场的一席之位，因为它们的价格便宜，制造比较简单，特别是能够充分使用现有的线路，而不需要建立全新的网络。对于成本太高且弯道过多的线路，德国联邦铁路采用ICT。自 1997 年起，纽伦堡英格斯塔德高铁与现有线路、新高铁和倾斜列车相结合。1998 年，汉堡与汉诺威发生了一列 ICE1 相撞事故，随后所有 ICE1 型号都被暂停使用了。ICE3 高速列车于 1999 年开始运

---

① 若无特别标注，本节内容均参考：张书明. 高速铁路对沿线区域经济的影响分析与评估研究 [D]. 天津：天津大学，2014.

行。同年，第一个 ICT 线开始运行。2000 年，第一辆 ICE3 列车投入使用，同时也开通了首条 ICT - VT 线路。

德国的大批国际客运量及其产业结构的地理条件及特点，导致了客货和新老线路混合运行，使其高速铁路变得更加复杂。德国铁路的高铁网络采用混合方式，包括新建造的高铁和翻新过的旧线。为满足货运市场的巨大需求，德国高铁网特别注重扩大货运能力，消除瓶颈区域，提高运输质量。高速列车可以以允许的速度向下延伸到现有线路，并且还允许普通列车运行到高速轨道，开通了客运专线运输模式。

德国 ICE 列车实行节拍式运输，为乘客提供均衡、规律、易记、方便选择的高速运营服务。这种交通方式需要更少的火车，定期作业计划减少了作业过程中的不规范，降低了铁路职工的工作错误率，提高了工作质量和劳动生产率。

案例二十二：意大利高速铁路发展情况

1966 年，意大利政府正式决定建设第一条高铁，这主要是由于日本政府早期取得的巨大成功。意大利北部国家高速铁路从首都罗马一直向北延伸直达到佛罗伦萨，这里也是从米兰一直向北延伸直达到那不勒斯的铁路主干线的最繁忙的一部分，该高速铁路于 1970 年 6 月下旬正式开始建设，直到 1992 年才建设完成，这是欧洲最早的高速铁路。但是因为这段高速铁路起步比较早，当时的技术条件不完善、技术标准也比较低，高铁目标速度仅定为 250 公里/小时。由于高速列车试生产与线路建设不同步，只能运行摆式列车。1986 年，意大利为了加快高铁发展速度，制定了高铁发展计划，规划建南北线和东西线，从而形成了 "T" 型高铁网络。其中，南北线为米兰—那不勒斯，东西线为都灵—威尼斯。1991 年，意大利专门成立了高铁公司负责高速铁路的设计和建设工作。多项重大工程获批后，工程建设相继完成。截至 2011 年 7 月，意大利已经拥有了高速铁路线路 900 多公里（见表 13 - 9）。

表 13 – 9　　　　　　　　意大利高速铁路线路发展情况

	路线	时速（公里/小时）	时间	里程（公里）
运营中	罗马—佛罗伦萨（一期）	250	1981	150
	罗马—佛罗伦萨（二期）	250	1984	74
	罗马—佛罗伦萨（三期）	250	1992	24
	罗马—那不勒斯	300	2006	220
	都灵—诺瓦拉	300	2006	94
	米兰—博洛尼亚	300	2008	182
	诺瓦拉—米兰	300	2009	55
	佛罗伦萨—博洛尼亚	300	2009	77
	那不勒斯—萨勒诺	250	2009	47
	总计			923
计划	米兰—威尼斯			245
	热那亚—米兰			150
	总计			295

资料来源：High Speed Lines in the World – UIC High Speed Department.

20 世纪 90 年代，意大利提高了铁路工程的技术标准，目标速度增加为 300 公里/小时。目前，意大利建设高铁主要有以下特点：（1）充分考虑到山区独特的地理条件，铁路线中隧道、高架桥和桥梁比较多。（2）高速铁路与现有铁路之间通过联络线联系在一起，在高速铁路上每隔 50 公里左右就有一段联络线可以与已有线路联系在一起。（3）环保要求很高。为了对历史文化遗产加强保护，意大利修建了大量的人工防噪声隧道。环境投资占基础设施投资的 12%。（4）使用技术标准比较高，路基设计和施工过程控制严格。（5）使用摆式列车和高速列车。

意大利的高速铁路网为混合运输模式，由高速客运列车、等速客运列车和高速货运列车组成，主要运行中长途高速列车。一些列车只在高铁线路上运行，而另一些列车沿着现有线路运行，到达没有高铁车站的城市。普通旅客列车和快速货运列车可以在高速铁路上运行，而普通货运列车只能在传统铁路上运行。

案例二十三：西班牙高速铁路发展情况

西班牙 1986 年加入了欧洲共同体，欧共体的经济迅速发展，高铁也随之发展起来。随着法国和德国的新高铁建成，西班牙对国家交通发展政策进行了调整，以满足欧洲统一市场的要求，特别是考虑了国民经济发展的实际需求。西班牙政府为了向世界展示其高铁技术，在第 25 届奥运会召开之际，推动了马德里至塞维利亚高速铁路的建设。在这条高铁线路上，有 AVE 高速列车（速度：250～270 公里/小时）和 Talgo 摆式列车（速度：160～200 公里/小时），由机车牵引，延伸至高铁线路两端的其他城市。新的马德里—塞维利亚高速铁路与现有的铁路线保持一致。马德里—塞维利亚高铁线路上运行的 AVE 高铁机组是通过国际招标建造的，采用了法国高铁的先进技术，逐步过渡到国内生产制造模式。1994 年，西班牙国家铁路公司（Spanish national railway company）承诺，如果列车晚到 5 分钟，公司将全额退款，这在其他任何国家都是史无前例的。

第一条高铁成功投入运营，西班牙加速发展高铁，制定了高铁发展的未来规划。2000～2007 年，西班牙政府在铁路方面投资了 409 亿欧元，主要是建设高速铁路，将首都马德里与各省会城市的旅行时间减少至 4 小时以内，东西海岸之间的旅行时间至 6 小时。西班牙高速铁路目前由西班牙国家铁路运营，使用专为中高铁混合运行设计的标准轨道。

第五节　高铁治理模式

案例二十四：国外高速铁路全球价值链治理模式①

（一）德国层级型治理

城际特快列车（ICE）是德国最早的高铁，由联邦交通部、联邦教育

---

① 马欢. 高速铁路全球价值链治理研究［D］. 北京：北京交通大学，2017.

部、西门子制造商牵头制造和生产，并由国家铁路运营。汉诺威—维尔茨堡高铁于 20 世纪 90 年代早期投入运营，这标志着德国进入高铁时代。纵观德国高铁的发展过程，德国高速铁路 GVC 治理呈现以下特点：

（1）以西门子为代表的德国高速铁路标准已成为世界高速铁路的重要出口品。德国的霍伯纳（Hubner）、克诺尔（knorr-bremse）、福伊特（Voith）、沃斯勒（Vossloh）和西门子是世界领先的铁路技术公司，在 2015 年的 SCI Vossloh 世界轨道交通设备排名中，西门子和德国克诺尔分别排在第五名和第七名，在车辆企业部门排名第六和第七，在列车控制和信号企业中西门子公司排在第一位。德国西门子掌握了高速铁路的全套关键技术，包括列车车体研发、牵引动力系统、列车网络控制系统、信号系统和系统集成。在全球高速铁路出口方面，西门子技术已出口到西班牙、中国、俄罗斯等国家，并已成为世界高速铁路的重要分销商。西门子利用其作为高速铁路领导者的地位，开展市场化运作，控制高速铁路标准，收取高价格产品，抢夺巨额利润，控制关键技术，并在高端铁路中发挥主导作用。

（2）政府和其他组织已成为高铁治理的一个重要方面。德国政府在 1970~1990 年花费了 4.5 亿德国马克（2.25 亿欧元）来开发高速列车，还建立各种平台推动高铁研发，如生态铁路创新（Eco Rail Innovation）平台是德国政府的综合创新支撑平台。各个公司通过与西门子等的合作，以获得政府大量的资金投入。在参与高速铁路的研究和开发后，政府和协会已成为高速铁路的重要管理者，政府指导西门子和其他制造商进行技术升级，主要手段为年度采购和科研基金支持。

（3）德国形成了分级管理的高速铁路治理模式。根据德国 SCI 咨询公司公布的轨道交通行业排名可以看出，国内企业如西门子、克诺尔等领先企业一直占有很大的市场份额，它们利用掌握的核心技术标准控制其他的企业，形成层级的治理。

（二）法国层级型治理

法国制的 TGV 系列曾多次成功打破目前世界各国高铁列车速度的世界纪录，由法国著名高铁公司阿尔斯通制定的欧洲高铁速度标准化也成为目前欧洲的整体高铁标准。

法国凭借铁路网络、国家铁路和阿尔斯通等公司的经验，成为世界上高铁强国之一。2020～2050年，法国卓越计划的目标是优化法国的铁路运行模式，保持其在世界铁路交通中的领先地位。法国铁路公司和阿尔斯通是高铁的买主和生产者，双方都采用了先进的技术和概念，为乘客提供快速、安全和环保的运输服务。阿尔斯通是世界领先的高铁制造商，年销售量不低于全球轨道车总销售量的10%，是世界最快和最大的自动化列车制造商。阿尔斯通高速铁路以速度优势著称，多次打破了高速铁路的速度纪录。阿尔斯通技术标准甚至成为欧洲高速铁路的整体标准。

法国政府参与价值链管理主要始于专项科研基金、铁道增长基金的设立及铁道技术园区的建设。法国的阿尔斯通等公司通过政府的补贴加快技术发展，从而在更大程度上获得全球价值链中的总租金。法国铁路公司是国有企业，可以通过招标等方式对高速铁路企业进行管理。

（三）日本模块化治理

日本是世界上第一个运用系统集成方式运营高速铁路和发展高速铁路的国家。川崎重工是具有代表性的高铁系统集成公司，其高铁研究开始早，安全性好，在国内外都享有很好的声誉。近年来，日本的川崎技术大量出口，在周边地区与中国的高速铁路出口展开竞争。日本国际高铁协会成立，旨在向海外出口日本新干线技术，协会集中了日立制造研究所、川崎重工等日本企业，以及计划建设高铁的国家、地区和政府机构，如美国、英国、澳大利亚、越南，借助协会，进一步增强了日本企业在国际上的竞争力。日本是最早采用高铁系统集成的国家，政府支持多家机构的研究与开发，多家公司掌握了日本高铁技术。从全球价值链管理的角度看，日本建立了一种模块化治理模式，如川崎接受了各供应商提供的模块化产品，通过柔性的合同与各大企业建立联系。

参 考 文 献

［1］阿尔弗雷德·马歇尔. 经济学原理［M］. 北京：华夏出版社，2005.

［2］安东尼·吉登斯. 社会的构成［M］. 李康，李猛译. 北京：三联书店，1998.

［3］奥兹·谢伊. 网络产业经济学［M］. 上海：上海财经大学出版社，2002：1 - 4.

［4］毕慕超. 国际竞争态势下中国高铁项目瞬时竞争优势评价研究［D］. 南京：东南大学，2018.

［5］陈诚. 对高铁外交的理论与战略解读［D］. 上海：上海外国语大学，2018.

［6］丹尼尔·F. 斯帕尔伯. 市场的微观结构——中间层组织与厂商理论［M］. 张军译. 北京：中国人民大学出版社，2002.

［7］丁慧平，何琳，李远慧，肖翔. 我国高速铁路经济可持续及发展路径［J］. 北京交通大学学报，2016，40（4）：130 - 136.

［8］丁慧平，孙长松，徐敏青. 基于资本属性及回报的高速铁路客运投资分析［J］. 同济大学学报（自然科学版），2012，X10（10）：1582 - 1588.

［9］丁嵩，李红. 国外高速铁路空间经济效应研究进展及启示［J］. 人文地理，2014，29（1）：9 - 14.

［10］董大朋. 交通运输对区域经济发展作用与调控［D］. 长春：东北师范大学，2010.

［11］董同彬. 高铁经济对珠三角区域协调发展的影响与对策［J］. 产业与科技论坛，2017（12）：23 - 26.

［12］发展和改革部．中国铁路总公司 2018 年统计公报［N］．人民铁道，2019 - 04 - 16（A02）．

［13］范毅．中国高铁开行货运综合需求分析［D］．成都：西南交通大学，2015．

［14］冯华，薛鹏．中国高速铁路的综合效益与支持政策探析［J］．广东社会科学，2011，149（3）：12 - 19．

［15］弗兰克·道宾．打造产业政策：铁路时代的美国、英国和法国［M］．张网成等译．上海：上海人民出版社，2008．

［16］傅玲．可持续发展与高速铁路［J］．山西科技，2005（4）：6 - 7．

［17］高宏伟．铁路改革与激励约束机制［M］．北京：经济科学出版社，2004．

［18］高津利次，甘霖．日本高铁的历史与未来［J］．国际城市规划，2011，26（6）：6 - 15．

［19］高铁见闻．高铁风云录：首部世界高铁发展史［M］．湖南：湖南文艺出版社，2015：20 - 60．

［20］官留记．布迪厄的社会实践理论［J］．理论探讨，2008（6）：57 - 60．

［21］国家发展和改革委员会交通运输司．国家《中长期铁路网规划》内容简介［J］．交通运输系统工程与信息，2005，5（4）：1 - 4．

［22］韩祺．发展产业生态圈 打造信息产业新增长点［J］．宏观经济管理，2016（7）：30 - 32．

［23］郝斌，任浩．组织模块化设计：基本原理与理论架构［J］．中国工业经济，2007（6）：8．

［24］侯明明．高铁影响下的综合交通枢纽建设与地区发展研究［D］．上海：同济大学，2008．

［25］胡海波，卢海涛．企业商业生态系统演化中价值共创研究——数字化赋能视角［J］．经济管理，2018，40（8）：55 - 71．

［26］胡建华．南宁经济发展报告（2016）［M］．北京：社会科学文献出版社，2016．

［27］胡晓鹏．从分工到模块化：经济系统演进的思考［J］．中国工业

经济，2004（9）：5-11.

[28] 黄爱莲. 高速铁路对区域旅游发展的影响研究——以武广高铁为例 [J]. 华东经济管理，2011（10）：47-49.

[29] 黄昊明. 高速铁路对湖南省产业发展的影响研究 [D]. 武汉：华中科技大学，2016.

[30] 黄永春，李倩. GVC 视角下后发国家扶持新兴产业赶超的政策工具研究——来自中、韩高铁产业赶超案例的分析 [J]. 科技进步与对策，2014（18）：119-124.

[31] 蒋红奇. 放大高铁经济效应　拓展苏北发展空间 [J]. 群众，2019（2）：37-38.

[32] 蒋媛媛，陈雯. "网运分离"模式在中国铁路的可行性研究 [J]. 产业经济研究，2009（6）：73-79.

[33] 矫阳. 高铁发展的历程及创新成就 [J]. 科技日报，2012-12-24.

[34] 金帆. 价值生态系统：云经济时代的价值创造机制 [J]. 中国工业经济，2014（4）：97-109.

[35] 金懋，欧国立. 运输经济理论研究评述 [J]. 生产力研究，2010（9）：251-253.

[36] 金淼，朴银哲. 高铁经济对延边州第三产业发展的影响 [J]. 中外企业家，2016（2）：31-34.

[37] 孔竞成. 铁路投融资风险问题研究 [D]. 北京：中央财经大学，2016.

[38] 孔鹏举，周水银. 基于企业与顾客共同创造竞争优势的企业参与概念研究 [J]. 管理学报，2013，10（5）：722-729.

[39] 匡旭娟. 演化视角下的快递业网络形态研究 [D]. 北京：北京交通大学，2008.

[40] 兰英. 从产业关联性看高速铁路对我国铁路装备制造业的拉动作用 [J]. 管理现代化，2009（6）：15-17.

[41] 李锋. 旅游交通对湖北旅游发展影响研究 [D]. 广州：华中师范大学，2012.

［42］李红昌，Linda Tjia，胡顺香，刘李红．高速铁路与经济增长的因果关系——基于时空理论视角下中国省域面板数据的计量分析［J］．长安大学学报（社会科学版），2016，18（4）：31–43．

［43］李红昌，Linda Tjia，胡顺香．中国高速铁路对沿线城市经济集聚与均等化的影响［J］．数量经济技术经济研究，2016，33（11）：127–143．

［44］李红昌，林晓言，陈娟．日本新干线建设管理体制及其对我国的启示［J］．数量经济技术经济研究，2002（1）：122–125．

［45］李红昌．关于技术作业能力与铁路精益生产的探讨［J］．北京交通大学学报（社会科学版），2008（1）：1–5．

［46］李进兵．战略性新兴产业创新系统演化进程与驱动力［J］．科学学研究，2016，34（9）：1426–1431．

［47］李克强．铁路安全管理条例［J］．宁夏回族自治区人民政府公报，2013（18）：2–12．

［48］李萌．基于价值模式演进的我国旅游企业商业模式发展路径研究［D］．北京：北京交通大学，2016．

［49］李小建，苗长虹．西方经济地理学新进展及其启示［J］．地理学报，2004（59）：153–161．

［50］李亚春．高铁产业的行业关联效应研究［D］．昆明：云南大学，2016．

［51］李振中，孙烁．关于青岛加快高铁经济发展的分析［J］．现代营销（下旬刊），2019（1）：245．

［52］李政，任妍．中国高铁产业赶超型自主创新模式与成功因素［J］．社会科学辑刊，2015（2）：85–91．

［53］梁晓红，谭克虎．韩国发展高铁的做法及经验［J］．经济问题探索，2014（8）：8–13．

［54］林坤，浩然，朱敏．"和谐号"诞生记［J］．新经济导刊，2011（3）：37．

［55］林晓言．高速铁路与中国社会经济发展新格局［M］．北京：社会科学文献出版社，2017：121–205．

［56］林仲洪，杨瑛，田亚明．从京沪高铁看高铁经济的重要作用
［J］．铁道经济研究，2017（1）：1－4．

［57］刘捷．城市形态的整合［M］．南京：东南大学出版社，2004．

［58］刘璐．我国高速铁路对民航客运的影响研究［D］．北京：北京
交通大学，2018．

［59］刘露．新疆交通运输业与区域经济发展的实证关系研究［J］．山
东纺织经济，2018，256（6）：30－33．

［60］刘美雄．对中国高铁的战略思考［J］．华南理工大学学报（社
会科学版），2011（1）：14－18．

［61］刘战鹏．中国高铁开拓国际市场的战略研究［D］．哈尔滨：黑
龙江大学，2015．

［62］刘志．高速铁路与快递业融合发展研究［D］．北京：北京交通
大学，2014．

［63］卢春房．中国高铁技术发展展望：更快、智能、绿色［J］．科技
导报，2018，36（6）：1．

［64］卢琪．促进中国高铁产业"走出去"的策略研究［D］．合肥：
安徽大学，2016．

［65］吕佳兴．高铁经济条件下广东省高铁的经济影响研究［D］．广
州：暨南大学，2018．

［66］吕忠扬．我国高速铁路可持续性竞争优势研究［D］．北京：北
京交通大学，2015．

［67］栾申洲．"一带一路"背景下我国高铁"走出去"的机遇与挑
战［J］．郑州航空工业管理学院学报，2017，35（5）：31－38．

［68］罗辉云．武广高铁的经济效应分析［J］．经济研究导刊，2011
（35）：59－60．

［69］骆革新，杨继国．国家环境与中国高铁产业竞争优势［J］．江淮
论坛，2015（5）：46－51．

［70］马碧华．深刻认识高铁经济　充分发挥高铁效应［J］．理论学习
与探索，2017（1）：55－56．

［71］马欢．高速铁路全球价值链治理研究［D］．北京：北京交通大

学，2017.

[72] 宁斌．江西高铁经济发展战略研究［D］．南昌：江西财经大学，2017.

[73] 配第．政治算术［M］．北京：商务印书馆，1978.

[74] 皮埃尔·布迪厄，华康德．实践与反思：反思社会学导引［M］．李猛等译．北京：中央编译出版社，1998.

[75] 齐振法．我国铁路运输业模块化重组研究［D］．北京：北京交通大学，2010：74 – 97.

[76] 青木昌彦，安藤晴彦．模块时代：新产业结构的本质［M］．上海：上海远东出版社，2003.

[77] 乔慧．日本、法国的高铁运营模式［N］．中国财经报，2011（004）.

[78] 荣朝和，张宗刚．台湾高速铁路财务危机问题述评［J］．综合运输，2010（7）：20 – 26.

[79] 荣朝和．从运输产品特性看铁路重组的方向［J］．北京交通大学学报（社会科学版），2002（9）：13 – 18.

[80] 荣朝和．从运输产品特性看铁路重组的方向［J］．北京交通大学学报（社会科学版），2002（1）：13 – 18.

[81] 荣朝和．从中铁快运看运输市场微观结构变化与中间层组织的作用［J］．产业经济评论（山东大学），2006（2）：15 – 35.

[82] 荣朝和．关于铁路规模经济与范围经济的探讨［J］．铁道经济研究，2001（4）：5 – 8，18.

[83] 荣朝和．关于运输经济研究基础性分析框架的思考［J］．北京交通大学学报（社会科学版），2009，8（2）：1 – 9.

[84] 荣朝和．关于运输业规模经济和范围经济问题的探讨［J］．中国铁道科学，2001（4）：100 – 107.

[85] 荣朝和．交通－物流时间价值及其在经济时空分析中的作用［J］．经济研究，2011，46（8）：133 – 146.

[86] 荣朝和．经济时空分析——基础框架及其应用［M］．北京：经济科学出版社，2017.

[87] 荣朝和. 经济学时间概念及经济时空分析框架 [J]. 北京交通大学学报：社会科学版，2016（3）：1-15.

[88] 荣朝和. 论时空分析在经济研究中的基础性作用 [J]. 北京交通大学学报（社会科学版），2014（4）：1-11.

[89] 荣朝和. 企业的中间层理论以及中间层组织在运输市场中的作用 [J]. 北京交通大学学报（社会科学版），2006（3）：1-5.

[90] 荣朝和. 试论"网运分离"与铁路重组的关系 [J]. 北京交通大学学报，2000，24（3）：35-40.

[91] 荣朝和. 重视基于交通运输资源的运输经济分析 [J]. 北京交通大学学报（社会科学版），2006（4）：1-7.

[92] 芮明杰，季丹. 模块化网络状产业组织的演进：基于计算机行业的研究 [J]. 经济与管理研究，2009（1）：6.

[93] 芮明杰，张琰. 模块化组织理论研究综述 [J]. 当代财经，2008（3）：7.

[94] 施张兵. 中国高铁外交研究 [D]. 上海：上海外国语大学，2017.

[95] 史敦友. 高速铁路的城市群产业发展效应 [D]. 成都：西南交通大学，2015.

[96] 史官清，张先平. 高铁战略与新型城镇化战略的协同性与依存性研究 [J]. 财经理论研究，2016（1）：91-98.

[97] 孙健韬. 高速铁路对区域经济的影响分析 [D]. 北京：北京交通大学，2012.

[98] 孙永福. 对铁路投融资体制改革的思考 [J]. 管理世界，2004（11）：1-5.

[99] 汤学兵. 新经济地理学理论演进与实证研究述评 [J]. 经济评论，2009（2）：142-146.

[100] 陶甄宇. 国家高铁战略视角下的长三角城市群与上海都市圈 [J]. 交通与运输，2010，26（5）：14-16.

[101] 涂淑丽，李逗. 基于价值共创的旅游供应链模式分析 [J]. 无锡商业职业技术学院学报，2018，18（4）：24-28.

［102］万州区委党校课题组，陈涛．高铁对万州经济发展的影响研究
［J］．中共太原市委党校学报，2017（4）：18 – 22.

［103］汪传雷，张岩，王静娟．基于共享价值的物流产业生态圈构建
［J］．资源开发与市场，2017，33（7）：849 – 855.

［104］王菲菲．"一带一路"背景下中国高铁外交研究［D］．长春：
吉林大学，2018.

［105］王峰，王澜，姚建伟．高速铁路系统接口分析［J］．中国铁道
科学，2013，34（3）：109 – 115.

［106］王刚，龚六堂．浅析高速铁路建设投资的产业经济效应［J］.
宏观经济研究，2013（6）：67 – 71.

［107］王姣娥．欧洲高速铁路网络发展历史［N］．中国社会科学报，
2015 – 04 – 08（B07）.

［108］王金婉．高速铁路的区域影响研究［D］．武汉：华中师范大
学，2015.

［109］王久梗．关于交通资源概念和特征的探讨［J］．综合运输，
2007（7）：9 – 11.

［110］王军，李红昌．时空视角下中间层组织在农产品冷链物流中的
作用研究［J］．北京交通大学学报（社会科学版），2019，18（2）：119 –
128.

［111］王兰．高速铁路对城市空间影响的研究框架及实证［J］．规划
师，2011，27（7）：13 – 19.

［112］王庆云．深化改革 加快发展 再接再励 迎接新的挑战［J］.
综合运输，2002（1）：1 – 2.

［113］王仁贵，官超．国家新型城镇化规划［M］．北京：人民出版
社，2014.

［114］王同军．中国智能高铁发展战略研究［J］．中国铁路，2019
（1）：9 – 14.

［115］王燕．逐步剥离：我国铁路重组合理组织边界的初步探讨［J］.
中国工业经济，2003（8）：64 – 69.

［116］王玉国．运输业资源效率评价和优化利用研究［D］．北京：北

京交通大学学位论文，2006.

［117］魏然. 我国高速铁路运营管理的两种模式［J］. 综合运输，2004（10）：38-40.

［118］魏文刚. 高速铁路对沿线区域社会效应分析［D］. 成都：西南交通大学，2014.

［119］喜来. 高速铁路的运营模式［J］. 交通与运输，2007，23（6）：16.

［120］夏玉珍，姜利标. 社会学中的时空概念与类型范畴——评吉登斯的时空概念与类型［J］. 黑龙江社会科学，2010（3）：129-132.

［121］向德平，章娟. 吉登斯时空观的现代意义［J］. 哲学动态，2003（8）：29-31.

［122］肖翔. 新自然垄断理论在铁路运输业的研究与应用［J］. 数量经济技术经济研究，2003（11）：102-105.

［123］谢霓. 福建高铁面向民间资本投融资模式的研究［D］. 福州：福州大学，2014.

［124］熊律，江伟，佟景泉. 中国铁路六次大提速概述［J］. 甘肃科技，2018，34（20）：88-89，138.

［125］胥军，胥祥. 中国高铁发展概述［J］. 硅谷，2014，7（1）：8，150.

［126］徐飞. 中国高铁的全球战略价值［J］. 人民论坛·学术前沿，2016（2）：6-20.

［127］徐刚. 基于产业组织理论的我国铁路货物运输产业的市场绩效研究［D］. 上海：上海师范大学，2009.

［128］徐浩然，许箫迪，王子龙. 产业生态圈构建中的政府角色诊断［J］. 中国行政管理，2009（8）：83-87.

［129］徐宏玲. 模块化组织形成及运行机理研究［D］. 成都：西南财经大学，2006.

［130］许红，焦敬娟，唐永忠，李红昌. 基于时空经济理论的共享经济理论内涵解析［J］. 云南财经大学学报，2018，34（9）：3-12.

［131］［英］亚当·斯密，著. 宗裕民，编著. 图解国富论 大国崛

起的财富之路［M］．海口：南海出版公司，2008：304－305.

［132］闫二旺．网络组织的机制、演化与形态研究［J］．管理工程学报，2006，20（4）：120－124.

［133］闫枫．京津城际高速铁路综合效益分析研究［D］．北京：北京交通大学，2016.

［134］闫星宇，高觉民．模块化理论的再审视：局限及适用范围［J］．中国工业经济，2007（4）：8.

［135］阎玮．中国铁路产业发展趋势及发展阶段分析［D］．北京：北京交通大学，2011.

［136］颜飞，王建伟．对运输业网络经济的探讨［J］．铁道运输与经济，2008（2）：1－4.

［137］杨春婧．运输线网与哈大齐工业走廊大齐规划区产业布局的耦合研究［D］．哈尔滨：东北林业大学，2007.

［138］杨杰，宋马林，蔡小军．京沪高速铁路生态现代化的思考——基于区域生态系统项目的技术经济评价模型［J］．安徽商贸职业技术学院学报（社会科学版），2009，8（1）：10－13.

［139］杨学成，涂科．平台支持质量对用户价值共创公民行为的影响——基于共享经济背景的研究［J］．经济管理，2018（3）：128－144.

［140］姚新胜，王清宇，徐杏．我国交通运输业区域分布特性［J］．经济地理，2006（4）.

［141］姚毅．高铁经济对区域经济发展的影响［J］．开放导报，2018（1）：94－98.

［142］叶斌，汤晋．从公共政策视角浅析欧洲高速铁路整合规划［J］．国际城市规划，2010，25（2）：97－100.

［143］叶春媚．基于时空视角的电商物流"最后一公里"的经济分析［D］．北京：北京交通大学，2017.

［144］叶志鹏．中国主流流通组织低效率困境的成因与对策研究［D］．杭州：浙江工商大学，2015.

［145］殷红军，郭菊娥，赵新文．我国高铁盈利能力分析及投融资模式选择与优化［J］．华东经济管理，2012，26（2）：74－78.

[146] 余雪姣，李忠. 高铁经济对海南国际旅游岛的影响 [J]. 当代经济，2015 (1)：6-7.

[147] 袁婷. 基于价值共创视角的综合交通枢纽服务设计研究 [D]. 天津：天津大学，2014.

[148] 袁政. 产业生态圈理论论纲 [J]. 学术探索，2004 (3)：36-37.

[149] 曾宪奎. 我国高铁产业技术创新模式剖析 [J]. 学术探索，2018 (10)：84-90.

[150] 张超，谭克虎. 法国政府对高速铁路支持政策研究及启示 [J]. 铁道经济研究，2014 (4)：36-42.

[151] 张泓. 论轨道交通对珠三角区域经济一体化的促进作用 [J]. 城市轨道交通研究，2012，15 (1)：8-11.

[152] 张璟. 基于 B2B 背景的价值共创研究：动因、过程与结果 [D]. 北京：对外经济贸易大学，2016.

[153] 张梦龙. 基于公共物品属性视角的铁路改革结构特性研究 [D]. 北京：北京交通大学，2014.

[154] 张宁. 关于交通资源优化配置的几个问题 [J]. 综合运输，2007 (1)：8-11.

[155] 张书明，王晓文，王树恩. 高速铁路经济效益及其影响因素研究 [J]. 山东社会科学，2013 (2)：174-177.

[156] 张书明. 高速铁路对沿线区域经济的影响分析与评估研究 [D]. 天津：天津大学，2014.

[157] 张铁男，罗晓梅. 产业链分析及其战略环节的确定研究 [J]. 工业技术经济，2005 (6)：77-78.

[158] 张文尝. 运输通道系统分析 [J]. 交通运输系统工程与信息，2001，1 (2)：134-139.

[159] 赵丹丹. 京沪高速铁路建设对沿线产业空间布局的影响 [D]. 成都：西南交通大学，2011.

[160] 赵洪玲. 高铁盈利能力分析与投融资模式选择与优化 [J]. 财会学习，2017 (12)：210.

[161] 赵洪武. 中国铁路产融资本融合研究 [D]. 北京：北京交通大

学，2010.

[162] 赵建军，郝栋，吴保来，卢艳玲. 中国高速铁路的创新机制及启示 [J]. 工程研究——跨学科视野中的工程，2013 (1)：13.

[163] 赵庆国. 高速铁路产业发展政策研究 [D]. 南昌：江西财经大学，2013.

[164] 中国社会科学院. 中国城市竞争力报告 No. 2 [M]. 北京：社会科学文献出版社，2004：11 – 16.

[165] 钟燕. 高速铁路对武汉的影响分析 [J]. 现代商贸工业，2010，22 (20)：113 – 114.

[166] 周碧华，张硕. 我国政府债务风险及国际比较 [J]. 华侨大学学报（哲学社会科学版），2015 (3)：84 – 94.

[167] 周伟林，严冀. 城市经济学：概念、流派及其理论演进 [J]. 西南民族大学学报，2009，12 (220)：84 – 88.

[168] 朱晓莉. 高铁产业链的整合 [J]. 中国外资，2011 (16)：106 – 107.

[169] 左大杰. 铁路网运分离的必要性与实施路径 [J]. 综合运输，2013 (7)：44 – 46.

[170] 左辅强. 日本新干线高速铁路发展历程及其文化特征研究 [J]. 城市轨道交通研究，2012，15 (11)：37 – 39.

[171] Ahn S. M. Stability of a Matrix Polynomialin Discrete Systems [J]. IEEE Trans. Automatic Control，1982，27 (5)：1122 – 1124.

[172] Begović B. The Great Convergence：Information Technology and the New Globalization by Richard Baldwin [J]. Panoeconomicus，2017，64 (5)：645 – 655.

[173] Bover Kenneth D. Principles of transportation economics. New York：Addison Weslev Loneman，Inc. 1997.

[174] Breznitz D.，Murphree M. Run of the Red Queen：Government，Innovation Globalization and Economic Growth in China [M]. New Haven and London：Yale University Press，2011.

[175] Cao J.，Cathy X.，Wang Y. and Li Q.. Accessibility Impacts of

China's High – Speed Rail Network. Journal of Transport Geography, 2013 (28): 12 –21.

[176] Cortada J. W. A Framework for Understanding Information Ecosystems in Firms and Industries [J]. Information & Culture A Journal of History, 2016, 51 (2): 133 –163.

[177] Douglas M. Lambert and Matias G. Enz. Co-creating Value: The next level in customer-supplier relationships [J]. CSCMP's Supply Chain Quarterly, 2005, 9 (3): 22 –28.

[178] Fagerberg J. Why Growth Rates Differ [M] // Dosi G. , Freeman C. , Nelson R. , et al. Technical Change and Economic Theory, London: Pinter, 1988.

[179] Forsström B. Value Co – Creation in Industrial Buyer – Seller Partnerships – Creating and Exploiting Interdependencies [D]. Åbo Akademi University, 2005: 23 –54.

[180] Fujita Masahisa, Krugman Paul, Venables Anthony J.. Cities, Regions, and International Trade [M]. The MIT Press, 2001 –7 –27.

[181] Gohberg I. , Lancaster P. , Rodman L. Matrix Polynomials [M]. New York: Academic Press, 1982.

[182] Grover V. and Kohli R. Co-creating IT Value: New Capabilities and Metrics for Multifirm Environments [J]. Mis Quarterly, 2012, 36 (1): 225 – 232.

[183] Jetpan Wetwitoo, Hironori Kato. Regional and Local Economic Effects from Proximity of High – Speed Rail Stations in Japan: Difference-in – Differences and Propensity Score Matching Analysis [J]. Transportation Research Record, 2019, 2673 (9).

[184] Kim Chun – Hwan. Transportation Revolution: The Korean High – speed Railway [R]. Center of Chinese Studies, University of Michigan, 2005.

[185] Kohli R. and Grover V. Business Value of IT: An Essay on Expanding Research Directions to Keep up with the Times [J]. Journal of the Association for Information Systems, 2008, 9 (1): 23 –39.

[186] Krugman P. R. Increasing Returns and Economic Geography [J]. Journal of Political Economy, 1991, 99 (3): 483 – 499.

[187] Lambert D. M. and Enz M. G. Managing and Measuring Value Co-creation in Business-to – Business relationships [J]. Journal of Marketing Management, 2012, 28 (13 – 14): 1588 – 1625.

[188] Lee Kyung Chul. High speed in Asia: Launch of Korean High – speed Railway and Efforts to Innovate Future Korean railway [J]. Japan Railway & Transport Review 48, 2007: 30 – 35.

[189] Milan Janic. Methodology for Accessing Sustainability of Air Transport System. Journal of Air Transportation, 2002, 7 (2): 115 – 152.

[190] Payne A. F., Storbacka K. and Frow P. Managing the Co-creation of Value [J]. Journal of the Academy of Marketing Science, 2008, 36 (1): 83 – 96.

[191] Porter Michael E. Competitive Advantage [M]. New York: The Free Press, 1985.

[192] Prahalad C. K. Co-opting customer competence [J]. Harvard Business Review, 2000 (1): 79 – 80.

[193] Prahalad C. K., Ramaswamy V. Co – Opting Customer Competence [J/OL]. Harvard Business Review, 2000.

[194] Prahalad C. K., Ramaswamy V. Co – Creation Experiences: The Next Practice in Value Creation [J]. Journal of Interactive Marketing, 2004, 18 (3): 5 – 14.

[195] Rong K., Lin Y., Shi Y. et al. Linking Business Ecosystem lifecycle with platform strategy: A triple view of technology, application and organisation [J]. International Journal of Technology Management, 2013, 62 (1): 75 – 94.

[196] Xiao Yang, Unbehauen R. and Du Xiyu. Sufficient conditions for Hurwitz and Schur stability of interval matrix polynomials Proc. of European Control Conference (ECC' 99) [M]. Karlsruhe, Germany, 1999.